중국의 얼굴
중국인의 생각

박재범

中國

박영사

머 리 말

　중국학(中國學, 영어: chinese studies, sinology)은 중국의 언어·문화·사회·사상·역사에 관한 학문의 총칭이다. 중국학을 공부하는 목적은 중국이라는 거대한 나라를 올바로 파악하고 이해하기 위해서일 것이다. 저자가 대학에 들어와 중국에 관해 공부하기 시작한 지 어언 40년 가까이 흘렀다. 저자는 대학과 대학원을 거치며 현재에 이르기까지 40여 년 가까이 중국문학을 공부하였는데, 이는 문학을 통해 중국과 중국인을 이해하고 탐구해가는 과정이었다고 해석해 볼 수 있다. 그러나 중국을 이해하고 공부하기 위해 적지 않은 시간을 보내지만, 저자가 중국과 중국인을 얼마나 잘 이해하고 파악했는가에 대해 자신 있게 이야기할 수 없다. 사실, 이렇게 이야기하면 핑계가 될 수 있는 말이지만, 문학만을 가지고 중국과 중국인들의 전체적인 성격을 제대로 파악하는 것은 매우 어려운 일이라고 하지 않을 수 없다. 문학만을 가지고 중국을 이해하고 파악하는 것은 너무 어려울 일일뿐만 아니라, 한계가 있음도 느끼지 않을 수 없다는 것이다.

　중국이라는 나라는 지구상의 여타 나라에서는 볼 수 없는 독특하고도 특이한 모습을 많이 갖고 있다 보니, 그 나라, 그 국민들의 성격과 특성 등을 규명하고 올 곧게 파악하는 것이 매우 어려운 일이라고 할 수 있다. 중국은 현재 세계 3위로 기록되는 엄청난 면적의 영토와 3000여 년 이상의 역사와 문화를 가진 나라이다. 또한 현재 세계에서 가장 많은 인구를 가진 국가일 뿐만 아니라, 세상에서 가장 많은 민족으로 구성된 소위 다원일체의 국가(중국의 표현방식에 따르면)이고, 과거 고대에서부터 현재에 이르기까지 성장 발전해 온 과정 등이 여타 국가와는 너무 다르기 때문에, 지구상의 대다수 여타 국가들을 관찰하는 방법을 통해 중국이라는 나라를 관찰 분석하는 것은 적절치 못하다고 할 수 있다.

한국과 한국인들은 중국과 국경을 맞대며 과거 고대사회에서부터 현재에 이르기까지 2000년 이상 문화와 문명을 공유하며 살아 왔다. 중국은 한국인들이 좋아하든 싫어하든 한국에게 엄청난 영향을 줄 수밖에 없는 나라로 인식되어 왔다. 한국과 중국이 중국 공산화 이후 40여 년 넘게 단절된 상태에 있다가 다시 공식적인 수교를 맺은 지 30년 가까이 접어들고 있다. 그 동안 한·중 양국은 경제, 사회, 문화 등 여러 면에서 많은 교류를 쌓아 왔다. 싫든 좋든, 원하든 원하지 않았든, 한국은 중국의 파트너가 될 수밖에 없는 운명 속에 있다고 말할 수 있다.

그러나 문제는 현재의 중국은 한국과 상호 도움을 주고받으면서 가장 가깝게 지낼 수 있는 사이좋은 이웃국가로서 존재하는 나라가 아니라는 사실에 있다. 중국이 1850년 아편 전쟁이후 100여 년 이상 굴욕과 침체기를 거쳤지만 2000년 이후, 급격한 경제발전을 통해 미국에 이어 경제·군사대국으로 발돋움하고 있다. 중국은 이제 아시아 최대의 패권국가의 지위를 되찾았을 뿐만 아니라, 팽창하며 자신의 힘을 과시하는 가운데 주변의 국가들을 과거에 그렇게 했던 것처럼 복속시키려는 제국주의적 행태를 감추지 않고 있다. 따라서 중국의 발전과 번영이 한국에게 도움이 될 수도 있지만, 그 반대의 경우도 상정해 볼 수 있다. 중국이 불행해지면 그것이 한국에게는 축복이 될 수 있는 것이고, 이와 반대로 중국의 행복이 우리에게는 불행이 될 수 있기 때문이다. 따라서 우리 한국인들은 중국을 제대로 이해하며 살아가야 할 의무와 함께 그런 운명을 가진 사람들이 되었다고 보아야 한다는 것이다.

한국이 중국의 영향권 속에서 오랫동안 문화를 공유하며 살아 왔다보니, 혹자는 19세기까지 지구상에서 중국을 제일 잘 아는 민족이 바로 한국인이었다고 말하고 있다. 저자가 보기에 이는 맞는 말이라고 보기 어렵다. 한국인들은 중국을 제일 잘 알았던 민족이 아니라, 중국을 제일 잘 숭배했던 사람들이었을 뿐인데, 한반도에 살았던 한국인들은 중국이 세계의 전부였고, 중국을 지나치게 숭배하다보니 이를 두고 중국을 제일 잘 알았다는 것으로 착각한 것이 아닌가 싶다. 한국인들은 중국에 대해 너무나 막연하게 피상적으로 알고 있다고 해도 틀린 말이 아니다. 일부 한국인들은 중국이라는 나라를 이상적으로 보기도 하고, 지나치게 선의적인 관점과 논리에서 중국을 보려는 경향을 유지하여 왔다.

이제 중국에 대해 긍정적 관점, 부정적 관점을 떠나 객관적이고도 냉철하게 인식하고 평가해야 할 시점이 되었다. 저자는 가급적 객관적으로 중국과 중국인들을 이해하고 파악해 볼 수 있는 하나의 틀 내지 윤곽을 만들기 위한 취지에서 이 책을 집필하였다. 앞서 언급한 바와 같이, 중국은 매우 복잡하고도 다양한 과정을 통해 만들어진 나라이다 보니, 그 면모를 올 곧게 이해하는 것이 여간 어려운 일이 아닐 수 없다. 중국을 올 곧게 이해하기 위해서는 현실에 대한 분석도 중요하지만, 그들이 만들어 온 문화와 문명의 형태와 그 흐름, 즉 중국 특유의 문명과 문화가 어떻게 형성 진화되어 그리고 그것이 오늘날 중국의 모습을 만들어 왔는가 등에 관찰과 탐색이 우선되어야 한다고 본다. 이 같은 관찰과 탐색은 오늘의 중국의 모습, 중국인들의 성격을 이해하고 파악하는데 중요한 단서 내지 실마리를 제공할 수 있기 때문이다.

오늘날의 현상은 과거의 문명과 문화적 형태의 누적을 통해 만들어졌다는 것이 저자의 개인적인 주장이다. 저자는 이를 위해 중국의 전통, 다시 말해 과거 고대사회에서부터 근 현대에 이르기까지 2000여 년이 넘는 세월 동안 중국을 지배해 왔던 문화의 흐름과 문명의 형태가 오늘날의 중국의 얼굴을 만들어 냈고, 중국인들의 성격과 마음을 형성했다는 사실을 상정(想定)하고, 이를 통해 중국의 모습과 중국인의 성격을 파악해보고자 노력하였다. 저자의 이 같은 의도와 집필을 통해 중국의 모습, 중국인들의 성격과 사고방식 등을 종합적으로 파악하고, 이해할 수 있는 또 하나의 계기가 형성되기를 기대해 본다.

본서의 제1장에서 6장까지의 내용은 중국이라는 나라의 국가적 성격에 대한 논의가 중심을 이룬다. 2000여 년 이상 지속되어 왔던 중국의 독특한 문명과 문화의 흐름에 대한 고찰을 통해 중국이 어떻게 형성·발전되어 왔는가에 대해 논의하였다. 중국의 독특한 문명과 문화의 형태가 만들어낸 중국의 모습과 그런 모습에서 드러나는 중국의 국가적 성격을 본서는 "중국의 얼굴"이라는 이름으로 표현하였다. 그리고 제7장에서 10장에 이르기까지의 부분에서는 장구한 역사와 정치 사회적 환경 속에서 생성되어 왔던 중국인들의 성격과 사고방식, 행동양식 등에 관해 이야기하였는데, 저자는 이를 "중국인의 생각"이라는 용어로 명명하였다.

끝으로 이 책의 내용 서술과 관련하여 변명을 해야 할 부분이 있다. 각 장의 내용을 서술하는데 있어, 설명의 중복 내지 부연설명이 많았다는 점에 관해 독자의 양해를 구하고 싶다는 것이다. 본서는 모두 10개의 장으로 구성되어 있는데, 각 장마다 언급되고 있는 주제와 내용이 하나의 장에 국한되어 있지 않고, 다른 장의 그것과 상호 긴밀히 연결되어 있다. 그렇다보니, 같은 주제와 내용이 다른 장에서 재차 다루어질 수밖에 없고, 이런 이유 등으로 해서 불가피하게 중복 부연되는 부분이 많이 나타나게 되었음을 일종의 변명으로 내세우게 되었다. 중국의 역사와 문화에 대한 전문가 내지 학자가 아닌, 일반 독자의 입장에서 볼 때, 중국 고유의 문화와 문명의 흐름은 복잡다단(複雜多端)하고 장구(長久)하기까지 하기 때문에, 이를 올 곧게 파악하고 이해하는 것은 쉬운 일이 아니다. 비록 중복 서술이라고 할지라도 설명의 반복과 부연이 일반 독자들의 빠른 이해에 도움이 될 수 있다는 것이 저자의 개인적 의견이지만, 이와 함께 설명의 반복과 부연 없이 본서의 내용을 일필휘지(一筆揮之)하며 명료하게 서술하지 못하는 저자의 능력도 변명의 하나가 될 것 같다.

끝으로 이 책이 출판될 수 있도록 큰 도움을 주신 박영사의 송병민 과장님, 우석진 위원님께 감사의 뜻을 전한다.

2019년 5월

박 재 범

차 례

중국은 어떤 나라인가?

문화권 국가로서의 중국의 모습

유교, 사회 통치 질서의 이념과 시스템

정치, 사회 이념의 동질성을 위한 도구 –유교는 어떻게 중국을 지배하여 왔는가?

화(和; 친구사귀기)와 쟁(爭; 싸움)
화합과 융합, 그리고 싸움

방(方; 네모)과 원(圓; 둥금)
양극화한 중국인들의 사고방식

흑(黑)과 백(白), 그리고 회색(灰色)
중국인들의 삶의 양태와 행동

중국의 얼굴, 중국인의 생각

중국은 어떤 나라인가?

중국은 어떤 나라인가?

1. 중국이라는 나라의 외형과 내면의 모습

중국은 어떤 나라인가? 중국을 어떤 특징, 어떤 성격을 가진 나라로 규정
해 볼 수 있을까? 중국은 미국과 비슷한 규모의 영토면적을 가진데다가 13억
이 넘는 (15억 이상이라고 보는 견해도 있음.) 세계에서 가장 많은 인구를 가지고
있는 나라이다. 세계 인구를 어림잡아 70억 명 안팎이라고 할 때, 중국의 인구
규모는 세계 인구의 1/4에 해당되는 것이다. 이는 세계 인구 네 명 가운데 한
명이 중국인이라는 사실을 말하는 것이니, 이러한 사실만을 가지고 볼 때, 중
국은 실로 어마어마한 인구 대국이라고 하지 않을 수 없다.

또한 영토면적에 있어서도 중국은 러시아, 캐나다에 이어 세계 3위에 기
록되고 있다. 중국의 영토는 중국의 주장에 따르면, 북쪽으로는[北端] 흑룡강
성(黑龍江省) 막하(漠河)에서 남쪽으로는[南端] 남사군도(南沙群島)의 일부인 증
모암사(曾母暗沙)까지, 남북 간의 거리가 약 5,500km에 달(達)하고, 서쪽으로는
[西端] 신강위구르자치구의 파미르 고원에서 동쪽 끝[東端] 흑룡강성 오소리강
(烏蘇利江)이 합류하는 지역에 이르기까지 동서의 거리가 5,200km에 이르고 있
다. 중국의 영토면적은 약 960만㎢에 이르고, 국경선의 길이만 해도 2만 3천여

| 중국국경지도 | 중국은 세계에서 세 번째로 큰 영토면적을 가진 국가이자, 한국, 몽골, 베트남 등 무려 14개의 국가와 국경을 맞대고 있는 나라이다.

km에 달하고 있다.

중국은 국토가 넓은 만큼 많은 나라와 국경을 접하고 있는데, 현재 14개 국가, 즉 북한, 러시아, 몽고, 카자흐스탄, 키르기스스탄, 타지키스탄, 아프가니스탄, 파키스탄, 인도, 네팔, 부탄, 미얀마, 라오스, 베트남 등과 국경을 접하고 있다. 중국은 세계에서 가장 많은 나라와 국경을 접하고 있는 나라라고 할 수 있다. 중국이 많은 나라와 국경을 공유하고 있다는 사실은 세계 3위라는 방대한 영토면적을 가진 국가라는 사실에 기인하는 바도 있지만, 한편으로는 영토의 확장 내지 팽창을 추구해 왔던 나라로서의 성격과 특징을 암시하고 있는 것이다.

또한 경제 규모, 즉 GDP에 있어서 중국은 현재 미국 다음의 위치를 차지할 정도의 엄청난 능력과 규모를 자랑하고 있다. 중국은 2005년 미국, 일본, 독일에 이어 세계 4위의 경제 대국으로 부상하였으며, 2008년에는 독일을 제치고 세계 3위를 차지한 데 이어, 2010년에는 일본을 누르고 세계 2위의 경제 대국의 자리를 차지하였다. 중국의 교역액은 2009년부터 세계 2위의 교역규모를 유지하고 있는데, 2010년 기준으로 볼 때, 교역규모 세계 1위인 미국은 3조 2,500억 달러였고, 2위인 중국은 2조 9,700억 달러였으며, 3위인 독일은 2조

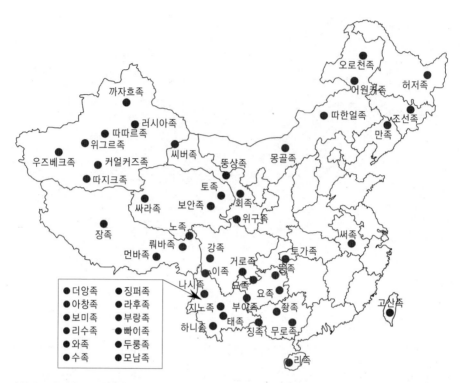

| **중국 소수민족 분포도** | 중국은 50여 개가 넘는 민족들로 구성된 다민족 국가이다. 위 지도는 50여 개의 소수민족 가운데 주요 소수민족들이 분포되어 살아가는 지역을 표시하고 있다. 중국은 50여 개의 민족들이 다원을 형성하고, 이들 민족들은 최대민족인 한족(漢族)을 중심으로 중화인민공화국이라고 하는 하나의 몸체 즉 일체를 이루었다고 주장하고 있다.

3,200억 달러였다. 그리고 중국은 2010년 기준 1,057억 달러의 외자를 유치하여 세계 2위의 외자유치국 지위를 유지하고 있다. 또한 2016년 기준으로 중국의 외환보유고는 3조 달러가 넘는다고 하는데, 이는 세계 최대 규모의 외환보유고로 수출을 통해 벌어들인 외화로 축적되었다고 한다. 중국은 2006년 이후 현재에 이르기까지 세계 외환보유고 1위 국가의 지위를 유지하고 있다.

중국 인구는 대부분 한족(漢族)이고, 몽골(蒙古)·회(回)·장(藏)·묘(苗)·조선족(朝鮮族) 등 55개의 소수민족으로 구성되어 있다. 이들 소수민족은 전체 인구의 약 7~8%에 불과하지만 이들이 분포되어 있는 지역의 면적은 중국 전체면적의 약 50~60%로 대부분 변경(邊境) 지역이다. 2016년 현재 중국의 총인구는 13억 7,354만 명 정도라고 한다. 중국의 소수민족은 자신의 언어와 문자를 사용한다. 중국의 55개 소수민족은 거의 모두 자신들의 언어를 가지고 있으며, 그 중에서 단지 21개 민족만이 자신들의 문자를 가지고 있다. 예로 회족·만주족 등 3개 민족이 한자를 사용하고, 조선족·몽고족·티베트족(Tibetian), 장족(藏族)·장족(壯族)·위구르족 등 11개 민족이 자신의 고유 문자와 통용 문자를 사용하고 있다. 묘족(苗族)·이족(彝族) 등 7개 민족은 비록 자신의 고유 문자를 갖고 있으나 별로 사용하지 않고 있으며, 나머지 34개 민족은 자신의 문자를 갖고 있지 않다. 중국 문자는 한자(漢字)로, 1956년 이후 중국에서는 일부 한자를 간소화시킨 간체자(簡體字)를 정자(正字)로 규정하여 사용하고 있으며, 현재 2,200여 개의 간체자가 있다. 1958년부터는 한자의 읽는 방법으로 기존의 주음부호(注音符號) 방식을 버리고 새로운 한어병음방안(漢語倂音方案)을 채택하고 있는데, 이것은 알파벳 자모를 차용하여 문자의 어음(語音)을 표기하는 방법으로 전 세계에서 공통적으로 사용되고 있다.

중국은 영토의 크기, 군사력, 경제력 등 여러 가지 면에서 볼 때, 미국과 비교될 수 있는 나라라고 할 수 있다. 그러나 중국은 외형적으로 볼 때 미국과 유사한 점이 있다고 하여 미국을 평가하고 분석하는 논리를 통해 중국을 보아서는 안 된다. 나라의 탄생 및 성장과 관련된 역사적 배경은 물론이려니와 국가의 발전과정, 역사와 문화의 방향과 성격, 국민의 성향과 사고방식 등 모든 면에 있어 지극히 다르기 때문이다. 우선 영토의 확장이라는 예(例)만을 가지고 보자. 중국의 영토는 러시아, 캐나다, 미국과 같이 제국주의에 의한 식민지 개척시대가 본격적으로 막을 올린 17, 8세기 이후 거의 버려지다시피 한 불모지를 흡수하는 방식으로 개척 또는 확장된 것이 아니다. 또한 중국의 영토는 미국처럼 건국하고 난 이후, 100년 또는 200년이라는 비교적 짧은 시간 동안에 주변의 땅을 흡수하고, 구매하는 등의 여러 가지 개척 방식 등을 통해 만들어진 영토가 아니다. 오늘날의 중국 영토는 2천 년이 넘는 오랜 세월에 걸쳐 이루어진 꾸준한 확장 내지 팽창의 결과로 얻어진 영토라는 데 주목해야 한다.

중국의 현재 상황, 즉 현재 중국의 인구와 경제 규모 내지 경제적 잠재력, 군사력 등만을 가지고 중국의 특징과 성격을 찾아볼 수 있으나, 현 상황에 대

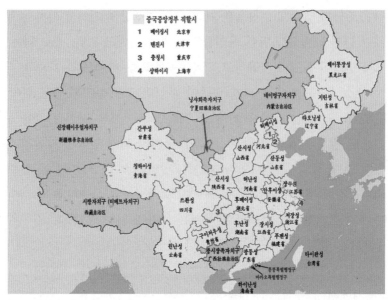

| **중국행정지도** | 중국은 25개의 성(省)과 개의 자치구, 4개의 직할시, 2곳의 특별행정구역 등 모두 34개의 행정구역으로 구성되어 있다.

한 관찰만을 통해 중국을 파악하게 되면 자칫 피상적이고 획일적인 결과를 얻기 쉽다. 무엇보다도 중국이 어떤 나라인가 또 어떤 특징을 가진 나라인가에 대한 설명은 장대(長大)한 문화와 더불어 단절되지 않고 발전해 온 장구(長久)한 문명의 역사에서 그 실마리를 찾아야 한다.

중국은 신화와 전설상의 역사를 포함시키지 않더라도, 적어도 3천 년 이상의 역사를 가진 국가이다. 중국은 장구한 역사 속에서 불가사의하다고 해도 과언이 아닐 정도로 문명 내지 문화의 연속성과 함께 국가 정체성(正體性)에 있어 일관된 성격을 유지해 오고 있다. 중국은 수천 년의 역사를 거쳐 오면서 국가의 정체성과 지향점(指向點) 등을 거의 흐트러트리지 않고 유지해 왔다. 경이로울 정도로 국가 정체성에 있어 일관성을 드러내고 있는 중국의 이 같은 모습은 세계의 역사에서 보기 드문 현상이라고 할 수 있다. 중국이 어떤 나라인가에 대한 해답의 실마리는 세계에서 가장 오랜 기간에 걸쳐 문명과 문화의 연속성을 유지해 왔다는 사실에서 찾아야 한다. 그런데 이러한 연속성은 하나의 역사적 특징 내지 기록으로서 의미만을 갖는 것이 아니라, 중국의 성격과 특징, 그리고 중국인들의 사고방식과 행동양식 등을 이해하고 규명해 볼 수 있는 매우 귀중한 근거로서의 역할을 하고 있다. 이와 더불어 2천 년 이상 지속된 정치체제의 성격 및 연속성과 관련하여 드러나는 또 하나의 특징은 중국은 여전히 통일된 전체주의적(專制主義的) 또는 제국주의적 형태의 국가를 유지하고 있다는 것인데, 이러한 사실은 세계적으로 매우 드문 현상이기 때문에 놀라운 일이 아닐 수 없다.

뒷장에서 자세하게 설명하겠지만, 또한 중국은 문명국가, 문화권 국가로서의 특징을 드러내고 있다. 사실상 중국은 지구상에 현존하는 유일무이한 문명국가 내지 문화권 국가라는 사실에 주목할 필요가 있다는 것이다. 합중국(合衆國), 문명국가(文明國家), 문화권 국가(文化圈國家) 등의 용어는 21세기 현대에서는 찾기 어려운, 과거 문화의 유산과 관련된 용어라고 할 수 있는데, 세계사에 있어 중세시대나 제국주의적 논리가 절정에 달했던 제1, 2차 세계대전을 전후한 시기에 종종 나타났던 용어였다. 전술한 바와 같이, 과거 전제주의 국가 내지 제국주의 국가로서의 성격이 과거로부터 현재에 이르기까지 거의 그대로 유지되어 있는 나라가 바로 중국이라고 할 수 있는데, 이는 과거와 더불어 존재하면서, 그리고 그 과거를 현재에 그대로 접목시키며 살아가는 나라가 바로 중국이라는 것을 의미한다.

2. 제국주의 국가로서의 중국

30년도 안 되는 짧은 시간 내에 엄청난 도약을 이룬 중국의 경제력은 이제 세계 경제와 세계의 무역 구도에 큰 영향을 줄 정도의 힘을 발휘하고 있다. 그 대표적 예가 '달라이라마 효과'라는 신조어(新造語)의 탄생이다. '달라이라마 효과'란 국제무역에서 중국이 반대하거나 싫어하는 결정을 한 국가에 대해 중국이 경제적 보복 조치를 할 경우 상대방 국가에게 끼칠 수 있는 실제적인 타격을 뜻한다. 달라이 라마는 중국으로부터 독립을 추구하는 티베트의 정신적 지주이자 최고 정치지도자이다. 중국은 그를 '하나의 중국'이라는 원칙에 대해 도전하는 분리주의자로 규정하고 있다. 중국은 다른 국가의 정치적 지도자가 달라이 라마를 만나거나 그의 입국을 허락할 경우 중국에 대한 내정 간섭으로 간주하며 이에 대해 중국 나름대로의 단호한 응징 조치를 취해 왔다. 이러한 조치에는 경제적 보복도 포함되는데 이를 '달라이라마 효과'라 한다. 독일 괴팅겐대학의 안드레아스 폭스와 닐스 헨드릭 클란 교수는 '국제무역에서의 달라이라마 효과(Paying a Visit: The Dalai Lama Effect on International Trade)'라는 연구를 통해 이러한 효과를 일종의 학설로 정착시켰다. 후진타오(胡錦濤) 시대(2003~2008) 한 국가의 정상급 지도자가 달라이 라마를 만나면 대중국(對中國) 수출이 평균 8~16.9% 감소한 것으로 나타났다. 다시 말해, 어떤 나라 정치지도자가 달라이 라마를 만났다는 그 이유 하나만으로 그해 해당 국가의 대중국 수출이 10% 정도 급락한다는 것이다. 이를 구체적으로 보면 정부 관료가 달라이 라마를 만나면 수출 감소폭은 8.5%, 대통령급이 만나면 감소폭이 무려 16.9%로 나타났다.

2008년에 프랑스의 니콜라 사르코지 대통령이 달라이 라마와 만난 일이 있었다. 중국은 이에 대한 항의의 표시로 중국과 프랑스 사이에서 진행됐던 에어버스 항공기 150대 구매 협정을 전격적으로 연기해 버렸다. 결국 프랑스 외무성은 "하나의 중국 정책과, 티베트가 중국의 영토의 통합된 일부분이라는 것을 재확인한다"는 항복 선언과 같은 성명서를 발표해야 했다. 2년 뒤인 2010년 노벨상 위원회가 중국의 반체제 인사 류샤오보를 노벨 평화상 수상자로 선정하자, 중국은 노르웨이 연어의 수입을 사실상 금지했다. 2010년 92%를 차지하던 노르웨이의 중국 연어 수출 비중은 이듬해 상반기 29%로 폭락했다. 2009년 덴마크 라스무센 총리도 정부 고위 관리들을 이끌고 덴마크를 방문한 달라이 라마를 영접했다. 친깡(秦剛) 중국 외교부 대변인은 즉시 성명을 내고 강력한 항의의 뜻을 표했다. 두 나라 사이에서 예정됐던 고위급 정치 회담도 연기해버렸다. 결국 덴마크 외무성도 프랑스와 비슷한 항복 선언서를 발표해야 했다.

연구 결과를 보면, 정치적 목적이나 배경이 없음에도 불구하고 달라이 라마를 그저 한 번 만나는 것만으로도 만난 국가의 대중국(對中國) 수출이 심각한 타격을 입는다. 한국은 지난 2천 년 '한중 마늘분쟁'의 사례에서 달라이라마 효과를 겪은 바 있다. 한국 정부가 중국산 냉동마늘과 초산조제 마늘의 관세율을 30%에서 315%로 대폭 올리자 중국은 한국산 폴리에틸렌 및 휴대폰 수입을 잠정 중단하는 보복 조치를 발표했다. 보복 조치의 결과로 대중국 수출에 큰 타격을 받자 한국 정부는 중국 마늘 3만 2천~3만 5천kg을 30~50%의 낮은 관세율로 구매를 결정하면서 물러설 수밖에 없었다. 굳이 마늘파동의 예를 들지 않아도 한국은 비슷한 경험을 숱하게 했다. 달라이 라마 효과는 현재 미국의 고고도 미사일 방어체계(사드·THAAD)를 배치하려고 하는 한국의 상황에도 그대로 적용되었다. 한국이 자신의 안보를 위해, 미국의 도움을 받아 북한의 핵미사일을 방어하기 위해 오랜 고민과 장고(長考)의 과정 끝에 사드를 배치하려고 하자, 미국과 패권 다툼을 하는 중국은 한국의 사드 배치가 자신들의 군사적 전략에 방해된다고 간주하면서, 한국에 대해 갖가지 방해공작을 펼치고 있음은 물론, 사회 문화 경제적 보복조치를 가하였다. 중국의 입장에서 볼 때, 한국의 사드 배치는 달라이 라마와의 회동 문제보다 훨씬 더 복잡하고 예민한 문제가 될 수 있다. 북한의 핵무기와 미사일 위협은 우리 한국 국민의 안전 및 생존과 직결될 수 있는 절체절명적 문제임에도 불구하고 중국은 한국의 사드 배치로 인해 자신들의 대미 전략 내지 항공방위 전략에 약간의 차질이 생긴다는 이유로 한국의 사드배치를 반대하며 옹졸하고도 저급하기 짝이 없는 갖가지 방해공작을 벌이곤 하였다.

　2015년 4월 현대자동차가 중국 하북성(河北省) 창저우(滄州)에서 공장 착공식을 갖기로 했는데, 중국은 갑자기 이 착공식을 일방적으로 연기했다. 그것도 행사를 불과 3일 앞두고 나온 초강경 조치였다. 이 착공식은 주중 한국 대사까지 참석이 예정된 큰 규모의 행사였는데도 중국은 일방적으로 연기했다. 당시 한국에서는 사드 배치 논란이 본격화되고 있었다. 이후 4개월 동안 현대-기아차 그룹의 중국 시장 판매량은 거의 반 토막 수준으로 폭락하고 말았다. 이처럼 중국은 조금이라도 자신의 비위에 거슬리거나 자기들의 마음에 들지 않는 행위를 하면 이유 여하, 원인과 배경 따위는 따지지 않고, 과감하게 지체

없이 칼을 빼드는데, 말 그대로 과거 제국주의 방식을 그대로 준용(準用)하며 행동하는데, 이것이 중국의 실제적인 내면 모습이다. 중국의 제국주의적 성향과 행동은 대체로 동북아시아, 동남아시아, 중앙아시아 등 중국의 일부 접경에 국한되어 있지만, 특히 티베트를 강점(强占)하고 티베트 사람들의 기본적인 인권조차 냉혹하게 억누르는 모습 등을 통해 제국주의적 행동을 여실히 보여주고 있다. 티베트 지역, 위구르 지역 등을 점령한 채, 그 곳 지역 사람들을 억누르며 탄압하는 현재 중국의 행태는 구소련의 모습과 매우 비슷하다. 결론적으로 말해, 달라이 라마 효과는 중국이 여전히 제국주의적 행동을 일삼는 국가라는 것을 증명한다고 해도 틀린 말이 아니다.

현재 중국의 모습과 비슷한 국가로서 제국주의 소련이 있었지만, 소련은 이미 붕괴 해체되었다. 소련의 붕괴 해체는 소련의 지배를 받았던 에스토니아·라트비아·에스토니아 등 발트 3개국의 독립에서부터 시작되었다. 이들 3개국은 1940년에 소련에 합병되었으며, 그 이후로 독일군의 점령 시기(1941~1944)를 제외하고는 소련 내의 민족자치 공화국으로 남아 있다가 1990년 고르바초프의 개혁정책의 영향에 힘입어 1991년 8월 소련으로부터 독립하였다. 이들 3개국을 필두로 동유럽 중앙아시아 지역에 있던 국가들이 모두 우즈베키스탄, 벨라루스, 아르메니아, 아제르바이잔, 우크라이나, 카자흐스탄, 키르기스스탄, 타지키스탄, 투르크메니스탄, 몰도바 등 소련의 강압에 의해 병합된 국가들은 모두 독립하였다. 1917년 11월 7일 소위 볼셰비키 혁명으로 러시아는 세계 최초의 사회주의 국가가 되면서 로마노프 왕조의 군주를 차르(황제)로 하는 제정국가(帝政國家)는 무너졌다. 혁명정권은 1918년부터 1922년까지의 내정에 간섭하려는 외국과 전쟁을 치르는 한편, 국내 적대세력의 내란을 진압하고, 1922년 12월에 소비에트 연방을 결성하였다. 그 뒤 주변의 여러 나라들을 공화국의 형태로 강제 편입시켜 15개의 공화국이 공산당 일당독재에 의한 강력한 중앙집권의 연방을 이루었다. 이런 형태로 60여 년을 버티어 왔지만, 1985년 고르바초프의 등장과 함께 이른바 페레스트로이카 및 글라스노스트를 기초로 한 일련의 개혁정책의 여파로 자유화물결이 일어났다. 1989년 동·서독의 통일을 전기(轉機)로 동유럽 공산주의 국가들이 자유주의와 시장경제를 지향하게 되면서, 보다 급진적인 개혁의 소리가 높아갔다. 1991년 소련에서 보수파의 쿠데타가 발생, 이를 무력화시킨 옐친이 보다 급진적인 개혁을 단행하게 되었고, 1991년 소련에서 공산주의지지 성향을 가진 일부 군부의 일부세력이 쿠데타를 일으켰으나 실패하였는데, 이를 계기로 소련은 공산주의를 포기하고 공산당을 해체하였다. 소련이 공산주의를 포기하자, 뒤이어 소련에 의해 강제 병합된 각 공화국들이 독립을 강행하게 되면서 소련은 급속히 붕괴되었다. 그렇지만, 중국은 쉽게 구소련이 밟았던 해체의 길을 걸을 것 같지 않다. 현재의 중국이 소련과 같이 그렇게 될 것이라고 예측하는 것은 쉬운 일이 아니라는 것이다.

　20세기가 끝날 무렵, 공산 제국주의 소련이 무너지면서 이제 지구상에는 소련과 비슷한 형태의 제국주주의적 국가는 중국만 남게 되었다. 현재의 중국은 과거 자신의 선조들이 추구하고자 했던 제국주의적 논리와 정책을 그대로 유지하고 있는 것 같다. 중국의 국가적 목표는 과거 청나라 제국(淸帝國)의 그것과 거의 다르지 않다는 느낌, 다시 말해, 청나라 제국으로 회귀하고 있는 것 같은 느낌을 주고 있다는 것이다. 이렇게 볼 때 중국은 과거의 통치 형태를 그대로 간직한 전제주의적(專制主義的) 정치형태를 가진 국가에다가 제국주의적 유산을 그대로 견지(堅持)하고 있는, 그러니까 제국주의 전제국가였던 청나라의 모습이 현재에 그대로 투영되어 있는 국가로 간주될 수 있다. 중국은 자신들의 선조국가였던 청나라가 영국과의 아편전쟁에서 패전함으로써 빼앗긴 홍콩을 돌려달라고 요구했다. 그 결과 100년이 지난 시점에서 자신들의 요구대로 홍콩을 돌려받았으면서도 자신들이 약 400백 년 전에 빼앗은 위구르 지역, 티베트 지역, 내몽고 지역은 돌려주기는 커녕, 그 곳 주민들을 탄압 학살하면서 한편으로는 각종 공정(工程)이라는 미명하게 역사까지 조작하는 작업을 벌이면서까지 영구점령을 위해 수단과 방법을 가리지 않고 있다.

　현재 중국 영토의 절반에 가까운 면적이 한족(漢族)과 관계없는 다시 말해, 중국과는 아무 상관이 없는 지역으로 소수민족이 수백 년 또는 그 이상의 오랜 세월 동안 대대로 살아 왔던 그들이 실제 주인이었던 곳이다. 대표적인 곳이 바로 내몽고 지역과 위구르족 신쟝(新疆)자치구와 시장(西藏) 즉, 티베트

자치구이다. 이들 지역은 현재 중국 전체 영토 면적의 절반에 가까운 엄청난 면적을 가진 곳이다. 이들이 사는 지역은 명(明)나라를 무너뜨리고 중원(中原) 땅의 새로운 주인이 된 만주족(滿洲族)의 청나라가 이전 명나라 주변에 있었던 수많은 민족국가들을 무력으로 강제 흡수 병합하면서 만들어진 지역으로, 사실상 현재 중국공산당 정권의 식민지라고 보아도 무방하다. 중국은 과거 아편 전쟁에 패해 그것에 대한 배상으로 영국제국에 할양해 넘긴 홍콩 땅과 포르투갈로부터 마카오를 반환받았지만, 정작 자신들이 빼앗은 신강, 티베트, 내몽고 지역 등, 소수민족의 터전을 그대로 점령하고 있을 뿐만 아니라, 중국의 통치에 반발하는 원주민들을 극도로 탄압하고 있다.

　　제국주의란 군사력을 배경으로 정치적, 경제적 지배권을 다른 민족, 다른 국가의 영토로 확대시키려는 대외 팽창 정책이나 사상을 의미하는 용어로 사용되고 있다. 따라서 제국주의의 보편적 의미는 영향력, 곧 패권(霸權)을 확대하는 정책 또는 사상을 가리킨다. 따라서 제국주의(帝國主義, Imperialism)는 오직 힘의 논리만을 가지고 어느 한 특정국가가 다른 나라, 지역 등을 군사적, 정치적, 경제적으로 지배하려는 정책을 드러내거나 또는 그런 정책의 실현하기 위한 강한 야욕을 드러낸다. 과거 로마제국, 대영제국, 대일본제국 등 여러 강대국들이 점령과 정복 등을 통해 팽창정책을 실시한 것이 제국주의 정책을 실시한 전형적 예라고 할 수 있다.

　　지금으로부터 약 5천 년부터 인류의 문명이 시작되면서 수많은 국가가 명멸(明滅)하였고, 그런 가운데 여러 가지 형태의 제국주의가 탄생하고 소멸하였지만 현재 제국주의적 성격을 가진 나라는 중국이 유일무이하다고 해도 크게 잘못된 말이 아니다. 지금까지 인류 역사를 통틀어 볼 때, 고대, 중세, 근·현대에 이르기까지 여러 가지 유형의 제국주의국가가 탄생하고 또 사라졌다. 페르시아제국, 로마제국, 동로마제국, 비잔틴제국, 사라센제국, 오스만튀르크제국, 몽골제국, 대영제국, 일본제국 등 많은 제국들이 탄생한 후, 한때나마 세상을 지배하였다가, 곧 사라져갔다. 중동의 경우, 사라센제국은 오늘날의 사우디와 이란 등 중동 지역과 지중해 연안, 북부아프리카 지역 등 3개 대륙을 통치했지만 곧 사라졌고, 유럽의 경우 로마제국이 사라진 이후, 근대에 들어와 프랑스의 나폴레옹, 독일의 히틀러, 이들 두 사람이 한때나마 유럽을 지배한 적이 있는데, 이들 두 사람이 통치하던 시기를 제외하고는 유럽 대륙 전체를 지배했던 중앙집권 국가는 거의 없었다. 그러나 중국은 기원전 3세기 춘추전국(春秋戰國) 시대가 끝난 이후, 현재에 이르기까지 2천여 년이 넘는 오랜 시간 동안 제국의 형태를 계속 유지하고 있다. 그런데 오늘날의 중국을 제국주의로 볼 것인가에 대해서는 다소 이견이 있을 수 있다. 현재 중화인민공화국은 과거 고대 중세제국 다시 말해, 한(漢)나라, 당(唐)나라, 원(元)나라, 명(明)나라, 청(淸)나라와 같은 제국들의 이념과 정책방향을 그대로 답습하고 있다고 보아도 잘못된 말이 아니기 때문에, 광의(廣義)의 의미에서 보자면 중국은 일종의 제국주의라고 보아도 무방하다고 할 것이다.

사실, 오늘날 중국은 제국주의 유산을 그대로 물려받고 있다고 해도 과언이 아니다. 중국이 차지하고 있는 영토는 전형적인 제국주의 정책을 펼쳤던 과거 청나라가 주변국들을 침략하여 빼앗은 것인 데다가 오늘날 중국이 취하고 있는 대외정책 또한 과거 청나라가 취했던 그것과 다를 것이 거의 없기 때문이다. 현재 중국이 보이고 있는 제국적 행동은 대체로 동북아시아, 동남아시아, 남아시아 및 중앙아시아 등 중국의 이웃 지역에 한정되어 있지만, 중국은 이 같은 제국주의적 행동을 계속 확장해나가려는 욕구를 감추지 않고 있다. 남지나해(南支那海)를 둘러 싼 영유권 분쟁이 그 대표적 예에 해당된다. 남지나해 수역은 중국, 베트남, 필리핀 이외에도 말레이시아, 브루나이, 대만 등 6개국이 영유권 분쟁에 개입되어 있다. 베트남, 필리핀, 말레이시아, 인도네시아, 브루나이 등의 나라들이 국제법상에 근거해 부분적으로 영유권을 주장하고 있는 것에 반해, 중국은 남지나해 전역을 자신의 영해라고 주장하고 있다. 중국은 남지나해의 전부가 자신들의 바다이며, 따라서 남지나해에 있는 모든 섬이 당연히 자신들의 섬이라고 주장하고 있는 것이다. 이 같은 중국의 주장은 국제 해양법적 관점은 차치하고, 상식적 입장에서 볼 때에도 터무니없는 궤변에 불과한 것이다. 그러나 중국은 자신들이 군사적으로나 경제적으로 강해졌다고 생각해서 그런지, 과거 전근대적 시기에나 있었던 힘의 논리를 앞세운 제국주의 행태에 대한 향수에 빠져 자신의 이익만을 챙기려 하는 지극히 탐욕

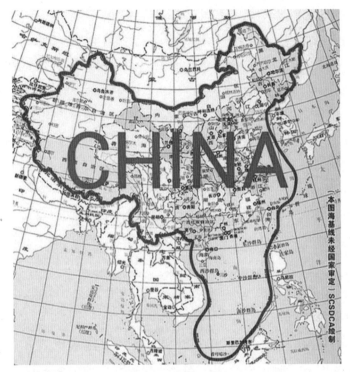

| **중국의 영토 확장** | 중국은 공해(公海)인 남지나해가 자신의 영해라는 비상식적이고도 근거 없는 주장을 펼치며, 해당 당사국인 베트남, 필리핀, 인도네시아, 말레이시아 등의 국가와는 물론이려니와 미국, 일본, 유럽의 국가들과 군사적 긴장을 유발시키고 있다. 위 지도는 영토 확장에 대한 욕구와 이를 통해 드러나는 중국의 제국주의적 행태를 보여주고 있다.

적인 행동을 벌이고 있다. 남지나해는 중국뿐 아니라 베트남, 인도네시아, 말레이시아, 필리핀으로 둘러싸인 바다이기 때문에 이들 나라들이 국제법적으로나 지리적으로 남지나해에서 일부 자국의 영토권을 주장하고 행사하는 것은 지극히 당연하고 상식적인 일이다.

중국의 제국주의적 행동은 외국에 대한 투자방식에서도 나타나고 있다. 몇 년 전부터 시작된 아프리카 및 아시아 국가들에 대한 투자와 경제 협력이라는 미명하에 이루어진 중국의 제반 행동은 자신의 이익을 챙기려는 움직임을 넘어 제국주의 국가의 행태로 나타나고 있다. 겉으로는 상호 경제협력과 전략을 목표로 한 행동 같지만, 궁극적으로는 상대방 국가에 대한 경제적 침략을 통해 그 곳을 정치 군사적으로 장악하기 위한 하나의 술책이라고 할 수 있다.

아시아, 아프리카, 중남미 나라들에서 벌이고 있는 중국의 투자방식과 목표는 미국이나 유럽의 국가들의 그것과 비교해 너무나 대조적일 뿐만 아니라, 몰상식적(沒常識的)이기까지 하다. 미국이나 유럽의 서구 선진 국가들이 투자할 경우, 서구 선진국들은 투자된 돈이 잘 회수될 수 있을 것인가, 투자한 돈이 상대국의 경제발전에 유용하게 쓰일 수 있을 것인가, 그리고 그 상대국의 정치지도자들이 사악하고 부패한 사람들일 경우, 그 돈이 정치 군사적으로 악용되지 않을까 등이 우선적으로 고려되어 투자가 이루어지는데, 이 같은 우선적 고려는 지극히 상식적이고 당연한 것이다. 그러나 중국은 해외 투자하는 데 있어 서구 국가들과 정 반대적인 행동을 취한다. 중국은 부패한 정권, 사악한 지도자들이 있는 국가들을 선호한다. 중국은 객관적으로 볼 때, 차관이나 협력을 받아서는 안 될 나라, 또는 받아도 반환 능력이 확실하지 않은 그런 정부나 국가에게 투자의 형식을 빌려 돈을 떠 안겨 주고 있다. 중국이 가져다 준 돈은 그 돈을 받은 정부와 정치지도자들에게 잠시 큰 이익을 안겨주었는지는 모르지만, 실질적으로는 그 나라의 부(富)와 경제적 잠재력을 빼앗고, 중국에게 정치 군사적 이익만을 가져다주는 결과를 초래했다.

과거 18, 19세기 제국주의 국가들의 행태를 중국이 다시 재현(再現)하고 있다는 느낌을 주고 있다. 이와 관련해 몇 가지 예를 들어 보자. 아프리카 북동쪽에 지부티라는 나라가 있는데 이 국가는 홍해와 인도양의 접경에 위치하고 해상 무역의 요충지로서의 역할 가능성이 매우 큰 국가라는 평가를 받아 왔다. 아프리카 해상로의 30%가 인도양의 홍해와 수에즈 운하를 거쳐 이집트와 동아프리카 지역으로 유입되기 때문이다. 중국은 지난 7월부터 운영이 시작된 지부티 국제자유무역 지역에 3억 7,000만 달러(한화 약 4,200억 원)를 투입하였고, 3개의 중국계 기업으로 하여금 이 구역을 운영·관리하게 하고 있다. 중국은 지부티 도라레 항의 다목적 부두를 비롯해 인근 타주라 항과 구벳 항 등의 항만 확장공사에도 경제협력의 미명하에 적극 개입하고 있는데, 중국은 실질적으로 이들 항구를 정치 군사적으로 지배하는데 목표를 두고 있다. 이 같은 예는 케냐에서도 그대로 나타나고 있다. 케냐의 경우 지정학적으로 중국의 원유 수입국인 남수단과 접해 있으며 우간다 탄자니아 등 주변국과도 교류가 용이한 이점을 갖추고 있다. 인도양과 접해 있는 탄자니아라는 나라의 바가모요 항구 또한 아프리카 해운 요충지가 될 가능성이 많을 것으로 예상되기 때문에, 이들 또한 중국의 주요 투자처다. 중국은 현재 케냐 라무 항에 총 31억 달러(약 3조 5,000억 원) 규모의 컨테이너 부두 공사를 진행하고 있으며 탄자니아 정부가 추진 중인 바가모요 항의 부두 확장 공사에도 중국의 차이나 머천트 홀딩스 인터내셔널(CMHIT)의 자본을 투입한 것으로 알려졌다. 중국의 자본이 들어간 이들 나라들이 정해진 시간에 그 금액을 중국에 반환하지 못하면, 이들 항구는 중국의 지배권에 놓이게 된다. 중국의 목표는 해상로의 요지에 있는 이러한 항구를 정치 군사적으로 장악하여 자신들의 것으로 만드는 데에 있다는 사실은 불문가지(不問可知)의 일이다.

중국은 자신들이 투자한 그 돈이 회수도 잘 안 될 것임은 물론, 한편으로는 그 돈이 상대방 정권에 의해 악용되고 탕진될 것이라는 것을 잘 알고 투자를 유혹한다. 그리고 그렇게 해서 투자를 받아들이게 한 후, 채권이 회수가 안 되면, 그것에 대한 대가로 상대방 국가의 항만과 같은 전략 요충지나 광업권에 대한 지배를 획득하려고 한다. 말 그대로 자신들의 탐욕을 성취하기 위한 전략, 즉 과거 제국주의적 지배전략 내지 과거 제국주의 국가들이 보여준 정치 군사적 침략 전술이 중국에 의해 거의 그대로 재현되고 있음을 볼 수 있다.

중국이 주도하고 있는 일대일로(一帶一路) 사업은 전형적인 제국주의 국가가 벌이는 일종의 포획(捕獲)행위와도 같은 행동의 예가 될 수 있다. 일대일로 사업은 중앙아시아와 유럽을 잇는 육상 실크로드[一帶]와 동남아시아와 유럽, 아프리카를 연결하는 해상 실크로드[一路]를 뜻하는 용어로 시진핑(習近平) 중국 국가주석이 2013년 9~10월 중앙아시아 및 동남아시아 순방에서 처음 제시한 전략이다. 일대는 중국에서 중앙아시아를 거쳐 유럽으로 뻗는 육상 실크로드 경제벨트를 구축하는 것이고, 일로는 남중국해와 동남아시아를 거쳐 인도양과 중동 및 아프리카까지 이어지는 21세기 해양 실크로드를 의미한다. 중국 중서부, 중앙아시아, 유럽을 경제권역으로 하는 것이 '육상 실크로드 경제벨트

(Silk Road Economic Belt)'이고, 중국의 남부와 동남아시아의 바닷길을 연결하는 것이 '해상 실크로드(21st Century Maritime Silk Road)'인 것이다. 육상 실크로드는 신장자치구에서 시작해 칭하이성(靑海省) - 산시성(山西省) - 네이멍구(內蒙古) - 동북지방의 지린성(吉林省) - 헤이룽장성(黑龍江省)까지 이어지며, 해상 실크로드는 광저우(廣州) - 선전(深川) - 상하이(上海) - 칭다오(靑島) - 다롄(大連) 등 동남부 연안도시를 잇는다. 중국과 중앙아시아, 남아시아, 서아시아를 연결하는 핵심적 거점으로는 신장자치구가 개발되며 동남아로 나가기 위한 창구로는 윈난성(雲南省)이, 극동으로 뻗어나가기 위해서는 동북 3성이, 내륙 개발을 위해서는 시안(西安)이 각각 거점으로 활용된다는 방식을 취하고 있다. 시진핑은 일대일로 프로젝트를 2049년까지 추진해 이른바 '중국몽(中國夢)'을 실현하겠다고 강조해 왔는데, 이른 바 중국몽은 21세기 중화제국의 실현을 의미한다고 보아도 과언은 아니다. 2016년 중국주도로 공식 출범한 아시아 인프라투자은행(AIIB)은 '일대일로'를 실행하는 데 필요한 자금 조달하기 위해 만들어진 단체였다. 아시아 인프라 투자은행은 한국을 포함하여 80여 개국이 참여하였다고 한다.

일대일로 프로젝트는 외형적으로 볼 때, 중국이 세계와 육상 해상 교류 및 무역을 확대하면서 상대국에 교류와 무역 거점지를 확보하기 위한 일종의 경제적 영토를 확장하는 사업처럼 보인다. 그러나 일대일로의 프로젝트의 이면에는 중국의 엄청난 정치 군사적 야욕이 깔려 있음을 알 수 있다. 일대일로 사업에 참여한 아시아의 여러 나라들은 중국으로부터 엄청난 채무 압박에 시달리면서 경우에 따라서는 자신의 일부 주권마저 중국에 내줘야 하는 굴욕을 경험하고 있다.

먼저 파키스탄의 예를 보자. 중국과 파키스탄은 파키스탄의 과다르 항구에서 중국 신장 위구르족 자치구에 있는 카스라는 도시까지 연결하는 총길이 3,000km의 경제회랑(Economic Corridor) 사업에 합의했다. 파키스탄은 일대일로 핵심 프로젝트 중 하나인 '중국 - 파키스탄 경제회랑(CPEC)' 사업에 참여하면서 자국 내 인프라 건설 자금의 80%(620억 달러)를 중국에서 조달했다. 중국과 파키스탄은 이 경제회랑에 고속도로, 철도, 송유관, 광케이블, 산업단지 등을 건설하고 있다. 파키스탄은 또 제2의 도시이자 펀잡주 주도인 라호르에서 20억 달러 규모의 경전철 구축 사업과 원자력발전소 건설 사업도 벌이고 있다. 파키스탄 남부의 과다르 항구는 일대일로(一帶一路) 사업의 가장 중요한 핵심 지역 가운데 하나로 손꼽히고 있는데, 이 항구는 전 세계 원유의 25%가 지나가는 호르무즈해협에서 서쪽으로 400km, 최대 도시 카라치에서 동쪽으로 434km 떨어진 데에다가 수심이 깊어 파키스탄에서 유일하게 대형 선박이 드나들 수 있는 항구라는 장점이 있기 때문이다. 과다르 항은 원유가 풍부하게 매장된 중동, 천연자원이 많은 중앙아시아, 원유와 천연자원을 대량 수입하는 중국과 아시아를 잇는 물류 요충지라는 말을 들어왔다. 또 아라비아 해와 인도양에 영향력을 행사할 수 있는 군사기지로서 역할도 가능한 전략 요충지로서의 기능도 가능하다는 평가를 받는 곳이다. 그러나 완공된 이후 지난해까지 배는 한 달에 한두 척만 정박했고, 컨테이너선도 지난 3월에야 처음 정박했다.

결국에 있어서는 경제성, 채산성이 거의 없는 곳에 파키스탄은 중국의 권유를 받아들여 터무니없는 투자를 하였고, 그 결과 눈덩이처럼 불어 난 부채를 고스란히 떠안게 되었다. 이런 이유 등으로 인해 가장 위험한 국가로는 파키스탄이 꼽혔는데, 파키스탄은 일대일로 사업과 관련해 중국에 620억 달러(약 66조 원)의 부채를 지고 있다. 이제 파키스탄은 국제통화기금(IMF)에 손을 벌려야 할 처지가 되었다. 앞서 언급한 바와 같이, 중국이 과다르에 큰 애착을 보인 것은 과다르 항은 믈라카 해협을 거치지 않고 에너지를 공급할 길을 열 수 있는 곳이었기 때문이다. 중국의 관점에서 볼 때, 파키스탄과 과다르 항구는 전략적으로나 군사적으로나 둘도 없이 중요한 곳이다. 중국이 해외에 군사기지를 세우고 싶어 하는 곳이 바로 파키스탄이라는 말은 과장되거나 근거 없는 공연(空然)한 이야기가 아니다. 중국은 캄보디아 코콩이라는 신항구 개발에도 투자했다. 코콩 신항구는 동남아의 정중앙에 있어 중국의 남방 진출 거점 역할을 할 수 있을 것으로 취급된 지역이었다. 중국은 이 투자에서 단돈 100만 달러로 캄보디아 해안선 20%에 해당하는 360㎢ 땅의 개발권을 얻기도 했다.

일대일로 사업 해상로의 핵심 거점 국가인 스리랑카 정부는 지난해 12월

남부 함반토타 항만의 지분 85%와 99년간의 운영권을 중국에 넘겼다. 수요 예측에 실패하면서 돈을 빌려준 중국에게 빚을 갚지 못했기 때문이다. 블룸버그에 따르면 2010년 완공된 이 항만은 개항 이후 줄곧 적자를 냈고 현재도 하루 한 척 정도 선박이 정박하는 수준이라고 한다. 스리랑카는 2010년 중국의 차관으로 전략 요충지인 함반토타 항구를 건설했다. 건설은 했지만, 함반토타 항구의 이용률이 낮아 적자가 쌓이자 스리랑카는 결국에 2016년 지분 80%를 중국 국유 항만기업에 매각하고, 부채 11억 달러를 탕감받는 조건으로 2017년 11월에 99년간 중국 국유 기업에 항구 운영권을 넘겼다. 스리랑카 대통령은 중국 의존정책의 위험성을 인식하고 차관 재협상 등을 통해 중국의 영향력에서 벗어나려 했지만 끝내 무위로 돌아갔다. 중국은 이러한 사태를 예견하며 스리랑카에 돈을 대 주었고, 그 결과 영국이 홍콩을 지배한 것처럼, 중국은 스리랑카의 일부를 지배할 수 있게 되었다.

　라오스는 두 번째로 부채 위험이 높은 국가에 올랐다. 중국 라오스 간 철도 건설비용을 포함해 국내총생산(GDP)의 절반가량인 67억 달러를 중국에서 차입했다. 국제통화기금(IMF)은 라오스의 부채 상환이 어려울지 모른다고 경고했다. 키르기스스탄도 일대일로 사업 참여에 따른 인프라 건설로 국가부채 규모가 GDP 대비 78% 수준까지 늘어났다. 일대일로 사업 참여 이전의 62%에 비해 큰 폭으로 증가했다. 미얀마가 참여한 캬우크피우 항만 정비사업 또한 스리랑카와 비슷한 운명에 처해졌다. 개발 비용이 90억 달러에 달할 뿐만 아니라, 미얀마 정부가 채무 변제가 어려워졌기 때문이다. 지부티는 중국에 진 빚이 GDP 대비 91%에 이른다. 일대일로 프로젝트에 참여하기 이전의 82%보다 10%포인트 가까이 높아졌다.

　일대일로에 참여한 여러 나라들은 '차이나 머니'에 기대어 경제성장을 이루려고 하였지만, 오히려 빚더미에 빠지고 자칫 '경제 주권'뿐만 아니라 더 나아가 정치 군사적 주권마저 빼앗길 위기에 처해 있다. 중국이 노리는 것은 바로 이것이다. 국제개발원조 전문 싱크 탱크인 글로벌개발센터(CGD)에 따르면 중국이 일대일로 프로젝트를 위해 지난해까지 아시아와 아프리카, 유럽 등 68개국에 지원한 자금은 총 8조 달러(약 8,552조 원)에 달한다. 중국의 일대일로 프로젝트에 참여한 국가 가운데 상당수의 나라가 '빚의 덫'에 걸려 허우적거리고 있다. 파키스탄을 중심으로 한 23개국은 중국에서 너무 많은 자금을 빌린 탓에 '상당히 높은 수준'의 부채비율을 기록하고 있다. 그 가운데에서도 동아프리카의 지부티, 아시아의 파키스탄·라오스·몽골·몰디브·키르기스스탄·타지키스탄, 유럽의 몬테네그로 등 8개국은 중국에 진 빚을 감당하기 매우 어려운 상황에 처해 있다. 그런데 정말 심각하고 중요한 사실은 중국이 이들 국가들에게 차관을 주었을 때, 이들 국가들이 제때에 제대로 갚지 못할 것이라는 것을 충분히 예견했다는 것이다. 중국이 궁극적으로 노린 것은 바로 이들 나라들이 돈을 갚지 못했을 때, 그들 나라로부터 대신 받아 갈 수 있는 것, 즉 각종 항구와 군사 요충지를 중심으로 중국의 돈이 투자된 대상과 지역에 대한 지배권을 인수받는 것이었다.

결론적으로 말해서 일대일로 사업 궁극적 목표는 저개발국 인프라 지원 명목으로 군사전략 요충지를 장악하는 것이었다. 중국은 이들 지역을 정치 군사적으로 지배하고 장악하기 위해 일대일로 프로젝트를 만든 것이다. 중국이 투자하거나 차관을 준 대부분의 나라들은 믈라카 해협과 순다 해협, 페르시아만과 홍해 등의 군사 전략적 요충지에 자리 잡고 있는 것이 특징이다. 중국은 라오스를 통해 동남아시아 거점 확보를 꾀하고 있다. 지부티는 아프리카 진출의 관문 역할을 하는 지정학적 요충지다. 몬테네그로는 유럽으로 가는 길목에 자리한다. 중국은 몬테네그로를 통해 발칸반도와 연결될 수 있는 고속도로 건설에 나섰다. 파키스탄과 몰디브는 인도양으로 나가는 연결고리다. 믈라카 해협에 어떻게든 교두보를 마련하려 한 것이다. 중국은 동아프리카 홍해 끝자락의 지부티에 군사기지를 지어 수에즈 운하의 입구를 틀어막을 수 있는 기초를 마련하기도 했다.

중국이 만들어 놓은 '빚의 함정'에 빠진 국가는 거의 다 일대일로 사업에 참여하였고, 군사 전략적으로 중요한 위치에 자리 잡고 있다. 중국은 일대일로 프로젝트를 계획하면서 의도적으로 지부티와 파키스탄의 과다르, 스리랑카의 함반토타 등을 중국의 이익을 지키기 위한 핵심 지역으로 선정했다고 하는데, 이 같은 이야기는 '저개발국가의 인프라 개발 지원'이라는 명분으로 진행되는 중국의 일대일로 프로젝트가 사실상 군사 요충지 장악전략에 기반을 둔 것이었음을 반증하는 것이다. 중국은 자국 국유(국영)은행을 통해 저개발국가에 자본을 빌려주고 인프라를 구축하는 방식으로 일대일로 프로젝트를 추진해 왔다. 특히 중국은 저개발국가와 차관 계약을 맺으면서 공사는 중국 기업들이 독식하는 철저하게 '차이나 스탠더드' 적용을 요구했다. 차이나 스탠더드는 중국산 기자재를 쓰고, 건설 공사는 중국 업체가 맡으며, 심지어 운영도 상당 기간 중국 기업이 하는 것을 조건으로 하는 것이다. 투명성 확보와 부패 방지 방안 마련 등 까다로운 조건을 내세우는 선진국이나 국제금융기구 등으로부터 차관을 빌리기 어렵던 저개발 국가는 중국의 달콤한 유혹(차관)에 넘어갈 수밖에 없었다. 중국의 차관이 '독(毒)'의 화살이 된 셈이었다. 빚더미에 올라앉는 국가가 늘어나자 일대일로 사업에 참여한 대부분 중국의 저의를 의심하며 불만을 표출하고 있다. 그 결과 일부 국가는 일대일로 프로젝트의 일환으로 추진했던 사업들을 포기하기 시작했다. 말레이시아 정부는 중국 남부와 자국을 연결하는 200억 달러 규모의 동부해안철도 공사를 사실상 폐기하기로 결정했다. 네팔 정부도 지난해 11월과 올해 상반기 중국 기업이 맡기로 했던 발전소 건설 계획을 취소했다. 미얀마 정부도 차우퓨 항만 개발 사업 규모를 73억 달러에서 13억 달러로 축소했다.

경제협력개발기구(OECD)가 최근 발표한 '국가위험도 분류(Country Risk Classification)'에 따르면 일대일로 프로젝트에 참여한 78개국의 평균 국가위험도는 7점 만점에 5.2점으로 나타났다. 신흥국의 평균 국가위험도가 3.5점인 것을 감안하면 매우 높은 수치다. 미국 싱크 탱크인 글로벌개발센터(CGD)는 3월 보고서에서 중국의 일대일로 프로젝트에 참여한 8개국이 이미 '빚의 덫'에 걸렸고, 그 액수는 감당하기 힘든 규모라고 밝혔다. CGD가 지목한 국가는 동아프리카 지부티, 중앙아시아 키르기스스탄과 타지키스탄, 동남아시아 라오스, 인도양 섬나라 몰디브, 몽골, 발칸반도의 몬테네그로, 파키스탄 등이다. 이들 저개발 국가는 중국이 제공한 자금으로 야심차게 인프라 구축을 시작했지만, 무리한 사업 추진으로 빚만 늘어났을 뿐만 아니라, 자신들이 취하는 실질적 이익은 전혀 없다는 사실을 깨달았다. 다시 말해, 중국의 달콤한 유혹에 빠져 일대일로 프로젝트에 참가한 대부분의 국가들은 중국의 음모와 야욕을 뒤늦게 인식하기 시작했다. 인프라 사업을 통한 경제발전을 기대했지만 중국이 제공한 자금을 중국이 다 가져가고 자신들에겐 부채만 남는다는 사실을 알게 된 것이다. 이 같은 사실과 관련해 15년만에 다시 집권한 마하티르 말레이시아 총리가 일대일로(一帶一路) 프로젝트를 신랄하게 비판했다. 재취임 후 처음으로 지난달 중순 중국을 찾은 그는 말레이시아 동해안 철도(ECRL) 사업, 송유관 사업 등 일대일로 프로젝트 3건을 취소하겠다고 하면서, 가난한 개도국을 빚의 함정에 빠뜨리는 일대일로를 '신(新)식민주의'라고 공격하기도 했다. 중국은 마하티르가 말한 그대로 제국주의 신식민주의 정책을 재현하고 있다.

중국은 채무를 해결하지 못한 상대국의 일부 주권과 지배권 등을 할양받아 그 지역을 정치 군사적으로 지배할 수 있게 되었다. 마치 대영제국이 아편전쟁에서 청나라를 패퇴시키고, 승전에 대한 전리품 내지 보상으로 홍콩을 할양받아 100여 년 이상 지배해 왔던 것처럼 말이다. 중국은 자신들의 조상이 주권과 땅을 빼앗겼던 그런 방법을 지정학적 요충지를 가지고 있는 부실한 아시아 국가들에게 적용하여 그들 나라들에 대한 자신들의 지배권을 확보하는 등, 과거 제국주의 국가들이 즐겨 사용하였던 우회적 침략 방법 등을 애용하고 있다. 결론적으로 말해서, 중국은 일대일로 사업을 통해 중국몽(中國夢)을 실현하기 위해, 즉 과거 찬란했던 중화사상을 실천하기 위한 전략을 그대로 보여주고 있는 것이다. 시진핑은 일대일로 프로젝트를 "세기의 계획"이라고 강조했지만, 세기의 계획은 개발도상국을 빚의 구렁텅이 속으로 끌어 들여 결국에는 빚을 통해 개발도상국들을 정치 군사적으로 지배하기 위한 '빚의 제국주의(Debt Imperialism)'라고 할 수 있다.

중국은 2천 년이 넘는 오랜 기간 동안 제국주의적 통치논리와 정치방법을 통해 끊임없이 확장을 추구해 온 나라인데, 앞서 언급한 바와 같이 중국은 지금도 이 같은 제국주의주적 정책을 포기하고 있지 않고, 앞으로도 포기할 것 같지 않다. 중국은 제국주의적 이념을 2천 년 이상 추구하며 실천해 왔는데, 21세기에 이르러서도 이러한 정책을 유지하며 구현하려는 나라는 지구상

| 신실크로드 사업으로서의 일대일로 | 중국 과거 명나라 시절 해외 교역로였던 실크로드에 착안해 '육상·해상 실크로드'로도 불린다. 중국 중서부, 중앙아시아, 유럽을 경제권역으로 하는 것이 '육상 실크로드 경제벨트(Silk Road Economic Belt)' 중국 남부, 동남아시아의 바닷길을 연결하는 것이 '해상 실크로드(21st Century Maritime Silk Road)'이다. 일대일로 프로젝트는 외형적으로 볼 때, 중국이 육상 또는 해상에서 세계 각국과의 교류 및 무역을 확대하기 위한 거점지를 확보하고 또한 확장해가기 위한 사업처럼 보인다. 그러나 일대일로의 프로젝트의 이면에는 중국몽의 실현이라고 하는 중국의 엄청난 정치 군사적 야욕이 깔려 있음을 알 수 있다. 일대일로 사업에 참여한 아시아의 여러 나라들에게는 일대일로는 악몽이며 "빚의 실크로드"가 되었다. 이들 나라들은 중국으로부터 엄청난 채무 압박에 시달리면서 군사 정치적 주권을 빼앗기는 처지에 놓이게 되었다.

에서 중국을 제외하고는 찾아보기 어렵다. 제1, 2차 세계대전이 끝나면서 제국주의 국가들은 모두 와해되거나 해체되었지만, 21세기에 들어선 현재에 이르기까지 중국은 비교적 오롯하게 제국주의적 형태를 우지하고 있는 유일한 국가이기 때문이다. 과거 중국의 모습은 역사 속에서 뿐만 아니라, 현재 오늘의 모습에 그대로 투영되고 있음을 볼 수 있다.

3. 전제주의 지향의 다문화 다민족 국가로서의 중국

국가의 정체성과 관련하여 중국이 드러내는 또 하나의 성격은 바로 전제주의 정치체제를 2천 년 넘게 유지하고 있다는 것이다. 기원전 200년경 진(秦)

나라에서부터 시작된 중앙집권적 또는 전제주의 통치방식이 시대적 상황에 따른 약간의 변용(變容)이 있었지만, 현재에 이르기까지 2천 년이 넘도록 시행되어 오고 있다. 전제주의란 한 사람, 또는 극소수의 사람들이 법이나 제도의 구속을 받지 않은 채, 국가의 모든 권력을 장악하고 통치하는 정치제도로서 절대주의·독재주의 정치체제를 의미한다. 전형적인 전제주의는 중세 말(15~16세기)부터 근세 초(17~18세기)에 걸쳐 등장한 절대주의 국가형태에서 볼 수 있었다. 그런데 이 같은 중국의 전제정치는 중국의 정치 및 도덕세계에 절대적인 영향을 미쳤던 유가(儒家)사상과 법가(法家)사상의 통치논리에 바탕을 둔 중앙집권 체제와 통치방식을 통해 정립되었고, 이 같은 체제와 통치방식은 공산주의 일당통치 형식을 취택하고 있는 현재에 이르기까지 크게 변함없이 유지되고 있다.

앞서 언급한 중국의 정체성과 국가체제의 연속성은 그 일부가 바로 이 같은 전제주의적 특성과 관련하여 나타나 있다. 중국은 2천 년이 넘는 오랜 시간 동안 비교적 일관되게 전제주의라고 하는 정치 사회적 특성의 연속성을 유지하고 있다. 중국은 기원전 3세기 춘추전국시대가 끝난 이후, 2천여 년이 훨씬 넘는 오랜 시간 동안 유교적 정치논리와 중화사상에 기반을 둔 하나의 통일된 집합체적 국가를 지향해 왔을 뿐만 아니라, 현재에 이르러서는 공산 사회주의 정치논리를 원용하면서 제국적 그리고 전제주의적 형태를 유지하고 있다는 사실은 세상 사람들에게 놀라움을 주기에 부족함이 없다. 또한 중국은 놀라울 정도의 체제의 연속성으로 인해 지구상에 현존하는 국가들 가운데 보기 드문 문명국가, 또는 문화권 국가로서의 특성을 갖게 되었다고 할 수 있다. 넓게 볼 때, 진(秦)나라(B.C.220~B.C.201)에서 본격적으로 시작되어 한(漢)나라 시기에 이르기까지 이 기간에 정립된 전제주의적 중앙집권체제는 2천 년 이상 유지된 채, 현재에 이르기까지 존속하고 있다.

유구한 세월에 걸쳐 정립된 중국의 이러한 정체성(政體性)은 일통사상(一統思想), 최고지도자의 존재와 역할, 덕치사상(德治思想), 유교적 정치사상에 의한 엄격한 위계질서, 그리고 자신들이 천하의 중심이라는 논리 등과 밀접한 관계를 유지하며 존속해 왔다. 로스테릴(Ross Terrill)이라는 사람은 진시황제(秦

| **중국 전제정치의 상징** | 정중앙에 서있는 사람이 중국 최고지도자 시진핑이고, 양 옆과, 뒤에는 전직 지도자와 시진핑의 뒤를 잇는 중국 공산당 최고위직 간부들이 서 있다. 이러한 모습은 과거 명·청대 황제와 그 황제를 호위한 채 서있는 신하와 관료, 환관들의 모습을 연상시키고 있을 뿐만 아니라, 현재의 공산당 정권이 명·청대 전제정치제도를 그대로 계승하고 있음을 상징하고 있는 것이다.

始皇帝)가 없었으면, 마오쩌둥(毛澤東)도 없었을 것이라고 가정하고, 유가사상과 법가사상이 만드는 이원주의(二元主義)는 한나라 시대부터 덕에 의한 통치를 말하면서 손에 칼을 쥐고 있는 마오쩌둥에 이르기까지 지속되고 있다는 했는데,[1] 이는 진시황제가 통치했던 고대 중국의 모습과 마오쩌둥이 통치했던 현대 중국의 모습이 비슷하다는 사실뿐만 아니라, 전제주의 통치의 역사가 현재에 이르기까지 2천 년 넘게 지속적 이어져 오고 있음을 함축적으로 설명하는 말이라고 할 수 있다.

　　근래에 중국 공산당 중앙위원회가 중국 국가주석직의 임기를 철폐하는 헌법개정안을 상정하여 이를 승인 통과함으로써 현재 국가주석과 공산당 총서기, 그리고 군사위원회(軍事委員會) 주석을 겸임하고 있는 시진핑(習近平)의 장기집권 내지 종신집권의 길을 확고히 열어 놓았다. 시진핑은 연임을 시작하면서 후계자를 낙점하는 관례를 깨고 후계자를 낙점하지 않음으로써 이미 그

1) 로스 테릴·이춘근 역, 『새로운 중국(THE NEW CHINESE EMPIRE)』, 나남, 2005, 116쪽.

| 중국 전제정치의 일면 | 중국인민대회당에서 열린 중국 공산당대표대회의 모습. 대강당의 전면 연단에는 시진 핑을 중심으로 공산당 최고 간부들이 포진해 있고, 연단 앞좌석에는 전국 각지에서 올라 온 공산당 대표자들이 앉아서 매년 회의를 진행한다. 과거 황제와 황실의 명령을 받는 것처럼 이들 대표자들은 시진핑과 공산당 중앙정치 국의 결정을 듣고, 그들이 내린 명령을 받기 위해 모인 것이다.

의도를 드러냈다. 시진핑은 이제 명실 공히 무소불위의 제왕적 권력을 가지고 거대한 중국을 이끌어가게 되었는데, 이는 시진핑 권력체제의 강화를 넘어 전 제주의 정치체제의 완벽한 재현(再現)이라고 보아야 한다. 그런데, 일인 독재 권력의 강화와 전제주의 정치행태의 재현은 중국의 문제로 끝날 수 있는 일이 절대 아니다.

　한국을 포함한 동아시아의 중국 인접국에게 엄청난 위협이자, 더 나아가 세계평화와 안정을 크게 저해할 수 있는 위험 요인이 될 수 있다. 한국은 남북 분단의 상황을 철저하게 이용하려는 중국의 교묘한 수법 등에 휘둘려 정치 경제적으로 점차 속박되어 가고 있다. 중국은 북한과 같은 공산주의 집단일 뿐만 아니라, 60여 년 동안 북한을 형제의 나라처럼 물심양면으로 도와준 후 원국이었기 때문에 북한을 좌지우지하는 것은 그렇다고 하더라도, 한국마저 자신의 위성국 내지 복속국(服屬國) 취급을 하려는 행동은 매우 충격적이며, 또한 용납할 수 없는 일이다. 중국이 이렇게 행동하는 나라라는 사실에 대한

| **청나라 어전회의** | 자금성(紫禁城) 태화전(太和殿) 앞에서 벌어진 과거 청나라의 어전집회(御殿集會)의 모습이다. 태화전 가운데에 황제가 앉아 있고, 문무백관(文武百官)들이 뜰 앞을 가득 메운 채 벌어지는 집회의 모습이 오늘 날 인민대회당에서 펼쳐진 중국 공산당 정권의 전인대 회의(앞의 사진)모습과 너무나 비슷하다.

기본적인 지식도 없이, 일부 한국인들은 근거 없는 막연한 환상 내지 사대적(事大的) 감정에 사로잡혀 중국을 세계에서 가장 친근감을 느끼는 나라로 생각하고 있다. 또한 중국이 근래에 들어와 경제적으로 급속하게 성장하는 모습을 보이자, 일부 기업인들과 정치인들은 중국을 협력하고 의존해야 할 위대한 나라라고 생각하며, 너무 졸속적으로 행동하고 있다.

과거 중국 왕조정치의 전유물이었던 전제주의 정치행태와 그 논리는 현재 공산 사회주의 이념으로 대체되어 오늘날의 중국을 지배하고 있다고 해도 과장되거나 틀인 말이 아니다. 공산 사회주의의 일당독재 통치방식은 현대 중국의 전제주의 정치 이념의 실천이라고 보아도 무방하다는 것이다. 중국의 헌법 제1조에 보면, "중국은 노동자계급이 영도하고 노농동맹에 바탕을 둔 인민민주주의 독재하의 사회주의 국가이다."라고 했다. 한마디로 말해 중국은 공산사회주의 실현을 목표로 하는 일당독재 국가이자, 동시에 이를 통해 전제주의 정치체제를 실현하고 있는 나라이다. 오늘날 중국은 과거 봉건시대의 제국주의 통치방식을 그대로 이어받아 이를 사용하고 있다. 오늘날 중화인민공화국의 모습은 과거 봉건시대의 당(唐)나라, 원(元)나라, 명(明)나라, 청(淸)나라 등 역대 중화제국의 그것과 별로 다르지 않다. 중국은 현재 내적으로는 강력한 억압과 통제정책을 취하면서 외적으로는 확장과 팽창이라는 대외전략을 시행해 나가고 있다.

과거 전제주의 통치는 현재 공산 사회주의 일당독재 통치의 방식으로 대체되어 오늘날의 중국의 통치이념과 그 방식을 대체하고 있다는 것으로 이해될 수 있다. 중국은 전제주의적 방식의 통치 없이는 과거 중화제국으로의 성립과 존속이 불가능했을 것이고, 현재와 같은 국가로서의 존립도 매우 어려웠을 것이라고 추론해 볼 수 있다. 전제주의 통치방식은 거대국가 중국의 출현과 존속을 가능하게 했다는 논리가 성립될 수 있다는 것이다.

중국은 세계에서 가장 많은 인구를 가진 나라일 뿐만 아니라, 가장 많은 민족(소수민족 포함)으로 구성된 국가이다. 또한 가장 많은 소수민족을 가진 나라라는 특징에 걸맞게 중국은 세계에서 가장 대표적인 다문화(多文化) 국가이다. 중국과 더불어 다문화 합중국(合衆國)의 체제를 가진 가장 대표적인 국가가 바로 구소련(舊蘇聯)이었는데, 소련은 이미 지구상에서 없어졌기 때문에 현시점에서 볼 때, 중국이 무수히 많은 민족과 다문화를 가진 대표적인 나라가 되었다. 이제 중국은 세계에서 가장 많은 인구를 가진 나라일 뿐만 아니라, 한족과는 다른 다양한 소수민족 등으로 인해 지구상에서 가장 많은 민족을 가진 다민족 다문화 국가가 되었다.

미국도 중국과 비슷한 다문화 국가이기는 하지만, 다문화의 형성과정과 내용 등에 있어 실제적으로 상당히 큰 차이를 드러내고 있다. 다문화의 형성과정과 다문화의 내용 등에 있어 미국과 중국은 현저하게 다른 면을 보이고 있다는 것이다. 미국은 주로 외부로부터의 수많은 사람들의 유입, 즉 자발적인 이민을 통해 다문화 국가가 된 것이고 이민을 통해 형성된 이들 다민족에 속하는 사람들, 예를 들어 흑인, 히스패닉 그리고 한국, 중국, 일본 출신의 동양계 사람들은 모두 미국 문화, 미국 사회의 자발적이고 자원적(自願的)인 동참자라고 할 수 있다. 그러나 중국의 소수민족들의 경우, 그들 특유의 전통문화는 어느 정도의 범위 속에서 용인되고 있지만, 그들은 한족과 공산당에 의해 점령된 지역의 피지배자라고 할 수 있다. 그들은 적어도 수 세기 이상 살아 왔던 자신들의 터전을 강제 점령당한 채, 또한 한족이 받는 정치 사회적 권리와 혜택과는 거의 무관하게 자신들의 고유문화만 유지하며 살아가는 사람들이다. 이는 중국은 강압적 통치수단을 통해 만들어진 다민족 다문화 국가와 다름 아니라는 사실을 시사(示唆)하는 것인데, 그렇기 때문에 중국의 소수민족들은 문화의 동참자가 아닌 일종의 식민지 상태에서 살아가는 피지배자라고 보아도 무방하다.

중국의 저명한 인류 사회학자 페이샤오퉁(費孝通)은 1988년 발표한 글인 「중화민족의 다원일체 구조(中華民族的多元一體格局)」에서 중국을 다원일체(多元一體)의 국가라고 규정했다. 이는 현재 중국의 강역(疆域) 안에서 함께 살아가는 50여 개의 민족들이 다원(多元)의 구성체를 이루어 하나의 중화민족공동체를 형성했다는 것을 말하는 것이지만, 한편으로는 2천 년이 넘는 오랜 기간 동안 수많은 민족들이 융합되어 하나의 민족 한족(漢族)을 형성하였다는 사실, 즉 수많은 민족이 다원을 이루어 중화한족이라는 일체를 만들었다는 것으로 해석해 볼 수도 있다. 그러나 이는 빈껍데기에 지나지 않는 언사에 불과할 뿐, 실제 상당수의 소수민족들은 중국의 점령지에 사는 피지배인의 신분에 불과하다. 중국은 한족이 아닌 지역, 즉 이족(異族)들의 거주지나 외부지역을 강제 점령한 후, 점령지에서 적어도 수 세기 이상 살아 왔던 사람들, 즉 소수민족에 대한 강압적 통치수단을 통해 그들을 지배하고 있다.

중국은 제국주의와 전제주의 국가로서의 성격에다가 다문화 국가로서의 성격을 가진 나라로서 이 같은 성격과 특징 등을 2천 년이 넘는 오랜 시간 동안 유지해 왔다. 오늘날 중국의 모습은 적어도 2천여 년 이상 누적된 성격과 특성 등이 혼합되어 나타난 형태이며, 중국인의 성격과 행동양식 또한 이 같은 오랜 역사의 흐름과 융합되어 나타난 결과물로 보아야 한다. 이렇게 볼 때, 중국은 제2차 세계대전 이후 본격적으로 등장하였던 국민국가와 같은 형태의 나라가 절대 아니다. 중국은 일종의 연합국가 내지 문명국가 또는 문화권 국가라는 명칭이 어울리는 상당히 특이한 형태의 국가라는 것이 적절한 평가라고 할 수 있다. 사회관계, 풍습, 존재방식, 우월의식, 국가에 대한 인식, 단일성 추구 등, 오늘날 중국과 중국인들이 드러내고 갖가지 성격과 행동 등은 적어도 지난 2천 년간 누적된 문화와 문명의 결과인 것이고, 이는 문명국가, 문화권 국가로서의 산물이라고 보는 것이 정확할 듯하다. 중국인의 성격, 습관, 특성 등은 중국이 문명국가 내지 문화권 국가로서 발전되고 그 형상이 고착화되는 과정에서 파생되어 나온 것이다.

문화권 국가로서의 중국의 모습

문화권 국가로서의 중국의 모습

1. 중국의 형성과 발전

1) 다원일체 국가라는 중국의 형상

중국은 다른 강대국과 비교해 외형상으로는 큰 차이 없이 비슷해 보이지만, 중국의 내면적 특징과 역사적 성격 등을 살펴보면 여타 강대국들과 매우 다르다는 것을 알 수 있다. 또한 중국은 겉보기에는 하나의 거대한 국민국가로 보이지만, 중국은 국민국가로 보기 어려운 특성, 다시 말해 일종의 합중국(合衆國) 내지 연합국과 같은 국가로서의 특징과 성격을 드러내고 있다. 3천 년 이상의 역사를 가진 중국을 올바로 파악하기 위해서는 고대로부터 현재에 이르기까지의 중국이 어떻게 형성되었고 또한 수많은 시대를 거치는 동안 어떻게 행동하여 왔고, 또 어떤 모습을 보여 왔는가에 대해 관찰할 필요가 있다. 이에 대한 관찰에 앞서 중국의 현재 행정조직에 대해 먼저 간단히 살펴보자.

중국은 23개의 성(省)과 5개의 자치구(自治區), 직할시(直轄市) 4개, 특별행정 구역 2곳 등 모두 34개의 행정단위로 이루어진 나라이다. 중국의 23개의 성과 네 개의 자치구는 여러 가지 면에서 미국의 주(州) state와 비슷한 기능과 역할을 하고 있다. 중국에서의 성은 하나의 국가로서의 기능을 수행할 수 있을 정도로 규모와 능력을 갖추고 있다. 중국의 대부분의 성(省), 자치구(自治區), 직할시(直轄市) 등은 인구, 행정조직체계, 경제규모 등에 있어 하나의 국가로서의 모습을 갖추고 있다고 해도 과언이 아닐 정도로 일반 국민국가로서의 기능을 충분히 발휘하고 있다. 이러한 관점에서 볼 때, 중국을 전통적인 국민국가라기보다는 개별적이면서 자신들 나름대로의 정치, 경제, 사회, 문화 체계를 가진 나라와 같은 성(省)들로 구성된 거대한 하나의 합중국 내지 연합국과 같은 국가로 간주해 볼 수 있다. 다시 말해, 중국은 한편으로는 하나의 국가이면 다른 한편으로는 여러 국가 규모의 집단들이 모여 이루어진 통합된 국가집합체라고 할 수 있다는 것이다.

　34개로 나누어진 지역에 13, 14억 명의 중국인이 현재 거주하고 있다. 인구수 13, 14억에 이르는 중국인들은 50여 개가 넘는 다민족으로 구성되어 있다. 그러나 이들 다민족 가운데, 절대 다수의 인구를 차지하고 있는 종족이 한족(漢族)이기 때문에, 모든 면에 있어 한족은 중국과 중국인을 실질적으로 대표하고 있다. 그런데 여기서 눈여겨 볼 것은 이들 한족은 자신들의 영역에만 거주하고 있는 것이 아니라 전국 34개 지역에 골고루 분포하고 있고, 심지어 소수민족 고유의 영역인 자치구에까지 이주하여 그 곳 원래의 사람들인 소수민족의 수를 능가하고 있다는 사실이다. 오늘날 중국인들은 자신들의 나라를 동질성을 가진 국가로 규정하고, 이러한 사실을 대외적으로 공표하고 있다. 중국의 헌법은 중국을 다민족으로 이루어진 단일국가, 다시 말해 수많은 민족이 다원(多元)을 이루고 있고, 이러한 다원은 하나로 통합되어 일체(一體)를 이룬다고 하는 다원일체(多元一體)의 국가라고 규정하고 있는데, 이것은 대외적 공표의 대표적 예에 해당한다. 그런데, 다원일체라는 말은 중국의 역사와 현실, 국가의 성격을 가늠해 줄 수 있는 중요한 단서로서의 역할도 한다.

　한족은 중국 전체 인구의 90% 이상을 차지하고 있다. 한족은 현재 중국을 대표하는 민족임은 말할 것도 없고, 현재 중국인 그 자체라고 할 정도로, 고대로부터 현재에 이르기까지 중국의 정치, 경제, 사회 문화의 발달에 있어 중추적 역할을 담당해 왔다. 이들 한족은 3천여 년 전 화하족(華夏族)이라는 민족이 주변의 수많은 이족(異族)들과 항상 접촉하고 충돌하는 가운데, 그들을 정복하며 동화하는 방식의 융합과정을 통해 형성 발전된 민족이라는 사실에 주목할 필요가 있다. "중원(中原)의 화하지역(華夏地域)과 화하지역의 문명을 중심으로 하여 중심과 주변이 서로 흡수하고 융합하여 다원일체를 형성하는 문명양식이다."[1]라는 말은 모두 위의 사실을 뒷받침하는 것이라고 할 수 있다. 현재 한족이 아닌 소수민족으로 남아 있는 인구의 비중은 전체 인구 가운데 10% 미만일 정도로 아주 적다. 아직 한족화(漢族化)되지 않은 다양한 유형의 소수민족들이 다원을 이루고 있지만, 한족과 하나가 되는 일체를 이루어 단일국가를 형성하였다는 것을 중국은 강조하고 있다.

그러면 중국인이라는 이름과 거의 동일시되고 있는 한족은 어떻게 해서 중국을 대표하는 최대민족이 되었고, 또한 중국을 어떻게 지배하여 왔는가에 대해 살펴볼 필요가 있다. 한족의 형성과 최대민족으로서의 진화과정이 바로 중국의 형성과 발전과정이었다고 할 수 있는데, 사실 한족의 형성과 중국의 발전과정은 바로 중국이 문명국가 내지 문화권 국가임을 여실하게 증명해 줄 수 있는 하나의 징표가 되고 있다. 따라서 오늘날의 중국이 어떻게 만들어졌으며, 또한 중국인 그 자체라고 할 수 있는 한족은 어떤 과정을 통해 형성되었는가에 대해 살펴보는 것이 일차적으로 필요한 작업이 된다.

지구상에 존재하는 수많은 민족들의 범주가 그렇듯이, 한족 또한 일종의 가상집단 내지 개념적 집단이라고 할 수 있다. 한족은 처음부터 오늘날의 모습과 비슷하게 존재했던 민족이 아니라, 수많은 민족이 2천여 년이 넘는 오랜 시간 동안 갈등과 충돌 속에서 통합과 융합의 반복하는 가운데 만들어진 산물이었다. 중국인들은 통합과 융합을 통해서 지속적으로 영토를 넓혀 왔고, 또한 자신들의 민족적 정체성을 쌓아 왔는데, 이는 중국이 문명국가 내지 문화권 국가로서의 성격을 보여주는 가장 좋은 예라고 할 수 있다.

---

1) 김광억·양일모 편저, 陳來, 「중국 문명의 철학적 기초」, 『중국문명의 다원성과 보편성』, 아카넷, 2014, 45쪽.

2) 한족의 형성과 발전과정

우선 한족의 개념에 대해 정확하게 이해할 필요가 있다. 한족은 B.C. 200
년경 유방(劉邦)이 세운 '한(漢)나라'라는 국가를 구성하였던 사람들, 다시 말해
한나라의 신민(臣民), 백성(百姓)들을 총칭(總稱)해 부르는 말이었다. 한나라 건
국 이전에는 한족이라는 명칭은 존재하지 않았는데, 그렇다면 이들 한족의 뿌
리는 어디에서 시작되었을까? 문헌상 한족의 형성과 발전과정을 추적해보면,
그 기원 내지 그 뿌리는 화(華), 하(夏), 또는 제화(諸華), 제하(諸夏)라고 불렸던
부족으로부터 시작되었다고 한다. 화라는 이름은 화산(華山)이라는 데서 유래
하였고, 하는 하수(夏水)라는 강 이름에서 기원하였는데, 그 곳은 지금의 한수

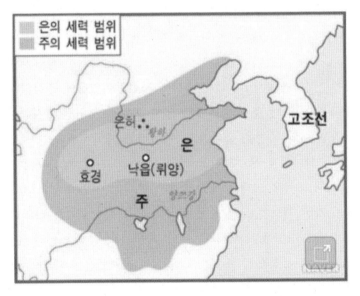

| 은 주나라 지도 | 은(상)나라는 19세기 말까지 전설상 왕조로만 인식되었으나, 20세기 초 은허(殷墟)라는 지역에
서 고고학적 증거가 발굴 출토되면서 실재했던 왕조로 인정받게 되었다. 기록에 의하면 전설상 인물인 황제(黃帝)
의 후손 탕왕(湯王)이 하(夏)나라의 마지막 왕이자 폭군이었던 걸왕을 무찌르고 은나라를 개국하였다고 하며,
이후 30대 임금이었던 폭군 주왕(紂王)때에 이르러 주나라의 시조인 무왕(武王)에 의해 멸망당하였다. 출토된
청동기나, 갑골문자(甲骨文字) 등은 은나라 사회의 모습을 이해하는데 큰 도움을 주고 있다. 주나라는 봉건제도라
는 새로운 통치형태를 시행하였다. 무왕은 개국 초부터 자신의 친족들과 개국공신들에게 영토를 나눠주고 각자
분배받은 지역을 다스리게 하면서, 한편으로는 그들로 하여금 자신의 지역을 세습통치하게 하고, 주(周) 왕실을
수호 보위하게 하였다. 봉분된 제후의 영토는 개개의 독립적인 국가가 되었고, 봉건제도는 시간이 지나면서
독립국가들이 상호 패권을 다투는 춘추전국시대를 만들어냈다.

(漢水)라는 지역으로 추정되고 있다. 화하(華夏)라는 명칭은 선진시대(先秦時代, 진나라 탄생 이전 시기)의 문헌 속에서 흔하게 발견되고 있고, 또 그 지역에 살았던 사람들이 자신들을 화하족(華夏族)이라고 불렀던 사실을 감안해 볼 때, 화하족은 고대 중국의 문명과 문화를 형성해 나갔음은 물론, 상(商)나라(은나라)를 이끌었던 중심세력이었음을 추론해 볼 수 있다.

하화족은 동일한 혈연을 가진 부족이 아니라, 그 지역 거주했던 다양한 종족 상호간의 교류와 융합을 통해 점차 형성되어 갔던 민족으로 보아야 한다. 기록에 의하면 상나라의 동서남북 주변에는 이방(夷方), 소방(蕭方), 정방(井方), 마방(馬方), 강방(羌方), 남방(南方), 호방(虎方) 등 28방(方) 또는 42방(方)이 있었다고 한다. 방(方)이라는 것은 상왕조(商王朝)에 복속하지 않았던 성읍(城邑)국가2)를 의미하는데, 이 같은 방국(方國)이 존재하였다는 것은 상나라의 주변에 화하족과 다른 수많은 이족들이 거주하였음을 말하는 것이다. 상나라가 망하고 주(周)나라가 건국되었는데, 주나라를 개국한 핵심세력은 상나라 왕실의 측근 내지 그 주변에 있었던 사람들이 결코 아니었다. 그들은 상나라 변경(邊境)이나 외곽에 거주하였던 이족(異族) 출신의 사람들이었음에 틀림없다. 이들은 자신들과 비슷한 몇 몇 주변의 민족과 일부 화하족 사람들의 세력을 규합해 상나라 주왕(紂王)의 폭정을 물리치고, 주나라를 개국하였다.

주나라는 상나라를 무너뜨리고 건국한 나라였지만, 상나라의 모든 문화와 정치 사회제도 등을 그대로 계승하였다. 주나라 주변에 살고 있던 이족들은 주나라의 각종 제도와 문화 등에 이끌려 흡수 통합되기도 하였고, 한편으로는 주나라 제후국(諸侯國)들에 의한 무력 정벌 등의 방법을 통해 흡수 병합되었다. 무왕(武王)을 중심으로 한 주나라 왕실의 사람들은 상나라의 옛 땅과 자신들이 개척한 넓은 영토를 통치하기 위해 봉건제도(封建制度)를 실시하면서 이질적인 각계각층의 수많은 사람들과 이족(異族)들을 포용하였다. 또한 주나라는 강압적으로 영토 확장을 꾀했는데, 훗날 제(齊), 연(燕), 진(晉)이라는 나라

---

2) 고대 사회에서 국가가 형성되는 초기에 중심지를 만든 다음, 그 둘레에 성곽을 쌓은 뒤 왕궁·감옥 등의 공공시설을 설치하여 만들어진 하나의 도시국가와 같은 형태를 두고 성읍국가라고 한다.

진의 영토 통일

| **진(秦)나라 지도** | 진나라는 중국 최초의 통일 국가(B.C. 221~B.C. 207)이다. 춘추시대에는 동쪽으로 진출하여 오패(五霸)의 하나가 되었으며, 전국시대에는 상앙(商鞅)을 등용하여 부국강병책을 실시하여 강국의 반열에 올랐고, 이후 기세등등하게 동진정책을 써 큰 성과를 거두었다. 진왕(秦王) 정(政)(훗날 시황제)이 6국을 멸하고 B.C. 221년 통일을 이루었다. 그는 중앙 집권 정치를 실시하였으나, 사후에 반란이 일어나는 바람에 B.C. 207년 진은 멸망하였다.

를 만든 강한 제후(諸侯)를 변경(邊境)에 분봉(分封)하여 이족들을 정복하게 한 것이 그런 경우에 해당된다. 이러한 방식으로써 주변 민족을 정복한 후 거점을 마련하고, 다시 그 거점을 중심으로 세력을 확장해가는 방식을 통해 영토를 넓혀 나갔다. 이런 과정 속에서 주족(周族)이라 불렸던 주나라의 중심세력과 백성들은 상나라의 화하족과 융합하여 화하족이 되었고,3) 또한 주나라를

---

3) 류제헌, 『중국 역사 지리』, 문학과 지성사, 2010, 180쪽.

중심으로 한 화하족의 문화와 영향력이 크게 확장되었다. 이로 인해 현재의 허난성(河南省) 중북부, 산둥성(山東省) 서부, 산시성(山西省) 남부, 산시성(陝西省) 동부 일대에 머물러 있었던 화하문명권(華夏文明圈)이 허난성 남부, 산둥성 동부, 산시성 북부, 산시성 서부, 허베이성 등지로 확대되었다.

주나라는 중간에 천도(遷都)한 적이 있었다. 이를 기준으로 하여 서주(西周)와 동주(東周)시대로 나뉘는데, 천도 이전을 서주, 이후를 동주라고 한다. 동주는 다시 춘추전국시대(春秋戰國時代)로 나뉘는데, 전국시대에 들어와서는 분열과 혼란을 거치면서 크고 작은 수많은 국가들이 탄생하였다. 이들 나라들과 함께 이들 나라들의 구성원이었던 부족민(部族民)과 민족들이 훗날 진(秦)나라에 의해 통합되어 하나의 민족으로 출발하는 모습을 보였는데, 이것이 중화민족의 1차 통합이자, 한족 탄생의 본격적인 시작점이었다고 할 수 있다. 이 시기에는 비록 한족이라는 용어는 등장하지 않았지만, 이들 화하족은 바로 한족의 전신(前身)이었으며, 이렇게 이루어진 이들의 결집은 훗날 한(漢)나라가 건국되면서 한족이라는 이름으로 역사에 기록되었다.

진(秦)나라가 멸망한 이후, 한나라가 건국되면서 화하족은 주변의 여타 제(諸) 민족들과 다시 통합을 이루고, 한나라의 중심세력이 되어 그 존재를 드러내며, 명실 공히 한족으로의 그 위상을 정립하였다. 중원을 통일하고 중원의 중심세력이 된 한족은 한나라 주변에서 항상 한나라를 위협해 왔던 막강한 흉노(匈奴), 선비(鮮卑), 저(氐), 강(羌), 동호(東胡) 등 소위 오랑캐를 정복하고 그들의 상당수를 흡수하였다. 이 같은 흡수와 통합은 한족의 2차 통합이라고 할 정도로 그 규모가 매우 컸다. 한나라 초기 북쪽 주변에는 흉노족(匈奴族)이라는 강력한 부족이 존재하며 항상 한나라를 위협하였다. 진(秦)나라를 이어 중국을 통일한 유방(劉邦)은 항상 자신들에게 위협이 되어 왔던 흉노를 진압하기 위해 전쟁을 벌였으나, 결국에는 패배하고 물러설 수밖에 없었다. 그러나 무제(武帝)에 와서 다시 흉노에 대한 공략을 시작하여 성공을 거두면서 흉노족은 마침내

한족의 전신인 화하족은 동일한 혈연부락으로부터 기원하지 않았다. 화하족은 춘추시대 하나라의 하족(夏族), 상나라의 상족(商族), 주나라의 주족(周族)의 세 부족의 후예들이 서로 융합하는 과정에서 탄생한 하나의 혼혈민족이라고 했다.

|한(漢)나라 지도 | 유방(劉邦)이 초패왕(楚覇王) 항우(項羽)를 물리치고 기원전 206년 한(漢)이라는 나라를 세웠다. 서기 9년에 왕망(王莽)이 정변을 일으켜 신(新)나라를 건립할 때까지 유지되었다. 그러다가 서기 25년에 한나라 왕조의 후예인 유수(劉秀)가 신(新)을 무너뜨리고 다시 한나라를 건립했는데, 그가 광무제(光武帝)이다. 역사에서는 전자를 전한(前漢, 또는 서한(西漢), 후자를 후한(後漢), 또는 동한(東漢)으로 구분한다. 한나라는 통일 국가로서는 중국 역사상 가장 오랜 통치 기간을 유지한 왕조였다. 400여 년이라는 긴 통치 기간을 지닌 왕조로서 중원의 문화뿐만 아니라 동아시아 문화권 전반의 기틀을 이룩한 왕조로 평가되고 있다.

괴멸되었다. 흉노족이 없어지자, 그동안 흉노에 복속되어 있었던 주변부족들이 강성해지기 시작했다. 당시 흉노 주변 동쪽에는 선비(鮮卑), 오환(烏桓), 동호라는 부족이 있었고, 북쪽에는 정령(丁零)이라는 족속이 있었다. 이 가운데 오환은 지금의 오환산(烏桓山) 일대에 거주하고 있던 동호족(東胡族)의 일부였다. 선비족은 오환족(烏桓族)과 마찬가지로 동호계(東胡系)의 일부였다. 선비족의 명칭은 선비산(鮮卑山)에서 연유하였는데, 흉노족이 강성할 때에는 흉노를 따라 한나라의 북쪽 지역을 침탈하기도 했다. 이들 민족은 삼국시대 이후, 중원(中原)지역이 혼란에 빠지자, 중원지역에 진출하여 전연(前燕), 후연(後燕), 남연(南燕), 서진(西秦) 등의 국가를 세워 활동하고 힘을 과시하며 5호 16국시대(5胡16國時代)의 문을 열었다. 훗날 이들은 다시 성락(成落)이라는 곳에서 나라를 세웠다가 북위(北魏)로 개명하고, 계속 세력을 확대하여 마침내 화북(華北)지역을 통일하면서 장강(長江) 남쪽의 남조(南朝)와 더불어 위진남북조시대(魏晉南北朝時代)의 한 축을 만들어내기도 하였다. 저(氐), 강족(羌族)은 서융(西戎)에 속하는

종족으로 한대(漢代)에는 지금의 간쑤성(甘肅省), 산시성(陝西省) 동쪽, 그리고 칭하이성(青海省) 동쪽 등에 거주하였다. 무제(武帝) 때에는 다소 위축된 모습을 보이다가 한대 말기에는 강성해지기도 했고, 5호 16국시대에는 강족(羌族)이 후진(後秦)을 세우고, 저족(氐族)은 전진(前秦)과 후량(後涼)이라는 나라를 건국하기도 했지만, 아쉽게도 이들은 자신들의 정체성을 지키지 못하고 이후 한족에 흡수 동화되어 결국에 있어서는 한족이 되었다. 한족은 서북쪽 초원지대 유목민족과 항상 갈등을 겪었지만, 자신들 특유의 선진화된 각종 문물제도와 생활방식을 통해 그들을 융합, 동화시킴으로써 자신들의 일부로 만들었다.

　　화하족에서 출발한 초창기 한족이 주변의 이족과 오랑캐를 흡입 융합하여 그들을 동화시킬 수 있었던 것은 선진화된 농경기술과 농경문화를 기반으로 한 경제력과 선진화된 정치력, 군사력을 구축하고, 종법제도에 기반

| 수(隋)나라 지도 | 양견(楊堅: 文帝)이 581년 북주(北周)의 정제(靜帝)로부터 양위 받아 나라를 개창하고, 589년 남조(南朝)인 진(陳)을 멸망시켜 중국의 통일왕조를 이룩하였다. 수나라는 문제·양제(煬帝)·공제(恭帝)에 이르기까지 3대 30여 년 만에 끝난 단명 왕조였으나, 오랜 기간 남북으로 갈라져 있던 중국 대륙을 통일하여 진(秦)·한(漢)의 고대 통일국가를 재현하였다는 점에서 그 의미를 찾을 수 있다.

을 둔 가족제도와 종족제도를 발달시키며, 문자의 창제와 보급, 윤리도덕과 예법제도 등을 운용할 수 있었기 때문이다. 이러한 과정 속에서 한족의 중심세력은 자신들 주변에 포진해 있던 이족들의 장점과 특징까지 모두 수용 흡수하고 그들을 한족화하면서 동아시아 최대 최강의 민족으로 거듭나기 시작했다.

　　당대(唐代)에 들어와 돌궐족(突厥族)이 한족에 합병되며 한족화되었다. 한 나라가 망하고, 역대 왕조 가운데 그 수명이 가장 짧았던 왕조였던 수(隋)나라를 거치면서 마침내 서기 618년 당 제국(唐 帝國)이 건국되었다. 당 제국이 건국되고 얼마 후, 돌궐족이 당에 복속되면서 한족화 되었다. 돌궐족은 원래 투르

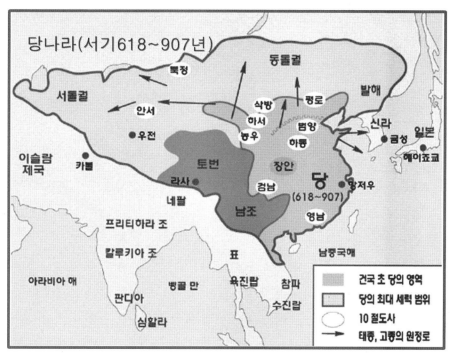

| 당(唐)나라 지도 | 당나라는 수나라의 뒤를 이은 왕조로서 618년 이연(李淵)에 의해 건국되어 20대에 걸쳐 약 300년 동안 존속하다가 907년에 멸망하였다. 그의 아들 이세민(李世民)이 제위를 계승한 후, 밖으로는 국위를 선양하고 안으로는 율령을 정비하는 등, '정관의 치'를 실현하였다. 특히 7세기 태종과 고종 대에 문물제도가 정비되어 주변의 여러 나라들에게 큰 영향을 주었다. 대외 팽창에도 적극적으로 나서 동서 돌궐을 누르고 중앙아시아를 세력권에 넣으려고 하였다. 장안을 중심으로 국제적인 문화가 번영하였다. 말기에 이르러 안사의 난, 황소(黃巢)의 난을 거치며 사회는 붕괴되기 시작하면서, 907년 주전충(朱全忠)에 의해 멸망하였고, 곧 이어 5대 10국의 시기가 잠시 등장하였다.

크에 속하는 민족으로 성격이 강인하고 용감하며 수렵에 능했던 유목민족이었던 것으로 알려져 있다. 돌궐족은 동서의 돌궐로 분열되어 있었는데, 이 가운데 동돌궐은 중국 북부와 인접되어 있었고, 그 세력이 크게 확대되어 지금의 칭하이성(靑海省)과 신장자치구(新疆自治區)의 동부지역까지 이르렀다. 그리고 주변에는 토욕혼(吐峪渾), 고창(高昌), 거란 등 많은 부족을 거느리고 있었으며, 당 태조(唐 太祖)였던 이연(李淵) 조차도 한때 돌궐에게 신하의 예를 갖추고 도움을 받기도 했다. 그래서 돌궐은 초창기 당나라를 얕잡아 보고 매년 당나라를 침공하기도 하였다. 그러나 돌궐 내부에 균열이 생기고 분열 조짐을 보이자 당 태종(唐 太宗)은 이 기회를 이용 이간책을 써 돌궐족을 동서로 완전히 분열시켜 놓았다. 이후 돌궐은 당에 의해 정벌되고 복속되면서 한족에 흡수되고 말았다. 당나라가 돌궐을 정복하게 되자 당나라는 파미르 고원을 넘어 오늘날의 파키스탄 서쪽 지역까지 진출하게 되었다. 이렇게 한족은 수많은 민족과 종족을 흡수 통합하여 형성된 세계 최고의 복합민족이 될 수 있었던 것이다.

다음으로 북송(北宋)과 남송(南宋), 그리고 명·청대(明·淸代)에 들어와 거란, 말갈족, 만주족 등 현재의 동북삼성(東北三省) 등에 거주하고 있던 이족(異族)들이 전란을 겪으며 생성된 지배·피지배의 관계를 정립하는 가운데 한족화(漢族化)되었다. 거란족은 요(遼)라는 나라를 세우고 당항(黨項)에서는 서하(西夏)가 건국하고, 말갈족(靺鞨族)은 금(金)이라는 나라를 세우는 등, 이들은 한때 자신들의 나라를 세우고 상당히 융성하는 모습을 보여 주었으나, 전란을 거치며 시간이 지남에 따라 모두 한족에 동화되면서 한족화 하였다. 한족화 과정에 있어 가장 인상적이고 특이했던 점은 명나라를 무너뜨리고 한족을 지배한 만주족(滿洲族)이 너무나 쉽게 그리고 빠르게 한족이 되었다는 것이다. 만주족은 말갈족의 후손이다. 이들은 만주에 남아 자신들의 정체성을 지키면서 한편으로는 힘을 길러 청(淸)이라는 나라를 세웠다. 그리고 이들은 명나라를 멸망시키고 중원(中原)의 패자(覇者)가 되어 한족을 지배한 이족으로서 전례 없는 융성을 누렸다. 그러나 융성의 시간이 흐르면서 위로는 황실에서부터 아래로는 일반 백성에 이르기까지 자신들의 정체성을 잃어버리고 모두 한족이 되었는

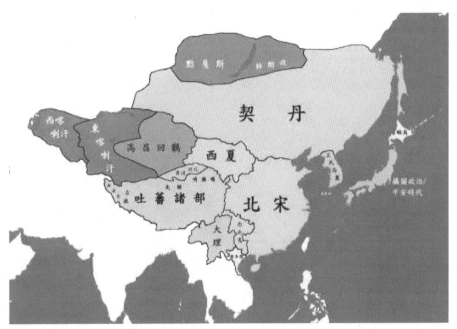

| 송(宋)나라 지도 | 907년에 당이 멸망하자 곳곳에서 무인들이 일어나 나라를 세우면서 중국은 여러 나라로 갈라졌으나, '후주(後周)'라는 나라의 장군이었던 조광윤(趙光胤)이 새롭게 나라를 세운 것도 이 시기였다. 그는 960년에 송을 세운 뒤 972년에는 중국을 통일했다. 조광윤은 황제의 권한을 강화하기 위해 힘을 가진 무신들을 억누르는 정책을 폈다. 이후 거란과 여진에 밀려 중국 대륙 남쪽으로 천도하였는데, 천도 이후인 1127년부터 '남송'이라고 부른다. 과거 제도를 실시해 관리를 뽑고, 문신들을 중심으로 나라를 다스렸다. 강남 지방, 즉 양쯔 강의 아래 지방을 본격적으로 개발해 경제적으로 크게 번성했고 상업과 무역이 흥성했으며, 문학과 학문도 발전하였다. 몽골의 침입으로 1277년에 멸망하였다.

데, 이것이 4차 융합 내지 통합이라고 할 수 있다.

거듭 말하거니와 중국을 대표하는 한족은 한대(漢代) 이후 명청대(明淸代)에 이르기까지 이 같은 방법으로써 만들어진 확장방식을 통해 형성되었다고 보아야 한다. 청나라가 중원을 점령하여 새로운 황조(皇朝)를 만들어 냈지만, 자신의 조국을 무너뜨린 만주족을 한족은 이전의 여타 이족(異族)에 대해 그렇게 했던 것처럼 월등한 문화와 문명의 힘을 가지고 동화(同化)시키며 한족의 일원으로 개조해 나갔다. 오늘날 중국의 지배하고 있는 영토의 대부분은 마지막 한족 결집과 확장이 이루어진 청나라 때 형성된 것이다. 중국과 한족이 현재 지배하고 있는 영토는 과거 청나라의 적극적인 영토 확장에 힘입어 이루어진 것이니, 중국이 오늘날의 영토를 갖게 된 것은 만주족이 세운 청나

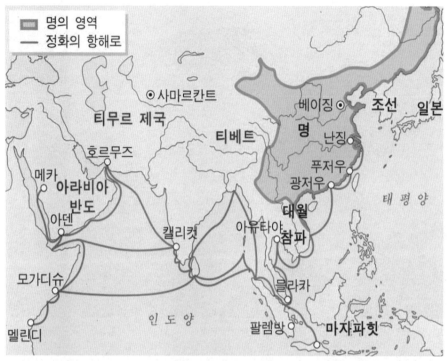

| 명(明)나라 지도 | 명나라는 14세기 북방의 몽골족이 세운 원나라를 타도하고, 한족에 의한 중원지배와 중화사상을 회복시킨 왕조이다. 1367년 농민 출신 주원장(朱元璋)은 국호를 명(明)이라고 칭하고 연호를 홍무(洪武)로 사용하며 남경에 나라를 세웠다. 당시 주원장은 중국 남부지역을 통일하면서 기반을 마련하였고, 당시 반원(反元) 민심에 힘입어 폭넓은 지지를 받아 전성기를 구가하였다. 명나라는 중국이 전통적인 유교문화를 회복하면서 사상과 정치가 발전하는 시대로서 중요한 성장·변혁기였다. 1643년 이자성의 난이 일어나면서 이를 계기로 16대 280여 년을 존속한 끝에 명나라는 멸망하였다.

라의 덕택이라고 아니 할 수 없다. 만주족의 청나라가 한족의 명나라를 무너뜨리고 대륙의 주인공이 되었지만, 자신들 스스로 한족에 동화되어 그 후손들은 현재 한족의 일원으로 살아가고 있다. 한족이 처음에 주변 이족들을 접하면서 그들을 점령하거나 정복할 수 있었던 것은 대부분의 경우 전쟁이라는 무력을 통해서였지만, 이족들의 지역을 점령 정복하고 그들을 통치하는 가운데 이루어진 융합과 동화는 그 시대 가장 세련되고 선진적이었던 한족의 문화와 문명을 통해 만들어졌다는 사실에 유의할 필요가 있다. 이는 바꿔 말해 지속적인 문명의 힘, 문화의 힘을 통해 한족이 만들어졌고, 또한 현재에 이르기까지 한족의 융합과 단합을 존속시키는 요인이 된다는 것이다.

| 청나라 지도 | 몽골 평정 후 국호를 청(淸)으로 바꾼 청 태종(太宗) 홍타이지는 병자호란으로 조선을 복속(服屬)시키고 요동 지배를 확고히 하는 등 명 정벌의 기초를 수립하였다. 여덟 살에 즉위한 4대 황제 강희제(康熙帝)는 마지막 남은 한인 세력인 삼번의 난을 진압하며 청조의 중국 지배를 완성했다. 청은 번영을 누리며 이후 약 250여 년간 중국 대륙을 지배했다.

　한족은 이 같은 과정을 거쳐 형성 팽창되었기 때문에 한족의 범위와 정의가 아직 확정적이지 못하고 유동적 수밖에 없다고 이야기하고 있다. 게다가 앞서 말한 바와 같이, 다원일체(多元一體)의 국가라는 성격이 있기 때문에, 중국의 영토 내지 강역(疆域)의 범위는 보는 관점에 따라 다양하게 해석되고 있다. 이성규는 중국의 대외적 성격과 특징을 문명의 융합과 융합에 따른 영토의 확장이라는 두 가지의 관점에서 파악하였다. 이성규는 오늘날 한족이 지배하는 중국에 대한 정의와 개념을 다음 네 가지로 분류하여 설명하였는데, 여기서 그의 주장을 요약하여 다음과 같이 정리해 볼 수 있다.

　"첫 번째 중국의 정의는 일반적 의미의 국가로서의 중국, 다시 말해 주권 국가로서의 중국을 말한다. 두 번째의 중국의 정의는 황하 중하류지역, 즉 역사 지리적 개념이 동반된, 다시 말해 황하 중 하류 지역인 중원의 땅과 함께 역대 수많은 왕조가 정복해 놓은 영토까지 포괄하는 영토국가로서의 중국이다. 세 번째는 중화, 하(夏)로 호칭된 문화, 즉 중국이 만들고 향유해 온 그런 문화를 의미한다. 황하(黃河) 중하류 유역에서 발달한 문명은 선진문명과 유교 경전에서 제시된 예교문화였으며, 적어도 17, 18세기까지 이 문명은 세계 최고의 문명이었다는 것인데, 이러한 문명을 공유하지 못하는 다른 민족과 국가는 만이융적(蠻夷戎狄)으로 비하되었다. 네 번째 중국의 개념은 종족 또는 민족의 개념으로서의 중국이다. 이는 오늘날 한족으로 불리는 국민을 중심 민족으로 하는 국가를 말한다. 그런데, 세 번째 중국을 창조한 집단은 하족(夏族)으로 알려져 있는데, 하족은 신화전설(神話傳說)상에만 등장하는 하나라(상나라 바로 이전의 왕조)의 신민(臣民)을 가리키는 상징적인 말에 불과했다. 주나라 이후, 상나라 주나라의 신민과 융합하여 화하족으로 정립(定立)되었으며, 화하족은 다시 화하(華夏), 제하(諸夏), 중하(中夏) 등으로 불리면서 그 공간 범위를 크게 확대하였는데, 이들 화하족과 융합하여 세 번째 중국에 동화된 집단들도 대거 네 번째 중국에 편입되었다. 오늘날 한족은 바로 이런 과정을 통해 형성된 중국이다. 한마디로 말해 약 55개의 소수민족을 포함한 중원을 중심으로 한 원중국(原中國) + 만주(滿洲) + 몽고(蒙古) + 신강(新疆) + 티베트까지 모두 포괄한 개념의 중국이 오늘날 지구상 위에 존재하는 중국인 것이다."[4]

중국에 대한 정의, 중국의 성격과 특징은 이처럼 여러 가지 관점에서 정의되며 해석되고 있는데, 이러한 해석을 통해 다음과 같은 세 가지 사실은 파악해 볼 수 있다. 첫째, 중국은 과거뿐만 아니라 현재에도 제국주의적 성격을 가진 국가로 남아 있다는 것이다. 중국은 침략과 융합 등에 의하여 영토를 확장해 왔고, 확장과 팽창은 현재에도 지속적으로 이어지고 있을 뿐만 아니라, 식민주의를 합리화하는 논리마저 내재되어 있다는 점에서 제국주의적 성격을 가진 국가라고 보아도 무방하다. 둘째, 중국인들은 자신들의 문명과 문화적

---

4) 양일모·김광억 편저, 이성규, 「왜 아직도 중국인가?」, 『중국문명의 다원성과 보편성』, 아카넷, 2014, 436~439쪽 참조.

관념을 토대로 영토와 국가의 정체성을 설정하였는데, 이는 중국이 문화권 국가라는 사실을 보여주는 확실한 징표가 될 수 있는 부분이다. 셋째, 오늘날의 중국은 2천 년이 훨씬 넘는 오랜 시간에 걸쳐 이루어진 확장정책의 결과물로 보아야 한다는 것이다. 그런데, 이 같은 확장정책은 그들 한족의 문화 및 문명 전파의 확장과정이었고, 또한 매우 오랜 세월 동안 끊임없이 이루어지며 계승된 작업이었기에 국경은 왕조의 변천 또는 그 흐름에 따라 항상 움직여 왔다는 것이다. 결론적으로 말해서 이 같은 사실은 중국이 문화권 국가라는 사실을 증명해주는 중요한 단서가 된다.

3) 중국의 문명과 한족의 발전

앞서 말한 바와 같이, 중국은 한족의 성장과 발전, 확대와 그 궤(軌)를 같이 하며 만들어진 나라이다. 만일 한족이 현재와 같은 거대한 민족 집단을 이루지 못했더라면, 중국은 오늘날의 모습과 같은 거대한 대륙국가가 되지 못했을 것이다. 현재의 수많은 나라로 구성된 유럽처럼, 최소 열 개, 스무 개 또는 그 이상의 국가들로 나뉘어져 있었을 것이다. 그렇다면 오랜 세월 한족을 끊임없이 융합, 확대시켜 한족을 하나의 거대한 민족 집단으로 만들고, 또한 2천 년이 넘는 오랜 세월 동안 중국을 하나의 거대 통일국가로 존속하게 할 수 있었던 근원은 어디에 있었을까? 한족이 어떻게 만들어지고 또 성장 발전하였는가에 대한 고찰을 통해 다음 두 가지 사실을 유추해 볼 수 있다. 그것은 첫째 한족은 강한 군사력과 경제력을 가진 민족이었다는 사실과 둘째, 엄청난 문명의 힘을 가진 민족이었다는 사실이다. 중화사상(中華思想)과 유교(儒敎), 그리고 한자(漢字)라는 문명의 힘을 가지고 이족(異族)과 이적(夷狄)을 압도하고 감화시킴으로써 그들을 한족으로 만들었던 것이다. 다시 말해, 2천 년이 넘는 오랜 세월 동안 수많은 민족을 통합하고 융합시킨 문명의 힘은 유교와 한자, 중화사상에 있었다는 사실을 추론할 수 있다는 것이다.

중국은 외적으로는 거대한 하나의 국민국가와 같은 모습을 보이고 있다. 국민국가란 공통의 사회·경제·정치생활을 영위하고 공통된 언어와 문화·전통 등을 지닌 국민공동체를 기초로 하여 성립된 국가를 말한다. 역사적 관점에서 볼 때, 국민국가란 근대 유럽에서 시민혁명을 거쳐 형성된 근대국가를 지칭하는 의미로 많이 사용되고 있는데, 민족국가(民族國家)와 유사한 의미로 사용되기도 한다. 현재 지구상에 존재하는 국가들 가운데 대부분의 나라들은 국민국가로 분류될 수 있는데, 국민국가는 단일 국가의 형태를 가지며 통일된 법과 정부 체계를 갖추는 것이 일반적이라고 할 수 있다. 국민국가의 성격을 이렇게 본다면, 중국은 국민국로서의 성격을 가지고 있을까? 중국은 외형적으로 볼 때, 어느 정도 단일 국가로서의 형식은 갖추고 있는 것처럼 보인다. 그러나 중국은 단일 국가 국민국가로 볼 수 없다. 중국은 처음 출발할 때부터 단일 국가의 형태로 출발하지 않았음은 물론이려니와 역대 어느 왕조도 단일 국가를 추구하지 않았고, 또한 단일 국가가 되려고 노력한 적도 전혀 없었기 때문이다. 과거에 중국이 단일 통치체제 단일 국가형태를 고집했다면, 오늘날 우리가 볼 수 있는 중국이라는 나라는 결코 존재하지 않았을 것이다. 중국에서 단일 단독이라는 말은 과거에도 맞지 않았고, 현재에도 맞지 않으며 미래에도 그럴 것이다.

　　19세기에 들어와, 유럽의 간섭과 침략을 받기 전까지만 해도 중국인들은 자신들의 나라를 독보적인 매우 특별한 나라로 간주하였다. 그들은 자신들이 세상에서 가장 뛰어난 문명과 문화를 가지고 있기 때문에 최고의 중심 국가라고 생각했다. 따라서 그들은 자신들의 나라가 세계의 중심 국가이자 천하(天下)라고 믿었다. 다시 말해 중국은 주위의 여타 국가와는 철저하게 다른 나라이기 때문에, 중심 국가 이외에 별도의 국명을 갖지 않으려고 했던 것이다. 사실, 중국의 역사를 종합적으로 살펴볼 때, 중국은 처음부터 세련되고도 견고한 문명을 가지고 융합 내지 통합을 통해 지속적으로 만들어진 국가였음을 확인해 볼 수 있다.

　　중국은 처음부터 문화 내지 문명의 힘을 통해 만들어진 국가였고, 이 같은 문명의 형태는 2천 년 이상 그 원형을 잃지 않은 채, 꾸준히 이어져 내려오고 있다. 민족국가, 국민국가의 경우 그 나라를 구성하고 있는 민족과 국가가 지속적인 발전의 과정을 거쳐 문화와 문명이 형성되는 모습을 보여주는 것이 일반적이고 보편적인 현상인데, 중국의 경우 과거 2천여 년 전 이전부터 이미 확고하게 형성된 문명이 지속적으로 주변을 흡수 융합해 왔으며, 현재에 이르기까지 거의 비슷한 모습으로 유지되고 있을 뿐만 아니라 더욱 더 꾸준히 확대되는 모습을 보이고 있다. 이처럼 중국은 과거 2천여 년 전 이전부터, 문명을 만들어 놓고 그 문명을 2천 년 넘게 꾸준히 유지 확장시켜 왔던 세계에서 보기 어려운 현상을 드러내고 있는 국가이다. 중국문명의 기원 및 형성과 관련해 천라이(陳來)라는 사람은 중국의 문명은 여러 지역과 계통의 문명이 부단히 융합하여 이루어진 것이라고 했는데,5) 이 같은 말은 한족의 기원과 형성과정을 압축하여 설명한 말이라고 할 수 있다.

중국은 매우 오랜 시간 동안 전쟁과 경쟁, 민족 분쟁, 패권쟁탈, 동화, 융합, 정복, 합의 등 자연스럽고도 복잡한 과정을 겪으며 만들어진 나라이다. 중국의 역사가들은 영토의 확장과정을 정복과 침탈의 과정이 아닌, 융합과 통일의 과정으로 설명한다. 다시 말해 이민족과의 융합 및 영토 확장과정은 미리 예정된 통일을 향한 진보로의 필연적 과정이라는 것이다. 그들은 자신들의 우월한 문명을 통해 이족(異族)을 한족화(漢族化)하고, 그들의 영토를 합병하면서 자신들의 영토를 확장해나갔고, 이 같은 확장의 결과를 통해 차지한 영토는 자신들의 영토로 간주했다. 중국인들, 그러니까 한족을 중심으로 한 중국인들은 이 같은 과정을 거쳐 성장 발전하여 왔기에 과거에는 말할 것도 없고, 오늘날에 있어서도 자신들의 문화와 문명적 가치에 대해 커다란 자부심을 가지고 매우 자랑스럽게 생각한다.

중국인을 한데 묶은 것은 신화가 아니라 철학이라고 한다. 이 같은 사실은 오늘날의 한족을 만든 것은 혈연적 관계의 확대가 아닌, (물론 혈연적 관계가 전혀 없었다고 말할 수 없었지만) 문명 또는 문화전파의 힘, 내지 문화공유의 확대였다는 사실을 통해 확인될 수 있다. 중국은 한국 또는 일본과 같이 오랜 기간 신화와 전설을 통해 같은 비교적 동일한 민족적 정서(民族的 情緒)를 공유하고, 결혼 등을 통한 혈연나누기의 반복과 같은 '정(情)의 교류'로서 이루어진 나라

---

5) 김광억·양일모 편저, 陳來, 「중국 문명의 철학적 기초」, 『중국문명의 다원성과 보편성』, 아카넷, 2014, p. 45.

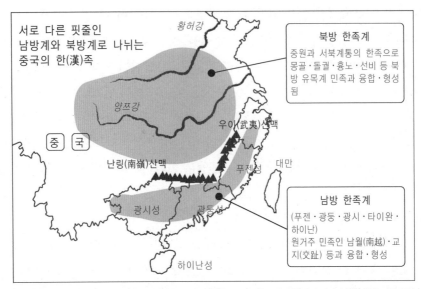

서로 다른 핏줄인
남방계와 북방계로 나뉘는
중국의 한(漢)족

황허강

북방 한족계
중원과 서북계통의 한족으로
몽골·돌궐·흉노·선비 등 북
방 유목계 민족과 융합·형성
됨

양쯔강

중 국

우이(武夷)산맥

난링(南嶺)산맥

대만

푸젠성

광시성   광둥성

남방 한족계
(푸젠·광동·광시·타이완·
하이난)
원거주 민족인 남월(南越)·교
지(交趾) 등과 융합·형성

하이난성

| **중국의 한족 분포도** | 중국의 인구 가운데 90% 이상을 차지하는 한족은 중국이 그렇게 해서 이루어진
것처럼, 오랜 기간 전쟁과 정복, 패권 쟁탈, 편입, 동화 등에 의해 만들어진 민족이다. 피와 유전자의
교류를 통해 이루어진 것이 아니라, 문명과 문화의 융합을 통해 형성된 민족이기 때문에 같은 한족이라고
하더라도 유전적·신체적 공통점이 별로 없는 것이다. 한족의 성격과 특징은 부족에서 발전한 민족적
개념이 아닌, 보편적 의미의 인종적 개념에서 보는 것이 더 정확할 수 있다.

가 아닌, 명분과 이익을 얻기 위한 오랜 과정 속에서 이념과 사상 등의 교류를
통해, 다시 말해 '리(理)의 교류'로서 만들어진 나라라고 할 수 있다. 중국의
성장과 발전은 신화와 종교의 공유 및 혈연적 관계 등으로 상징되는 '정(情)'의
확산이 아닌, 철학과 사상, 이념을 응집해 나타내는 '리(理)'의 확산이 있었기에
가능한 것이었고, 따라서 중국을 대표하는 한족은 중국과 함께 이 같은 리(理)
의 확산에 의해 만들어진 민족이었다고 보아야 한다.

한족은 주로 '리(理)'로 표현되는 문명의 전파와 문화의 공유를 통해 형성
된 민족이어서 그런지, 구성원 상호간 엄청난 유전적 혈통적 차이점을 보이고
있다. 같은 한족이라고 하더라도 북방의 한족과 남방의 한족은 외형적으로 또
는 신체적으로 큰 차이를 드러내고 있다. 유전적 형질이나 혈맥(血脈)을 조금
이라도 공유하여 만들어진 민족이라고 생각할 수 없을 정도로 너무나 큰 차이
를 드러내고 있다는 것이다. 북방의 한족은 몽고족 혈통을 가진 사람이지만,
남방의 한족 가운데에는 동남아 말레이 계통의 피를 가진 사람들이 허다하다.

이러한 예는 한족은 피와 유전자의 공유로서 이루어진 것이 아니라, 문명과 문화로서 이루어진 것임을 보여주는 단적인 증거가 된다. 물론 한족 가운데 일부의 사람들은 그들이 볼 때, 이적(夷狄) 오랑캐 출신인 사람들과 결혼이라는 매개를 통해 한 가족이 되면서 한족의 수를 증가시키고 또 그렇게 함으로써 중화문명을 받아들이게 하였지만, 오늘날 볼 수 있는 한족의 형성과 증가는 전적으로 문명과 문화의 공유를 통해 이루어졌다고 보는 것이 보다 더 적확(的確)하다.

현재 중국 인구의 90% 이상을 차지하는 한족은 혈통 내지 신체적 특징, 다시 말해 유전적인 형질인 DNA를 공유하는 존재가 아니다. 거듭 말해서, 한족은 혈통 내지 신체적 특징에 따라 분류된 개념의 민족이 아닌, 바로 문명의 동질화의 결과로서 만들어진 민족이다. 중국인들이 고금을 막론하고 사용하고 있는 오랑캐, 야만족, 이적(夷狄)이란 용어는 인종적 신체적 개념에 의해 분류된 것이라기보다는 문화적 개념이었다. 한족이라고 할지라도 또는 한족이 되었다고 하더라도 중화문명에 의해 교화되지 못하면, 다시 말해 유교에서 말하는 예교와 예법을 모른다면, 여전히 오랑캐이고, 이적 오랑캐라고 할지라도 유가의 왕도(王道)와 공맹사상(孔孟思想), 유교의 예법을 중심으로 하는 한족 고유의 문화와 풍습을 배워 익히고 따른다면 한족이 된다는 것이다. 당시에는 한족이 된다는 것은 선진국민이 된다는 것을 의미했기 때문에, 한족에 비해 정치, 경제, 사회 문화적으로 다소 열등했던 이족(異族)의 입장에서 볼 때, 한족이 되는 것은 바람직할 뿐만 아니라 이익이 되는 일이었다.

그러면 이들로 하여금 문명적 동질성을 공유하게 하고, 또한 이들을 하나로 묶어 한족으로 귀속하게 만든 것은 무엇일까? 오늘날의 중국을 만든 문명의 실체 내지 그것의 핵심적 요소는 무엇이었을까? 이에 대한 대답은 유교와 한자, 그리고 중화사상으로 요약해 볼 수 있다. 앞서 말한 바와 같이, 한대(漢代) 이전 화하족(華夏族) 주변에 살았던 여러 이족(異族)들은 전쟁 정벌 등의 방법을 통해 화하족에 흡수 병합되었는데, 2천여 년에 걸친 이 같은 과정을 통해 오늘날의 한족과 중국이 만들어졌다는 것은 주지의 사실이다. 그러나 흡수 병합이 전쟁과 정벌 등에 의한 것이었다고 할지라도, 흡수 병합이 지속되고 확대되기 위해서는 반드시 촉매제 내지 매개물이 있어야 한다. 한자와 중화사상, 유교는 바로 문명과 문화의 핵심요소이자 흡수와 병합의 매개물이었다. 전술한 바와 같이, 한나라 때에 들어와 한족이라는 이름을 새로 갖게 된 화하족은 주변의 여타 민족들을 본격적으로 흡수 융합하며 확장 발전하기 시작했다. 한족 주변의 무수한 이족들은 한족의 문자이자 동시대 최고 의사전달 수단인 한자를 체험하며 (자신의 문자가 있을 경우에도 그것을 포기한 채) 한족이 되었고, 아울러 그들은 한족 최고의 사상이자 가르침인 유교를 수용하며 한족이 되었던 것이다.

거듭 말하거니와, 한족은 처음에는 한족과 이족 간의 상호 전쟁과 정벌을 통한 통합으로 형성되었지만, 전쟁과 정벌 이후, 한자, 중화사상, 유교라는 문화 매개체의 공유과정을 통해 성장 팽창하였다. 유교와 한자, 중화사상은 2천 년이 넘는 시간 동안 현재에 이르기까지 한족을 거대한 민족 집단으로 만들었을 뿐만 아니라, 중국을 문명국가 내지 문화권 국가로 만들어 놓았다고 보아야 한다. 한족의 형성과 발전은 중국을 외적(外的)으로는 일종의 연합국가, 또는 대륙국가의 형태로 만들었고, 내적(內的)으로는 문화권 국가로서의 성격을 갖게 했던 것이다. (중국이 문화권 국가라는 사실에 대해서는 뒷장에서 자세히 설명하기로 한다.)

화하족으로 시작한 한족이 2천 년이 넘는 오랜 세월을 거치는 동안 주변의 수많은 민족과 융합하여 그들을 동화시켜 한족화(漢族化)할 수 있었던 원동력은 바로 문명의 힘, 문화의 힘에 있었다고 할 수 있다. 오늘날의 유럽처럼, 또는 중동의 여러 국가들처럼, 중국은 열 개, 스무 개 또는 그 이상의 국가들로 분리되었어야 할 중국이 하나의 국가가 될 수 있었고, 더 나아가 세계에서 가장 오래된 하나의 통일된 국가로 남을 수 있었던 것은 문명과 문화의 힘, 다시 말해 문명과 문화의 끊임없는 존속이 있었기 때문에 가능한 것이었다.

2. 문화권 국가로서의 중국의 특징

상술한 바와 같이, 중국이라는 나라는 문명의 지속과 누적(累積)을 통해 만들어진 국가였다는 사실을 상기해 볼 필요가 있다. 다시 말해, 유교, 한자, 중화사상 등은 다수의 여러 민족이 하나의 공동체로 융합한 후 만들어진 결과물로서의 문명이 아니라, 중원 주변의 다수의 민족을 하나로 융합하여 한족이라는 세계 최대의 민족을 만들어 내는 데 절대적인 도움을 주었던 원동력 내지 촉매제로서의 문명이었다는 사실을 상정해 볼 때, 이는 중국의 성격을 가늠하고 규명해 볼 수 있는 열쇠가 된다.

한족은 철저하게 문명의 힘에 의해 인위적으로 탄생 발전된 민족이고, 중국 또한 한족의 형성과 더불어 문명의 힘, 문화의 축적을 통해 유지 발전되어 온 나라라는 사실을 파악해 볼 수 있는데, 이러한 사실에 걸맞게 중국의 문명은 2천 년이 넘는 오랜 세월 동안 중국과 한족의 정체성(正體性)을 대변하며 오늘에 이르기까지 끊임없이 이어져 오고 있다.

이들 문명의 형태는 한나라 이래 청나라에 이르기까지 역대 모든 왕조들을 받쳐 주었던 초석으로서의 역할뿐만 아니라, 2천여 년이 넘는 오랜 세월 동안 중국의 정치, 사회, 문화의 발전을 이끌고 주도해 왔던 견인차(牽引車)로서의 역할을 수행해 왔는데, 이 같은 역할은 지금도 계속되고 있다. 유교와 중화사상, 그리고 한자가 오늘날의 중국을 만드는 데 절대적인 역할을 하였고, 21세기 현재에 이르기까지 그 역할이 지속되고 있는 문명의 핵심체라고 할 수 있는데, 이 같은 사실은 중국은 문화권 국가임을 증명해주는 중요한 근거가 된다.

중국이 문화권 국가라면, 또는 중국이 문화권 국가가 되기 위해서는 중국의 형성과 발전과정에 있어 문화와 문명의 역할이 어떤 역할을 하였으며, 또한 어떤 기여를 하였는가에 대한 관찰과 함께 문명과 문화의 연속성, 즉 중국의 국가적, 민족적 성격을 특징 지웠던 문화와 문명이 얼마나 지속적으로 이어져 왔는가에 대한 논의가 필요하다. 지난 2~3천 년 간의 중국의 역사를 돌이켜 볼 때, 어느 시대 어느 왕조를 막론하고 한족과 한족이 주인이었던 나라들은 유교와 한자, 중화사상이라는 우수하고 선진적인 문명을 향유하였다. 이들과 접한 이족(異族)들은 중화사상과 유교, 그리고 한자라는 한족만의 세련되고 우수한 문화를 흠모하고 이를 기꺼이 수용하면서 한족처럼 생각하고 행동하려고 하였다. 게다가 한때 한족을 무너뜨리고 그들을 지배한 이족(異族) 또는 이적(夷狄) 출신의 통치자들은 한족의 선진문화와 문명이 만들어준 통치제도와 철학, 사회제도와 규범 등을 적극 활용하면서 그들의 문명에 흡수, 동화되어 버렸다. 거듭 말하거니와 이 같은 사실은 유교, 한자, 중화사상 등은 다수의 민족들이 융합하며 만들어낸 결과로서의 문명이 아니라, 다수의 민족을 하나로 융합하여 한족이라는 세계 최대의 민족을 만들어낸 주체로서의 문명이었다는 것을 말하는 것으로 이는 중국이 문화권 국가임을 말해주는 단초가 된다.

중국이 문화권 국가라고 상정할 때, 먼저 문화권 국가의 사전적 의미 내지 그 개념에 대해 언급할 필요가 있다. 역사학·민족학 등에서 공통의 특징을 가진 복합체로서 하나의 문화가 지리적으로 분포하는 범위를 사전적 의미에 있어 문화권이라고 한다. 지표상의 다른 지역과 구별되는 동질적 문화유형의 지리적 범위를 말하는 것으로, 보통 대륙 규모에 이르는 문화지역을 의미하기도 한다. 문화권의 의미와 뜻을 이렇게 정의해 볼 때, 문화권 국가란 동질적 문화유형 내지 동질적 문명의 형태가 중심이 되어 형성 발전되었거나 또는 그것만을 기반으로 해서 만들어진 나라를 문화권 국가라고 할 수 있는 것이다. 따라서 문화권 국가란 동질적 문화유형과 동질적 문명형태를 통해서 발전되었기 때문에, 그러한 문화 문명의 형태가 없었다면, 현재와 같은 모습이나 체제로서 형성되기 어려웠거나 존재할 수 없었던 나라를 지칭하게 되는 것이다. 문화권 국가를 한마디로 정의한다면, 문명으로서의 국가 문화체로서의 국가가 바로 문화권 국가라고 말할 수 있다.

중국은 광활한 영토에다가 이루 헤아릴 수 없는 수많은 인구와 다민족 가지고 있었지만, 유교와 한자, 중화사상을 통해 서로간의 차이를 최소화하고 동질성을 유지하며 융합해 나갈 수 있었다. 표의문자 한자는 같은 민족 사이에서 발생할 수 있는 사상과 언어의 상이(相異)함을 극복할 수 있었음은 물론, 화하족(華夏族, 漢族의 前身)과 이족(異族) 사이에서 벌어질 수 있는 불통(不通), 이질감, 위화감 등을 완화시키거나 없애면서 그들을 하나로 융합할 수 있는 토대를 만들어 주었다. 유교는 2천여 년이 넘는 오랜 기간 동안 중원을 지배한 모든 왕조의 국시(國是)로서, 그리고 국가의 통치 운영시스템으로서의 역할을 수행해 왔다. 중화사상은 중국 자문화(自文化)의 우월주의를 바탕으로 하여 만들어진 철저한 한족중심주의(漢族中心主義) 사상이자 스스로 자신들의 우월성을 자랑하는 의지와 논리의 표현이라고 할 수 있다. 중화(中華)는 자신들이 온 천하의 중심이면서 가장 발달한 문화를 가지고 있는 최고의 인류라는 논리로서 일종의 선민(選民)사상 내지 선민의식(選民意識)과 같은 것에 비유할 수 있는데, 중화사상은 한족의 결속력(結束力)을 강화하고 이족을 한족화(漢族化)하는 데 중요한 역할을 하였다. 또한 중화사상(中華思想)은 2천 년이 넘는 오랜 세월 동안 중국인들의 정신세계의 골간을 형성해 왔고, 그들의 의식과 행동을 지배하여 왔다. 문명의 전파와 수용이 자율적으로 이루어졌든, 타율적으로 이루어졌든, 이 세 가지 문명에 의해 수많은 민족이 인위적으로 융합되어 한족이 만들어졌고, 중국 또한 이렇게 만들어진 한족과 함께 호흡하며 형성 발전되어 온 국가이기 때문에, 중국은 문화권 국가가 되었던 것이다.

　　마틴 자크(Martin Jacques)는 문화권 국가로서의 정체성을 갖는 중국을 문명국가라는 용어로써 중국의 국가적 성격을 규명하였다. 그는 중국이 문명국가임을 전제하고, 중국이라는 문명국가로서의 특징을 다음 몇 가지로 나누어 설명했다. 마틴 자크는 중국이 왜 문명국가인가에 대한 이유의 예로서 크게 다음 두 가지 사항을 언급했다. 첫째, "중국인들만큼 지나간 과거에 관심이 많고, 많은 의미를 부여하는 국민은 없을 것이고, 중국인들은 역사 속에서 살고, 역사를 통해 살아간다."고 말했다. 마틴 자크가 말한 여기서의 지나간 과거와 역사란 흘러 가버린 시간 또는 옛날에 발생했던 어떤 사건으로서의 과거가 아닌, 자신들이 향유했던 문명과 문화의 형태로서의 과거이자 역사라고 해야 할 것이다. 이는 역사 속에서의 문명의 연속성, 지속성이 얼마나 강하게 지속

되고 있는가를 말해주는 부분이다. 둘째, 문명국가의 특징으로서 문명의 연속
성을 강조하였는데, 중국은 문명의 연속성을 두드러지게 나타내 보이고 있다
고 하였다. 다시 말해 중국은 고집스러울 정도로 완강하게 문명의 연속성을
고수하는 모습을 보이고 있다는 것이다. 그 연속성은 역사나 사고방식, 관습,
예절, 전통 중의학(中醫學=漢醫學), 음식, 서예, 정부의 역할, 가정의 역할 등으
로 표출되는데, 이같은 중국문명은 여전히 중국인의 생각과 행동을 규정짓고
있다고 마틴 자크는 이야기 하고 있다. 그의 이러한 주장은 중국인들은 과거
에 관심이 많고, 역사 속에서 2천 년 이상 지속되어 내려온 중국문명이 현재에
이르기까지 중국인의 생각과 행동을 틀지우며 지배하고 있다는 것을 말하고
있는 것이다. 마틴 자크는 또한 중국인들은 중국문화에 대한 자부심이 강하며,
이 같은 자부심은 지역, 계급, 언어 등 다른 강력한 정체성들을 압도하는 것이
라고 했다. 그리고 중국인들의 소속감은 중국의 문화적 전통에 뿌리를 두고
있으며, 서로 다른 언어, 관습, 민족, 지형, 기후 경제 개발의 단계 생활수준에
의해 분열될 수 도 있는 중국인들을 결속시키는 역할을 했다고 했다.[6]

위와 같은 마틴 자크의 해석과 설명은 문명국가, 문화권 국가로서의 중국
의 성격과 특징을 이해하는 데 큰 도움을 주고 있다. 사실, 마틴 자크가 주장한
문명국가의 의미는 문화권 국가의 그것과 비교해 다른 말이 아니다. 본서에서
문명국가라는 용어를 사용하지 않고, 문화권 국가라는 용어를 사용하였다. 문
명국가를 사용하면, 중국이 지구상의 다른 나라에 비해 문명이 고도로 발달한
국가라는 뜻과 같은 오해를 줄 수 있다. 또한 문명국가라는 용어는 그 대칭어
로서 비문명 반문명국가라는 개념을 연상시킬 수 있다. 그렇기 때문에, 중국이
문명국가라고 한다면, 중국 이외에 다른 나라들에 대한 성격이 비문명국가라
는 오해를 줄 소지가 있다. 따라서 본서에서는 보다 보편적이고 오해감을 주
지 않는 문화권 국가라는 용어를 사용하고자 한다.

전술한 바와 같이, 중국은 한자, 유교, 중화사상 이라고 하는 문화와 문명
의 역할이 절대적이었다. 이 세 가지 문화와 문명은 2천여 년이 넘는 오랜 세

---

6) MARTIN JACQUES, 『When China Rules the World』, THE PENGUIN PRESS New-york, 2009, pp. 199~203 참조.

월 지속되어 오는 가운데, 중국을 하나의 거대 통일국가로 이끌어 왔다. 이들 세 가지 문화와 문명은 중원(中原)의 한족이 오랜 시간을 거쳐 완성한 것이지만, 이들 세 가지 형태의 문화와 문명이 없었더라면, 한족은 하나의 민족으로 성장하지 못했고, 선진문화를 향유했던 민족으로서도 존재할 수 없었을 것이다. 또한 중원(中原)의 한족을 중심으로 중심과 주변이 서로 흡수하고 융합하여 지금의 거대국가로의 모습 내지 다원일체(多元一體)를 형성하는 현재의 중국을 이루어내지 못했을 것이다. 이들 세 가지는 문화권 국가로서의 중국의 성장 발전, 융합의 필수 요소이자 원동력이었기 때문이다. 이집트가 나일강이 만들어 준 선물이었던 것처럼, 오늘날의 중국은 한자, 유교, 중화사상이 만들어 준 크나큰 선물이라고 보아도 무방하다.

문명 양식의 하나인 한자의 역할과 관련하여 거자오꽝(葛兆光)이라는 사람은 사상은 언어와 문자를 통해 형성되고 주요 문명 또한 언어와 문자를 통해 전달된다는 점에서 문명은 일종의 언어체계라고 전제하고, 상형(象形)을 토대로 한 한자가 장기적이고 지속적으로 사용됨으로써 중국인의 사상세계가 실제세계의 구체적인 형상에서 벗어나지 않도록 하고 사유과정에서 사용된 연산과 추리 및 판단도 순수하고 추상적인 부호에 그치지 않도록 했기 때문에, 중국문명이 지닌 연속성이 존재한다고 했다.[7] 거자오꽝의 이 같은 설명은 한자가 중국의 형성과 발전에 크게 공헌하였음을 방증하는 것이다. 유교와 중화사상, 그리고 한자가 오늘날의 중국을 만드는 데 절대적인 역할을 하였고, 21세기 현재에 이르기까지 그 역할이 지속되고 있는 문명의 핵심체라고 할 수 있는데, 이 같은 사실은 중국은 문화권 국가임을 증명해주는 중요한 근거가 된다.

외형적으로 중국은 분명 국민국가의 모습을 띠고 있다. 국민국가란 공통의 사회·경제·정치생활을 영위하고 공통 언어·문화·전통을 지닌 국민공동체를 기초로 하여 성립된 국가를 말한다. 국민국가란 역사적 관점에서 볼 때, 근대 유럽에서 시민혁명을 거쳐 형성된 근대국가를 지칭하는 의미로 주로 사

---

7) 葛兆光 지음, 이등연 외 번역, 『中國思想史』, 일빛, 2015, 257쪽.

용되며, 민족국가(民族國家)와 유사한 의미로 사용되기도 한다. 일정한 영토와 그 곳에 사는 국민으로 구성된 독립된 정치조직으로서의 국민국가는 단일 국가의 형태를 가지며 통일된 법과 정부 체계를 갖춘다. 마틴 자크의 지적 그대로 중국의 과거와 현재의 상황, 그 속속 들이를 살펴보면 국민국가의 모습도 아니며, 단일국가로서의 모습은 더더욱 아니다. 그러나 중국은 단일국가 내지 국민국가 체제를 지향하며 행동하는 것 같은 모습을 보여 왔다. 먼저 중국은 단일국가체제와 같은 모습을 유지하기 위해 항상 국가가 중심적인 역할을 해 온 것이 사실이다.

사실, 단일국가 체제라고 하는 하나의 세계를 만들어 나가야 한다는 생각, 그리고 화해와 통일 융합을 지향하며 하나의 세계가 되어야 한다는 생각과 그런 논리는 고대 공자와 그의 제자들인 유가(儒家)의 주장에서 비롯되었다고 볼 수 있다. 이러한 생각은 춘추시대에 이어 전국시대에 이르기까지 제후국 간의 분열과 갈등, 그리고 이적(夷狄)들의 침략으로 인해 전쟁과 혼란을 경험했던 유가들의 당연한 행동적 지향점(指向點)이자, 거대한 정치적 목표였던 것이다. 그러나 아이러니컬하게도 단일국가 체제를 유지하기 위해 불가피하게 벌였던 정책과 정책의 방향은 주위의 이족(異族)들을 흡수하여 강제적으로 자신의 것으로 만들려는 확장주의 내지 팽창주의 성격을 낳았고, 중국은 그 결과 단일국가 체제와는 크게 다른 문화권 국가로서의 체제와 성격만을 탄생시키게 되었던 것이다. 결론적으로 말해서, 지난 2천 년간의 중국 역사의 흐름과 그 과정을 돌이켜 볼 때, 국가의 통일을 최우선시하고, 주위를 흡수하려는 성격은 중국 정치의 특징 내지 속성이라고 볼 수 있는데, 이러한 특징과 속성은 사실상 문화권 국가의 성격과 행동양식이었던 것이다.

중국인들은 단일 국가 체제를 중시하지만, 유럽인들은 유럽 연합이라는 단체가 있었음에도 불구하고, 그것과는 별개로 국민국가를 더욱 더 중시해 왔다. 유럽에서는 산업혁명과 함께 근대화의 과정을 거치며 특히 19세기 이후, 민족주의 정신의 대두로 과거의 제국들이 해체되고 새로운 나라, 새로운 정치체제의 국가들이 성립되었지만, 중국에서는 이 같은 움직임이 존재하지 않았고 존재할 수도 없었다. 2천 년 이상 지속되어 온 유교사상에 기반을 둔 정치체제, 그리고 중국 특유의 천하사상과 중화사상을 가지고 통합과 융합을 추구해 온 중국의 정치 시스템에서는 국민국가, 민족국가에 대한 개념이 자생(自生)한다는 것은 불가능한 일이었다.

상술(上述)한 바와 같이, 한자, 유교, 중화사상 등, 이 들 세 가지 문명과 문화의 형태는 한족집단의 형성에 있어서는 물론, 고대(古代) 이후 현재에 이르기까지 중국과 한족의 성격을 형성하며 중국을 하나의 통합된 국가로 이끌어 나가는 데 있어 절대적 역할을 하였다. 그리고 이들 세 가지 문화·문명의 형태는 2천 년 넘게 지속되어 오면서 과거의 중국은 물론, 오늘날의 중국과 중국의 문명을 상징(象徵)하며 또한 대변(代辯)하고 있다. 아울러, 이 세 가지 문명·문화의 형태는 2천 년이 넘는 오랜 세월 속에서 정치적 분열 내지 전란 등으로 인해 일시적 또는 부분적으로 단절되는 현상도 드러냈고, 이 같은 단절로 인해 그 연속성이 다소 흔들리는 모습을 보여 준적도 있었으나, 현재에 이르기까지 끊임없이 이어져 오고 있다. 중국 문명·문화의 연속성(連續性)은 그 어느 다른 나라에서 보기 어려운 강인하고 견고한 것이었다.

오늘날 그 수에 있어서 12억이 넘는 민족인 한족을 만들고 통합된 국가 중국을 만드는 데 절대적인 역할을 한 한자, 유교, 중화사상은 그 어느 다른 지역 다른 대륙에서 볼 수 있는 문명의 형태보다 견고하며 강한 것임을 알 수 있다. 이 같은 사실과 관련해 하나의 예(例)로서 이슬람문화권의 속한 국가들과 중국과 상호 비교해 살펴볼 필요가 있다. 중국이 문화권 국가라는 사실은 이슬람 문화권 국가와의 비교를 통해 보다 분명히 이해될 수 있기 때문이다. 이슬람국가 내지 이슬람문화권 국가에 대한 보편적인 정의는 이슬람법을 시행하거나 적어도 이슬람법의 여러 원칙을 입법상의 규범으로 하며, 이슬람이 절대 다수 국민의 정신과 행동양식에 깊은 영향을 미치는 국가를 이슬람국가라고 할 수 있다. 이슬람국가는 대서양에서 태평양까지, 그리고 북아프리카에서 러시아 연방 남쪽 경계에 이르는 지역과 인도 북부지역까지 약 30~40개국에 분포되어 있다. 따라서 이슬람 국가들의 모여 있는 북부아프리카에서 중동, 중앙아시아, 동남아시아에 이르기까지 여러 나라들을 일컬어 이슬람문화권이라고 한다. 그러나 이들 나라는 이슬람 문화권 속한 개개의 국가들일 뿐

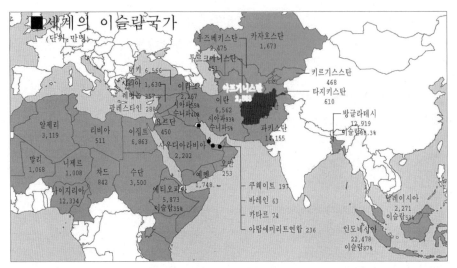

| **세계의 이슬람국가** | 이슬람교는 세계의 그 어느 종교보다 신앙적 열정이 강하고 결속력이 강해, 종교를 통한 이슬람 국가 간의 동맹을 토대로 연합국가 내지 통일국가의 형성이 가능할 것 같이 보이나, 현실은 이와 반대이다. 현재 이슬람교 국가는 40여 개 국 이상으로 나뉘어져 있다.

이지, 중국과 같이 한 덩어리가 된 이슬람문화권 국가가 아니다. 이들 이슬람 국가들(회교권 국가)이 하나의 거대 국가로 통일되어 유지 발전되었다면, 이 거대한 나라의 국력은 현재 미국의 국력과 비슷했거나 능가했을지도 모른다.

이슬람교는 세계 그 어느 종교보다 신자들의 믿음과 애착, 그리고 신자 상호간의 유대성(紐帶性)이 특별히 강한 것으로 평가받고 있다. 지구상에서 이슬람교도만큼 종교적 문화적 결속력(結束力), 유대적(紐帶的) 힘을 강하게 표출하는 사람들은 거의 없다. 이슬람교도들은 이슬람교라는 공통된 문화와 문명을 공유하면서 그 어느 민족, 어느 교도(敎徒)들보다 강한 문화적 단결력, 결속력을 가지고 있음에도 불구하고 이들 이슬람교를 국교로 신봉하는 나라가 30, 40개 국가로 나뉘어져 있는 것이다. 더욱이 40여 개 국가 가운데에는 20여 개 국 정도는 아랍어를 모국어로 쓰고 있다. 사우디아라비아, 이라크, 쿠웨이트, 시리아, 요르단, 이집트, 알제리, 리비아, 튀니지, 모로코 등 이들 나라들은 1000년이 넘는 오랜 기간 동안 이슬람지역, 이슬람국가였을 뿐만 아니라, 아랍어를 모국어로 사용하고 있다. 이들 나라들은 정신과 사상, 이념을 지배하는 종교와 언어를 공유하기 때문에 하나의 국가로 뭉쳐질 수 있는 강력한 인자(因

子)를 가지고 있음에도 불구하고, 이들 나라는 20개 국가로 나뉘어져 있다. 이
들 이슬람국가들은 현재 각각의 나라, 개별적인 나라로 철저하게 나뉘어져 있
지만, 이들 국가들이 앞으로도 통합될 가능성은 거의 제로에 가깝다고 할 수
있다.

　　이에 비해 중국은 겉으로 볼 때, 이슬람교만큼의 철저하고 강한 종교적
문화적 결속력, 유대적 힘을 가지고 있는 것처럼 보이지 않으나, 한자, 유교,
중화사상이라는 문명의 힘으로써 이슬람국가들이 이루지 못한 통합국가를 이
룩해 놓았다. 이렇게 볼 때, 중국은 문화권 국가라는 사실이 자명해지고, 자신
의 문명, 문화를 통해 생성된 중국 문화 문명의 결속력은 이슬람교를 중심으
로 한 이슬람문명보다 더 실용적이고 현실적이며 강한 것이었음을 추론해 볼
수 있다. 거듭 말하거니와 한족은 오랜 기간에 걸쳐 수많은 민족들 융합되는
과정을 거쳐 만들어진 민족이다. 그런데 수많은 민족들이 모여 융합한 후, 한
자, 유교, 중화사상이라는 문화·문명체를 만들어 낸 것이 아니라, 화하족이라
고 하는 소수민족인 만든 세 가지 문명체가 수많은 민족을 융합시켜 오늘날의
한족을 만들었던 것이다. 그 결과, 한족은 항상 하나이고 또한 하나가 되어야
한다는 당위적(當爲的) 논리 또는 그 개념이 기본 관념으로 형성되어 왔고, 그
렇게 형성된 관념은 철저하게 중국인들을 지배해 왔다.

　　중국인들은 분열과 불안정에 대해 병적일 정도로 두려움을 가지고 있다.
분열은 전란과 같은 고통이자 한자, 유교, 중화사상의 붕괴로서 자신들 자존심
을과 자부심을 엄청나게 훼손하는 것이라고 한족의 중국인들은 믿고 있다. 따
라서 국가의 통일을 최우선시하고, 주위를 흡수하려는 성격은 중국 정치의 특
징 내지 속성일 뿐만 아니라, 유교, 한자, 중화사상으로 융합된 중국이라는 문
화권 국가의 특징을 보여주는 하나의 반증이 될 수 있다. 중국은 지구상에 남
아 있는 가장 대표적인 문화권 국가라고 해도 과언이 아니다. 그렇다면 중국
은 영원한 문화권 국가로 남아 있을 것인가? 아니면, 중국은 자의에 의해서건
타의에 의해서건 문화권 국가를 해체하고, 열 개 스무 개로 나누어진 국민국
가가 될 것인가? 또는 몇 개의 유유상종적인 나라가 연합하여 이루어진 중국
(衆國)으로서의 중국이 될 것인가?

2천 년이 넘는 오랜 시간 동안, 중국을 만드는 데 있어 절대적인 역할을 했던 유교와 한자, 중화사상이 버팀목으로서의 기능을 상실하거나 사라지는 것이 가능한 일이 될 수 있을까? 만약 그런 일이 벌어진다면, 중국은 문화권 국가로서의 특징과 성격을 상실할 것이다. 이 같은 일의 발생과 상실을 논하기에 앞서, 2천 년이 넘는 세월 속에서 유교와 중화사상으로 하여금 그 기능을 발휘하게 하면서 문화권 국가로서의 중국의 체제를 유지할 수 있게 한 주체가 무엇이었나에 대해 살펴볼 필요가 있다.

이에 대한 해답으로서의 주체는 전제정치제도에서 찾아야 할 것이다. 전제정치란 군주·귀족·독재자·계급·정당의 어느 것인가에 관계없이 지배자가 국가의 모든 권력을 장악하여 아무런 제한이나 구속 없이 마음대로 그 권력을 운용하는 정치체제를 의미한다. 전제정치체제는 국민의 정치참여와 자유권이 보장되지 않으며, 의회제도가 경시되거나 부정되고, 소수의 지배자가 초월적·강권적으로 지배하는 것을 특징으로 하는데, 고대나 중세시대의 절대왕정이나 근·현대 시기에 있어 일당독재만을 추구하고 있는 공산주의 정치체제 등이 전제정치체제의 대표적 예라고 할 수 있다.

유교와 중화사상은 역대 전제 왕조정치체제에 의해 지속적으로 수용되었을 뿐만 아니라, 역대 왕조가 체제를 유지하고 확장과 팽창을 통해 자신들의 왕조체제가 번성해 가는 데 있어 큰 도움을 주었다. 중국의 역대 왕조 또한 자신들의 권력의 이념과 목표를 위해 유교와 중화사상의 후원자이자 보호자로서의 역할을 다했고, 이 같은 역할은 오늘날 중국의 공산주의 독재 정치체제에 의해 유지되고 있다. 문화권 국가로서의 중국의 현실과 전제정치는 현재에 이르기까지 필요충분조건이라는 관계 속에서 유지되어 왔다. 그런데, 현재 중국 공산당에 의해 지속되고 있는 중국의 전제정치체제의 붕괴는 불가역적이고 불가능한 일로 남아있지는 않을 것이다. 전제정치가 붕괴되면, 유교와 중화사상의 가치와 역할이 퇴색되거나 그 의미가 저하될 수 있다. 그 결과 유교와 중화사상의 의미와 역할이 희석되어 사라진다면, 문화권 국가로서의 중국은 사라지게 될 것이다.

한자, 유교, 중화사상은 중국을 오늘날 하나의 통일된 문화권 국가를 만들었지만, 문화권 국가가 유지될 수 있었던 것은 전제주의 정치체제가 있었기 때문으로 보아야 한다. 한자, 유교, 중화사상이 없었다면, 오늘날과 같은 통일된 문화권 국가로서의 존재는 불가능했겠지만, 이와 함께 전제정치가 없었다면, 이들 세 가지 문화·문명은 융합하여 그 기능과 특징을 발휘하기 어려웠을 것이다. 왜냐하면, 전제정치체제는 이 세 가지 문명의 형태를 엮어 그 기능과 역할을 다 할 수 있도록 도와준 존재였기 때문이다. 유교, 한자, 중화사상 등이 구슬에 비유된다면, 전제정치는 바로 실(絲)에 비유될 수 있을 것이다. 전제정치체제라는 실이 있어서 세 가지 문명이 그 실에 꿰어져서 빛을 발산할 수 있었던 것이다.

결론적으로 말해서, 오늘날의 중국을 지탱해주는 정치·사회체제는 과거 고대·중세시대에 중국을 지배했던 그것과 별로 다르지 않다. 이 같은 전체정치체제가 무너지거나 사라진다면, 오늘날의 문화권 국가로서의 중국은 사라질 수 있을지도 모른다.

중국의 얼굴, 중국인의 생각

유교, 사회 통치 질서의 이념과 시스템

정치, 사회 이념의 동질성을 위한 도구
- 유교는 어떻게 중국을 지배하여 왔는가?

유교, 사회 통치 질서의 이념과 시스템

정치, 사회 이념의 동질성을 위한 도구
– 유교는 어떻게 중국을 지배하여 왔는가?

1. 유교의 수용과 통치이념의 정립

중국인들의 행동양식과 외형적 삶 등에 있어 유교사상의 가르침만큼 강한 지배력과 영향력을 가진 것은 별로 없었다. 중국인의 마음은 불교가 지배하고 중국인의 몸은 도교가 지배하며 중국인의 사회는 유교가 지배한다는 말이 있는데, 유교가 중국 사회를 2천 년 넘게 지배했다는 것은 중국인들의 외형적 삶과 행동양식 등을 실질적으로 지배해 왔다는 것을 의미한다. 이러한 사실에 걸맞게 한조(漢朝)에서부터 마지막 황조(皇朝)였던 청조(淸朝)에 이르기까지 유교(儒敎)는 모든 왕조의 국시(國是)로서, 그리고 국가의 통치 운영 시스템으로서의 역할을 수행해 왔던 것이다.

전술한 바와 같이, 중국의 역사는 수많은 왕조교체의 역사라 해도 과언이 아닐 정도로, 2천 년 넘는 오랜 세월 동안 수십 차례에 걸쳐 왕조가 교체되었다. 빈번한 전쟁을 통해 이루어졌던 수많은 왕조의 소멸과 탄생, 융합과정이 반복되었기 때문인지 중국의 역대 왕조의 수명은 매우 짧은 편이었다. 왕조의 평균 수명은 길어 봐야 200년에서 300년 사이에 불과했고, 수명이 300년을 넘은 왕조는 몇 개 되지 않았다. 그런데, 2천여 년이 넘는 장구(長久)한 시간 속에서 수십 개의 왕조가 명멸(明滅)했지만, 이들 왕조는 거의 예외 없이 유교사상과 유교적 통치 논리에 기반을 둔 중앙집권적 정치시스템을 채택해 운영해 왔다. 왕조는 무수히 바뀌었지만, 바뀐 새로운 왕조의 주인은 자신이 천자가되어 천하를 다스리려고 했지, 이전의 왕조와 철저히 다른 새로운 통치시스템, 새로운 정치 형태를 가진 다른 나라를 만들려고 한 것은 아니었다는 것이다. 뿐만 아니라, 2천 년이 넘는 오랜 기간 수십 개의 왕조가 소멸하고 탄생하는 과정에서 한족이 아닌 이족(異族)들이 여러 차례에 걸쳐 중원을 점령하여 대륙의 주인이 되어 새로운 자신들의 왕조를 일으키기도 했지만, 이족 출신의 그 어느 왕조도 유교의 정치사상과 유교적 통치논리, 시스템을 거부하지 않았다. 다시 말해 한조(漢朝) 이후 청대(淸代)에 이르기까지 중국의 역대 왕조 가운데 유교사상을 받아들이지 않거나 또는 유교적 통치논리를 경시했던 왕조는 하나도 없었다는 것이다. 명멸했던 왕조마다 약간의 차이는 있었을지언정, 유교는 마지막 왕조인 청조(淸朝)에 이르기까지 2천여 년이 넘는 오랜 세월에 걸쳐 국가 최고의 통치이념과 정치시스템으로서의 역할을 수행하며 중국을 이끌어왔다. 거자오광(葛兆光)은 "한대(漢代) 이후에 유학은 통일왕조의 정치의식의 형태가 되었으며, 이 같은 국가 학설은 곧 절대권력(絶對權力)을 가지는 진리가되어 줄곧 고대 중국인의 가정, 종족 및 국가에 대한 이해와 해석을 지배하고 독점하여 왔다."고 했는데,[1] 이를 통해 중국 사회에 대한 유교의 지배력이 어떠했는가를 가늠해 볼 수 있다.

진(秦)나라 이전, 그러니까 춘추전국시대(春秋戰國時代)에 이르기까지 유교는 동시대(同時代) 여러 사상 및 이념 가운데 하나에 불과했지만, 한나라 초기무제(武帝) 때에 이르러 국교 내지 국가 통치의 기본 이념인 국시(國是)로 채택되었다. 무제는 동중서(董仲舒)의 건의를 받아들여 유가사상(儒家思想)을 국가통치의 원리이자 국시로 삼았다. 유교가 국시 내지 국교로 인정받음에 따라

---

1) 거자오광(葛兆光) 지음, 이종미 옮김, 『고대 중국사회와 문화 10강』, 동국대학교출판부, 2014, 106쪽.

유교의 정치사상은 물론, 유교의 윤리 도덕과 가치관이 사회의 지도이념으로 확립되었다. 유교가 추구하는 사회의 모습은 전쟁과 혼란이 없는 평화롭고 질서정연한 사회, 인의(仁義)가 지배하는 예치(禮治)의 사회, 왕도정치(王道政治)가 실천 이행되는 그런 사회였다. 공자는 예치사회의 실현을 강조하였고, 맹자(孟子)는 공자의 인(仁)에서 비롯되는 예치주의(禮治主義)를 한걸음 발전시켜, 왕의 덕(德)에 의한 왕도정치의 구현을 주장하였다.

　유교는 한나라가 건국되자마자 곧바로 국시가 된 것은 아니었다. 한나라 초기, 그러니까 전한(前漢＝西漢) 초기에는 춘추전국시대에 탄생했던 음양가(陰陽家), 법가(法家), 묵가(墨家), 유가(儒家), 도가(道家) 사상 등이 활발하게 움직였다. 그 가운데에서도 도가와 도가적 사상 등이 한나라 초기에 가장 큰 이념적 세력으로 사회의 사상적 흐름을 지배하였다. 특히 도가가 유행하는 데 핵심적 역할을 담당하였던 황로사상(黃老思想)은 한나라 초기에 그 세력을 크게 떨쳤다. 그러나 무제(武帝)가 즉위하면서 유교사상과 유교의 정치논리가 국가운영의 근본 지침 내지 원리로 채택되자, 유교는 명실상부(名實相符)하게 중국의 국교(國敎) 또는 국가 통치의 최고이념으로 등장하였던 것이다.

　한나라가 유교를 국교로 채택하고 수용하였다는 것은 유교에서 말하는 사회통치의 이념과 그 논리를 수용하며 실천하겠다는 의지를 표현한 것이라고 할 수 있다. 그러나 한 무제(漢 武帝)는 유교의 이념과 가치를 있는 그대로 수용하지 않았다. 유교를 국교로 인정하면서 한편으로는 황제인 자신을 정점으로 하는 중

| 한 무제(漢 武帝) | 유철(劉徹). 전한의 제7대 황제(재위, 기원전 141-기원전 87). 즉위하자 권신들을 면직시키고 어질고 겸손한 선비를 등용하여 관리의 자질을 향상시켰다. 오경박사(五經博士)를 두어 유학에 중점을 두고, 천삭(天朔) 2년(기원전 127)부터 왕국을 분봉(分封)하여 중앙집권화를 마무리했다. 그는 동중서(董仲舒)의 방안을 채택해 오로지 유교의 논리를 존숭하였지만, 한편으로는 법가적 논리를 겸용하여 중앙집권지배 체제를 강화시켰다. 중앙집권화와 영토의 확장은 그의 치세기에 이루어진 큰 업적이라고 할 수 있다.

앙집권체제의 재건을 위해 법가의 사상과 통치논리를 적절히 가용(加用)하여 황제 절대주의의 위상을 도모했다. 확고한 중앙집권체제를 원했던 무제가 유교를 적극 수용하고자 했던 이유와 그 배경에는 유가가 주창했던 춘추 대일통사상(春秋 大一統思想), 인의사상(仁義思想), 군신윤리관념(君臣倫理觀念) 등이 무제(武帝)가 직면한 현실적 상황과 그가 펼치고자 했던 정치 이상에 잘 부합되었기 때문이라고 보기도 한다.[2] 이 같은 이야기는 한 무제가 유교를 수용했다기보다는 유교를 이용했다는 것을 의미하기도 한다.

한 무제(漢 武帝)를 도와 제왕(帝王) 중심의 확고한 중앙 지배체제를 정당화하고 논리화했던 사람들 가운데 대표적 인물이

| 동중서(董仲舒) | 동중서(董仲舒)는 한경제(漢景帝) 때 박사의 직위를 받아 처음으로 관직에 들어갔지만, 본격적으로 이름을 날린 것은 그 다음인 한무제 때다. 무제가 정치의 올바른 지침에 대해 이론을 제시하라고 요구하자 동중서가 이에 적극 응하여 소위 "천인삼책(天人三策)"을 올려 채택된 것이 입신양면의 계기가 되었다. 이를 통해 한무제가 유교를 본격적으로 장려하여 오경박사(五經博士)를 두고 태학을 설립하는 등 유교 국교화의 길로 나아가는 전기가 마련되었다고 전해진다.

바로 동중서(董仲舒)였다. 동중서는 무제의 명을 받아 국시(國是)로서의 유교와 함께 유교적 국가운영의 지배논리와 체제를 만든 사람이었다. 동중서는 춘추공양학(春秋公洋學)을 연구했던 경학자(經學者) 출신의 관료였는데, 그는 유교적 통치논리에 한나라 초기 유행하였던 천인감응론(天人感應論)과 음양오행설(陰陽五行說)을 가미하여 제왕적 통치를 정당화하는 정치체제를 수립하였다. 게다가 동중서는 유교 도덕의 세 가지 강령이라고 할 수 있는 군신(君臣), 부자(父子), 남녀(男女) 등 이 세 관계를 삼강(三綱)이라는 수직적 종속관계(垂直的 從屬關係)로 만들고 이를 다시 자연의 법칙에 연결시킴으로써 수직과 종속관계를 그 누구도 거스를 수 없는 절대적인 윤리체계로 만들었다. 그런데 한나라의 무제가 제왕 중심의 강력한 중앙집권 체제를 성립시킬 수 있었던 데에는 유교만의

---

2) 쑨티에(孫鐵) 지음, 이화진 옮김, 『중국사산책』, 일빛, 2011, 129쪽.

논리, 다시 말해 유교사상과 유교적 정치이념 및 그 논리만 작용하였던 것이 아니다. 제왕에 의한 통치체제는 속성상 또는 본질적으로 법가적 통치논리에 바탕을 둔 강력한 중앙집권적 통치시스템과 연관될 수밖에 없다. 게다가 진(秦)나라에서부터 채택되어 시행된 법가사상(法家思想)과 패도정치(覇道政治)적 논리가 한나라에 들어 와서도 그대로 수용되었다는 사실도 상기(想起)할 필요가 있다. 한나라를 필두로 유교적 통치 이념을 국시(國是)로 채택한 중국의 역대 왕조들은 자신들의 통치권을 공고히 하고 또 이를 효율적으로 활용하기 위해 법가적(法家的) 통치논리도 일부 수용하였다. 유가적(儒家的) 정치사상과 그 이념을 기본 토대로 그 위에 법가적 통치논리를 가미해 만들어진 한나라 무제의 제왕적 통치시스템은 이후 약간의 변형은 있었을지언정 청(淸)나라는 물론 1949년 중국 공산화이후 현재에 이르기까지 2천 년 이상 지속적으로 내려오고 있다.

한나라에서 시작된 중앙집권적 정치시스템이 청나라까지 그대로 이어졌다는 사실은 유교사상이 중심이 되어 중국의 역사적 정체성(政體性)과 함께 역사적 연속성(連續性)이 만들어졌다는 것을 의미한다. 유교가 2천여 년이 넘는 오랜 기간 거의 예외 없이 역대 왕조에 의해 신봉될 수 있었던 것은 거자오광(葛兆光)의 주장 그대로 유교와 유학이 속성상 정치 및 사회질서에 관한 학문이자 논리이었기 때문에 가능한 것이었다.3) 다시 말해, 유학의 논리와 유교의 가르침은 정치와 사회 질서의 관한 학문이자 그러한 가르침이었기 때문에, 그렇게 숱하게 왕조가 바뀌었어도 한족 출신의 왕조들은 물론이려니와 한족이 아닌 여타 이족 출신의 왕조들조차도 그것에 대한 이의나 거부감을 가질 필요 없이 쉽게 수용할 수 있었던 것이다.

---

3) 거자오광(葛兆光) 지음, 이종미 옮김, 『고대 중국사회와 문화 10강』, 동국대학교출판부, 2014, 98~100쪽 참조.

2. 정치이념과 통치시스템으로서 유교의 역할

한나라가 유교를 국교로 채택하고 수용하였다는 것은 유교에서 주장하는 사회 통치를 위한 질서 논리와 그 이념을 수용하고 실천하겠다는 의지를 표현한 것이라고 할 수 있다. 그러나 한 무제는 유교의 이념과 가치를 그대로 수용하지 않았다. 전술한 바와 같이, 한 무제에 의해 시행된 중앙집권체제는 사실유교적 정치논리의 바탕 위에 법가적 통치논리가 가미(加味)되어 만들어진, 다시 말해 두 개의 사상과 논리가 혼용 융합되어 만들어진 것이었다. 한나라의 통치제도 수립과 관련하여 반드시 거론해야 할 점은 한 왕조(漢 王朝)는 유교의 왕도정치(王道政治) 논리에 법가의 패도정치(覇道政治) 논리를 혼합하여 자신들 특유의 중앙집권적 정치시스템을 만들어 냈다는 사실이다. 패도정치란 춘추

| 맹자 | 공자의 덕치주의는 유학의 이상적인 정치형태로 계승되었는데, 맹자(孟子)는 이를 바탕으로 왕도정치(王道政治)를 주창하고 이를 구체화하였다. 항산(恒産)으로 대표되는 민생의 안정과 항심(恒心)으로 대표되는 윤리적인 삶을 이룩하는 것이 왕도정치의 기초가 된다. 덕치사상은 맹자의 왕도론에서 구체화되었는데, 맹자는 인간본성(성선설)에 바탕을 둔 인의도덕(仁義道德)을 실천하는 통치자의 덕치를 주장하였다. 공자의 덕치주의는 맹자의 왕도정치로 이어져, 강제적인 지배를 정당화하려는 법치주의와 대표정치를 거부하는 유교정치사상으로 확립되고 계승되었다.

전국시대의 패자(覇者)가 행하였던 무력(武力)에 의한 정치방식으로, 유가(儒家)의 정치사상인 왕도(王道)와 반대되는 개념이다. 맹자(孟子)는 "힘을 인(仁)으로 가장하는 자를 패(覇)라하고, 덕(德)으로 인(仁)을 행하는 자를 왕이라하여 고대 성왕(聖王)의 덕화(德化)에 의한 정치를 왕도(王道), 패자(覇者)와 힘 있는 제후가 실력으로 백성을 제어하려는 정치를 패도(覇道)"로 규정하였다. 얼핏 법가의 패도정치 논리와 유교의 왕도정치 논리는 조화할 수 없고, 융합될 수도 없는 것처럼 보일 수 도 있으나, 통치권을 행사하는 제왕(帝王)의 입장에서 볼 때, 왕권을 강화하고 절대화하기 위해서는 이 두 가지 사상의 논리를 현실에 적용하며 활용하는 것은 그리 어려운 일이 아니었다. 따라서

유교이념을 국시로 표방한 중국의 역대왕조들 가운데에서 그 어떤 왕조도 법가(法家)의 통치논리를 멀리하거나 배제(排除)하지 않았다. 오히려 이 두 사상은 상호보완적인 역할을 통해 역대 왕조의 지배력을 공고히 함으로써 중국의 전제왕조를 2천 년간 지속시키는 데 절대적인 공헌을 하였다.

동중서(董仲舒)를 중심으로 한 한 무제(漢武帝)의 신하들은 유교의 통치논리와 사회질서를 황제의 절대 권력화에 대입(代入)시켜 절대적인 왕정체제를 구축하며 중앙집권 체제를 완성하였다. 한 무제의 중앙집권체제 구축은 진(秦)나라 황제의 통치 제도를 어느 정도 재현한 것이라고 보아도 무방하다. 한 무제의 중앙집권체제는 사실 동중서에 의해 만들어진 것이고, 법가의 통치논리를 원용(援用)하여 만들어진 것이기는 하나, 그 근본원리는 유교의 사상과 정치 논리를 주축으로 하였기 때문에, 유교적 중앙집권체제의 성립으로 보는 것이 타당하다. 다시 말해, 한 무제의 중앙집권체제는 유교의 정치사상과 유 논리를 근본적인 토대로 하였기 때문에, 유교의 산물로 보아야 한다는 것이다. 이렇게 볼 때, 유교는 군주의 전제권력을 제도적 논리로서 정착시켰을 뿐만 아니라, 덕치(德治)라는 설득에 의한 자발적인 복종을 실현시킴으로써 통치의 효율성을 높여 주는 데 매우 중요한 역할을 하였다고 말할 수 있는 것이다.

유교와 유가에서는 예치(禮治) 내지 덕치(德治)가 이루어지고 또한 예치와 덕치가 이루어지는 사회를 구현하기 위해서 제왕의 역할을 강조하였는데, 이 같은 논리는 한나라의 황제 및 권력자들에게 철저한 제왕 중심의 중앙집권제의 강화에 대한 명분과 논거(論據)를 만들어 주었다. 공자는 "정치를 덕으로써 정치를 한다면, 이는 마치 북극성이 제자리에 있고 뭇 별들이 그쪽을 향하여 도는 것과 같다[4]는 이야기를 하였는데, 이는 덕치의 중요성을 강조한 것이었다. 그들은 공자의 이러한 이야기를 전용(轉用)하여, 제왕의 존재의미와 그 역할을 북극성에 초점을 맞춰 북극성으로서의 제왕의 역할을 강조하였다. 제왕은 북극성을 상징하고, 그렇기 때문에 제왕을 중심으로 천하가 움직여야 된다는 것으로 그 의미가 확대 해석되었던 것이다. 여기서 북극성의 존재와 역할

---

4) 『論語·學而』(子曰 "爲政以德 譬如北辰 居其所 而衆星共之.")

| **주공(周公)** | 주공은 주왕조를 세운 문왕(文王)의 아들로 공자가 가장 존숭하며 흠모했던 정치가였다. 예악(禮樂)과 법도(法度)를 제정해 주나라의 문물제도를 창시했다. 상족(商族)을 회유하기 위해 아들을 노(魯: 曲阜)나라에 봉건(封建)하는 등 주왕실의 일족과 공신들을 요지에 배치해 다스리게 하는, 주초(周初)의 대봉건제(大封建制)를 실시해 수비를 공고히 했다. 그는 중국 고대의 정치 · 사상 · 문화 등 다방면에 있어 큰 업적을 세워 공자와 유가에 의해 성인으로 숭앙되고 있다. 저서에 『주례(周禮)』가 있다.

은 제왕중심의 절대적 중앙집권체제의 성립을 의미하는 것이었다.

상술한 바와 같이, 동중서는 유교의 논리를 통해 군주의 전제적(專制的) 권력을 합리화시키는 데 이론적 토대를 제공하였을 뿐만 아니라, 군주 제왕은 곧 덕치의 화신이고 따라서 덕치에 대해 자발적으로 복종해야 한다는 논리를 완성함으로써 통치의 정당성을 높여 주었다. 그런데 제왕 중심의 중앙집권통치가 제대로 이루어지기 위해서는 제왕 밑에서 제왕을 보필하며 그의 명령을 제대로 실천할 수 있는 신하(臣下)의 역할이 필수불가결한 요소로 작용할 수밖에 없었다. 중앙집권제는 모든 권한을 제왕에 집중시키고 하부조직에 대한 강력한 지휘명령권을 행사해야 하기 때문에 무엇보다도 제왕의 명령을 제대로 이행할 수 있는 인적 시스템이 필요한 것은 당연한 일이었다. 사실, 제왕을 보필한다는 것은 공맹(孔孟)의 예치(禮治) 덕치 사회에서도 매우 중시되었던 부분이다. 공맹이 추구했던 예치 덕치 사회는 삼대 성왕(三代 聖王 / 夏·商·周 왕조의 堯·舜·禹·湯·文·武·周公)들의 가르침을 따르고 실천하면 이루어지는 것이었으나, 천자인 황제 한 사람의 자질과 능력만을 가지고 이를 쉽게 이룰 수 있는 것은 아니었다. 최고의 통치자인 황제를 전지전능한 존재로 생각하지 않았던 중국의 현실적이고도 합리적인 분위기 속에서 황제가 훌륭한 신하의 도움을 받는 것은 지극히 당연한 일이었다.

전설에 의하면 요(堯), 순(舜)과 같은 성왕도 주위에 어진 신하가 많이 있었고, 성왕도 이들의 도움을 받아 성대(聖代)를 이룩할 수 있었다고 한다. 따라서 성왕이 신하의 자문을 받고 그들의 충언이나 간언(諫言)을 수용하는 것은 성군(聖君)의 현명한 행동인 되는 것이다. 그렇기 때문에 이 같은 행동은 후대 제왕의 모범으로서 반드시 따라야 할 덕목이 되었다. 그 결과 제왕을 보필해야 하는 신하 관료의 존재필요성과 그 중요성은 유교를 국시로 수용한 한나라의 정치시스템에 그대로 반영되었고, 그런 과정에서 황제를 보좌하는 많은 대소 관료가 필요했다. 이 같은 필요성을 충족시키기 위해 등장한 것이 바로 관료제도의 성립과 함께 관료의 선발과 양성을 위한 교육제도의 실행이라고 할수 있다.

무제(武帝)는 동중서의 의견을 따라 관료등용제도를 만들었다. 수도에는 태학(太學)을 설치하고, 오경박사를 두어 유가의 경전인 시경(詩經), 서경(書經), 역경(易經), 예기(禮記), 춘추(春秋) 등 오경(五經)을 가르쳤고, 성적이 우수한 사람을 관료로 임용했다. 또한 지방관에게 유교가 중시하는 효행, 청렴결백을 갖춘 인물을 추천케 하고, 유교적 덕목에 의해 관리를 등용하는 효렴제(孝廉制)를 개설함으로써 유교국가의 기초를 마련했다. 효렴제에서 시작한 중국의 관리 등용법은 유학자, 정치인, 관료를 배출하는 계기를 만들었으며, 이 같은 과정을 통해 유학을 배우고 그 교양을 몸에 익힌 사람들이 정치를 담당하게 되었다. 정치인 관료를 배출하는 유교적 인재 선발제도는 수당대(隋唐代)에 들어와 과거제도의 확립으로 보다 더 공고해졌는데, 서기 587년 수(隋)나라는 국가에서 필요로 하는 전문 관료를 뽑기 위해 처음으로 과거시험 제도를 도입하였다. 시험을 통해 유학이 일반 백성, 또는 지식인들에게 전파되는 중요한 계기가 되었음은 물론이다. 각종 유교 경전의 학습을 통해 유교의 영향을 받은 사대부를 중심으로 한 고위 관료, 학자, 지식인들은 사회를 지배하고 관리하는 입장에 서서 유교 사상과 이념을 사회운영을 적용하고자 하였고, 그 결과 유교 사상은 백성들의 뇌리 속으로 들어가 사람들의 사고방식, 행동방식에 영향을 줄 수 있었다. 심지어 황도(皇都)가 아닌 변경지역이나 변두리 지역이라고할지라도 그 곳의 관리와 지식인들은 백성들에게 끊임없이 유가적 사상과 행동, 유교적 삶의 방식을 지도했으니, 이에 힘입어 적어도 외형적으로 중국 사회는 유교적 논리와 사상의 범주 속에서 움직일 수 있게 되었다.

유학을 공부하여 관료가 된다는 것은 유학발전의 관점에서 볼 때 매우 의미 있는 작업이었다. 그것은 첫째, 유학적 사상과 통치 논리에 바탕을 둔 통치시스템이 완벽하게 정착되었다는 것이고, 둘째, 많은 사람들 특히 지식인들이 관료로서의 진출을 위해 유학의 경전을 공부해야 했기 때문에 학문과 사회운영의 이론분야에 있어 유학은 가장 보편적이고 일반화된 학문이 될 수 있었고, 또한 이로 인해 유학의 사회 정치적 논리는 거국적(擧國的)으로 펴져 나갈 수 있었다. 유학을 공부한 대소 관료가 국가를 운영하는 시스템이 한(漢)나라 때 만들어졌는데, 한나라 때에 만들어진 이 같은 중국 고유의 정치시스템이 20세기 초 청나라 말기에까지 이어졌으니, 이러한 사실을 통해 유교가 중국 정치사에 있어 얼마나 중요한 역할을 했으며, 더 나아가 중국 2천 년의 정치 사회 시스템의 근간을 형성하는 데 있어 얼마나 큰 영향력을 발휘하였는가를 이해할 수 있다.

유교는 명·청시대에 이르러 그 교설(敎說)이 그 이전 보다 훨씬 강도 높게 일반 민간인 사이로 펴져 나가면서 확고한 정착 단계에 이르게 된다. 몽고족의 원(元)나라를 물리치고 명(明)나라를 세운 주원장(朱元璋)은 명조(明朝)의 정통성을 드높이고 중앙 집권체제의 강화를 위해 유교교육을 크게 확산시키려고 하였다. 그는 즉위하자마자 전국의 주현(州縣)에 각종 유교학교를 창설하고, 학생들에게 과거 시험 응시자격을 부여함은 물론 생활비지급, 부역면제 등 파격적인 혜택을 줌으로써 그 곳의 학생인 생원을 하나의 특권 계층으로 만들어 주었다. 그 결과 생원의 지위가 높아지면서 그 숫자도 급격히 불어나 명나라 말기에는 약 50만, 청나라 말기에 이르러서는 약 100만 명에 이르게 되었는데, 이들은 비록 과거에는 합격하지 못했다고 할지라도 어린아이들을 가르치며 생계를 유지했다고 한다. 이 같은 사실을 통해 유교가 중국인들의 삶과 행동을 얼마나 크게 지배하였는가를 가늠해 볼 수 있다. 군주에 의한 유교 교화 작업도 청대에서도 성행하였다. 청나라의 군주들은 한족이 아니었음에도 불구하고 유학과 유교의 후원자임을 자처하며 명대의 유학 장려 진흥제도 등을 그대로 답습하였다. 청대에 들어와 각종 학교와 사숙들이 많이 세워진 것도 유교사상 유교윤리를 더욱 보급하기 위함이었다. 일본의 미조구치 유조, 이케다 도모히사, 고지마 쓰요시 라는 사람은 사회사상사적 관점에서 유교의 흐름을 보았다. 이들은 송대의 관료를 중심으로 한 도덕 수양의 학문, 명대의 민중을 주체로 한 도덕확산의 학문, 청대의 민간에서 보이는 민중유교의 조직적 침투라는 흐름으로 보는 것이 좀 더 사실에 입각한 방법인데, 그 예로서 "청대에는 가정이나 향촌, 공동체 등 사회생활 구석구석까지 유교윤리가 침투하여 예교라는 이름으로 퍼져있었음을 알 수 있다."고 했다.5) 이는 유교가 어떻게 중국을 지배하였는가에 대한 예를 압축적으로 보여준 이야기라고 할 수 있다.

앞서 이야기한 바와 같이, 한나라는 제왕 중심의 중앙집권적 정치체제를 펼쳐나갔고, 이 같은 제왕 중심의 중앙집권적 정치체제와 관료 시스템의 정착화는 서열화와 차별화를 동반하였다. 다시 말해서, 유교교육과 관료의 배출이라고 하는 관료 계급사회의 정착은 신분의 서열화 계급화를 촉진하는 계기를 만들었던 것이다. 중국 고대사회에서 신분층은 천자(天子)·제후(諸侯)·대부(大夫)·사(士)·서민 등 5계급으로 구분되어 있었다. 이 중 천자(天子)와 제후는 황제 및 왕을 뜻하는데, 이들 군주 계층을 제외하면, 대부(大夫)와 사(士)가 지배 계급이었으며, 서민은 피지배자로 구분되어 있었다. 이는 일종의 종법제도(宗法制度)의 재현(再現) 내지 종법제도의 응용된 형태라고 할 수 있다. 차별화(差別化) 서열화(序列化)는 종법사상의 논리에 근거하였지만, 제왕의 지배력을 확고하게 정립하고 강화하기 위한 목적에서, 그리고 관료화의 진행과정에서 자연스럽게 체계화되었다고 할 수 있다. 사실, 차등화 서열화는 공자의 정명론("正名"論)에서 발전된 이론이라고 할 수 있는데, 이러한 사상은 한나라의 유학자 동중서(董仲舒)의 건의로 이루어진 관학화(官學化)의 과정을 통해 유교정치의 핵심적 기강(紀綱)으로 성립하였다.

공자는 그의 제자 자로(子路)가 정치를 한다면 무엇을 먼저 하겠느냐고 물었을 때, "반드시 명을 바로잡겠다"6)고 하였고, "정치란 바로잡는 것이다"7)라고도 하여 정명(正名)의 의미를 강조하였다. 제경공(齊景公)이 정치에 대해서 물었을 때, "임금은 임금답고, 신하는 신하다우며, 어버이는 어버이답고, 자식은

---

5) 미조구치 유조·이케다 도모히사·고지마 쓰요시 지음, 조영렬 옮김, 『중국제국을 움직인 네 가지 힘』, 글항아리, 2015, 344쪽.
6) 『論語·子路』(必也正名乎).
7) 『論語·顏淵』(政者正也).

| 공자 | 공자는 최고의 덕을 인이라고 보았다. 인(仁)에 대해 공자는 '극기복례(克己復禮)' 곧, "자기 자신을 이기고 예에 따르는 삶이 곧 인(仁)"이라고 하였다. 공자는 부모와 연장자를 공손하게 모시는 효제(孝悌)의 실천을 인(仁)의 출발점으로 삼았다. 공자는 하(夏)·은(殷)·주(周) 삼대(三代)의 정치를 덕치(德治)로 파악하고, 이 덕치에 의한 현실의 이상화를 추구했다. 덕치주의는 공자(孔子)에 이르러 특히 강조되었다. 덕치주의는 군주의 도덕적 정당성을 정치의 근원적인 힘이며, 덕치주의는 통치자의 덕에 의한 감화력에 따라 피치자(被治者)의 자발적인 복종의 형태를 띠게 된다고 인식되었다.

자식다워야 한다"[8] 하여 명분과 그에 대응하는 덕이 일치하지 않음을 지적하였다. 공자의 이러한 주장은 사회 성원 각자가 자기의 명분에 해당하는 덕을 실현함으로써 예의 올바른 질서가 이루어지는 정명의 사회가 된다는 것을 말하고 있는 것이다. 공자가 바라는 정명은 단순한 명분의 고수가 아니다. 이것이 뒤바뀌면 기강이 무너지고, 기강이 무너지면 백성이 살 수 없게 된다고 생각했기에, 공자는 사람들이 자신의 위치에 서서 자신에게 주어진 역할을 충실히 수행할 것을 강조하였던 것이다. 그런데 자기의 위치를 지키고 직분을 성실히 이행하며, 덕 쌓기에 충실해야 한다는 논리가 약간 전용(轉用)되었다. 군신부자(君臣父子) 등 신분질서를 지칭하는 이름에 한정하여, 그 이름에 걸 맞는 각 주체의 역할과 행위가 실현되어야 함을 강조하는 것으로 해석되면서 주어진 자신의 사회적 위치와 직분에 만족해야 한다는 신분 고착론적(固着論的) 논리와 사고(思考)가 만들어졌던 것이다. 신분의 차별화 서열화의 논리는 정명론을 통해 일종의 신분 고착론에서 시작되어 사회적 관습으로 굳어지게 되었다. 신분 고착론은 서열화 차별화를 수용하고 합리화하기 위한 하나의 방편이 될 수 있었던바, 따라서 서열화, 차별화는 유교의 정치 사회제도가 중국 땅에 정착화 되면서 만들어진 하나의 부산물로 인식되었던 것이다.

중국의 역사는 빈번한 왕조교체의 역사라 해도 과언이 아닐 정도로 2천년 넘는 오랜 세월 동안 수십 차례에 걸쳐 왕조가 교체되었다. 그러나 절대적인 힘을 가진 왕조가 그렇게 많이 교체되었고, 또한 이족 출신이 황제나 왕이

---

8) 『論語(顔淵)』(君君, 臣臣, 父父, 子子).

되었어도 전조(前朝)의 한족 왕조에서 시행되었던 것과 거의 동일한 정치시스템과 통치목표를 추구하였는데, 이 같은 하나의 정치시스템과 통치목표는 전술한 바와 같이, 국교화된 유교의 가르침과 유학의 정치논리에서 나온 것이었다.

거듭 말하거니와, 질서에 관한 학문이자 가르침이었기 때문에, 유교는 중원을 점령한 어느 왕조도 한나라 때와 같은 유교사상과 유교적 통치논리와 유교적 통치시스템을 거부하지 않았다. 2천여 년이 넘는 장구한 시간 속에서 수십 개의 왕조가 명멸했지만, 이들 왕조는 거의 예외 없이 유교사상과 유교적 통치 논리에 기반을 둔 군현제라는 중앙집권적 정치시스템을 채택해 운영해 왔다. 왕조는 무수히 바뀌었지만, 바뀐 새로운 왕조의 주인은 자신이 천자가 되어 천하를 다스리려고 했던 것이지, 이전의 왕조와 철저히 다른 새로운 통치시스템, 새로운 정치 형태를 가진 새로운 나라를 만들려고 한 것은 아니었다.

결론적으로 말해서, 유교는 하나의 사상과 이념으로 끝난 것이 아니라, 2천 년이 넘는 장구한 세월 동안 정치와 사회의 시작과 끝이자 또한 근간(根幹)으로서 중국을 이끌며, 하나로 묶어 왔다. 이 같은 정체적 토대가 2천 년 이상 유지 보존되었기에 중국은 기원전 한나라에서부터 시작하여 2천여 년이 넘게 흘러 온 현재에 이르기까지 하나의 통합국가로 남을 수 있었으며, 통합국가로서의 지속이 가능했기 때문에 문화권 국가가 될 수 있었던 것이다.

3. 유교의 부활과 공산당 정권의 유교 활용

중국이라는 나라가 1949년 공산화(共産化)되었을 때, 서구의 동양학자들은 중국인들의 성격이나 기질은 공산주의와 잘 어울리지 않는다고 말했다. 중국이 공산화의 나락으로 떨어진 이유를 거론하자면 여러 가지 설명이 있을 수 있겠으나, 주된 배경으로서 다음 두 가지 사항을 먼저 거론해 볼 수 있다.

첫째, 서구열강들의 침탈로 인한 중화사상의 훼손과 몰락, 둘째, 농민들의 반란을 직접적인 이유로 꼽아 볼 수 있다. 중국은 1850년 벌어진 아편전쟁(阿片戰爭)을 계기로 서구 열강세력들의 연속된 침략에 의해 만신창이(滿身瘡痍)가 되었고, 청나라 멸망 이후 곧바로 이어진 군벌의 득세, 국공내전(國共內戰), 일제(日帝)와의 전쟁 등으로 대환란(大患亂)을 겪게 되었다. 이렇게 수십 년간에 걸친 엄청난 내우외란(內憂外亂)을 경험한 중국인들은 중화의식은 말할 것도 없고, 민족적 자존심(自尊心)과 정체성(正體性)마저 심각하게 흔들리며 무너져 내릴 때, 공산주의는 노동자 농민을 중심으로 하는 세력들에게 도탄에 빠진 중국을 구해 줄 새로운 사상이자 이념으로 등장하였다. 공산주의는 제2의 유가사상(儒家思想)처럼 나타나 나라를 새롭게 만들고 이끌어 나갈 참신한 이념으로 중국인들에게 다가갔던 것이다. 여기서 공산주의가 제2의 유학(儒學), 유교(儒敎)처럼 중국인들에게 다가갔다는 것은 공산주의가 교의(敎義)와 사상적 논리 등에 있어서 유사하거나 지향 하는 바 등에 있어 공통점이 있다는 것을 의미하는 것이 아니라, 과거 한(漢)나라 초기 무제(武帝)에 의해 수용된 유교처럼 나라를 통치하고 백성들을 이끌어 갈 새로운 이념으로서의 역할을 말하는 것이다.

　오늘날의 중국은 인민민주주의를 표방하는 공산 사회주의 국가이다. 중국은 북한과 더불어 지구상에서 거의 사라져버린 공산주의를 신봉하는 공산주의국가이다. 중국은 공산당이 지배하는 일당 독재지배체제의 국가로서 헌법 제1조에 "중국은 노동자계급이 영도하고 노농동맹에 바탕을 둔 인민민주독재하의 사회주의 국가이다."라는 표현을 국시로 삼고 있는 전형적인 공산주의 국가이다. 공산주의는 재산의 사유화(私有化)를 부정하고, 생산 수단의 사회적인 공유를 토대로 해서 자본주의의 붕괴와 계급투쟁에 따른 프롤레타리아혁명을 주장하는데, 이러한 공산주의와 인의(仁義)정치 및 극기복례(克己復禮)의 도덕적 실천을 주장하는 유교사상 사이에는 추호의 연관성이나 공통점이 존재하지 않는다. 연관성이나 공통점은 고사하고, 공산주의와 유교는 상호 대척적(對蹠的)이며, 상극(相剋)과 같은 존재로서의 느낌을 준다. 국공내전에 승리하여 대륙을 공산화시킨 마오쩌둥 등 주요 공산주의 지도자들은 유교를 중심으로 한 전통 세력을 반근대적 봉건주의자, 자본주의 세력으로 규정하며 이들을 청산과 타도의 최우선 대상으로 삼았다. 이 같은 공격은 소위 문화혁명 시기에 이르러 절정에 달했다. 유교적 전통과 문화를 공격의 대상을 넘어 말살시키려고 하였다. 문혁의 주도세력은 소위 네 개의 구태(舊態) 즉, 구사상(舊思想), 구습관(舊習慣), 구문화(舊文化), 구풍습(舊風俗)을 타도와 청산의 대상으로 삼았고, 유교는 이러한 사구(四舊)를 대표하는 존재로 간주되었다.

그런데 이런 공산주의 국가가 과거의 역대 제(諸) 왕조에서 신봉하였던 유교적 정치체제를 답습하고 있다면 매우 기이한 일일 수밖에 없을 것이다. 그러나 이는 엄연한 사실이라고 밖에 볼 수 없다. 유교를 국시로 했던 과거 전근대적 왕조들이 견지했던 정치체제의 운용방식과 흔적이 중국 공산당의 통치체제 속에 그대로 살아 있다는 것이다. 이 같은 사실과 관련해 민귀식은 다음과 같이 설명했다. "과거 중국의 역대 제왕들은 외형상으로 전면에 내세웠지만 실제로는 법가를 위주로 한 통치방법을 내세웠다. 그 결과 과거 강력한 중앙집권제도와 정치서열제도를 실시하고, 하급정부가 상급정부에, 지방정부가 중앙정부에 복종하도록 하여 중앙정부의 명령이 말단 행정지역까지 신속하게 집행될 수 있는 제도를 정치제도 구축하였다. 이는 황제의 권력을 안정적으로 유지하는 데 가장 중요한 제도의 완성적 형태였는데, 당대 중국공산당의 권위와 절대 권력을 유지하는 형식과 매우 흡사하다고 할 수 있다."[9]

중국의 정치 사회의 내부를 들여다보면, 특히 국가의 경제운용방식을 보게 되면, 중국은 단연코 공산주의 사회가 아니다. 현재의 중국은 한조(漢朝)에서부터 청조(淸朝)에 이르기까지 견지되어 왔던 유교적 통치와 정치체제(體制)의 연장선상에 있다고 보아야 할 것이다. 바로 공산주의 국가 중국이 보여주는 국가 운영 방식, 사회통치 방식 등이 과거 유교를 국시 내지 통치제도의 근본적 가르침으로 삼았던 역대 왕조의 그것과 매우 유사하다는 점을 드러내고 있기 때문이다.

공산사회주의 국가가 과거 왕조에서 통용되었던 유교적 정치형태와 사회

---

9) 문흥호 외 4인 지음, 민귀식, 「현대 중국 권위주의 정치와 전통 정치문화」, 『중화 전통과 현대 중국』, 섬앤섬, 2012, 95쪽.

체제를 수용 답습한다는 것은 매우 모순되고 사리에 맞지 않는 것 같이 보이지만, 실제 수용·답습되고 있음을 느낄 수 있다. 분명 중국은 겉모습만 공산주의국가일 뿐이지, 현재 중국 공산당의 통치제도와 수법 등의 속 모습을 관찰해보면 과거 명청대(明淸代) 유교적 통치체제와 방법을 그대로 재현하고 있는 듯한 느낌을 주고 있다. 이렇게 볼 때, 중국에서 유교는 과거의 전통, 과거의 통치제도로만 끝나는 것이 아니라, 형태만 달리하여 현대의 중국을 지배하고 있다고 해도 잘못된 말이 아닌 것이다. 이는 중국의 공산주의는 과거 동유럽의 공산주의와는 다른 중국식 공산주의, 다시 말해 공산주의가 중국의 문화와 철저하게 융합하여 중국화 되어 버린 짝퉁 공산주의였음을 반증하는 것이다. 중국은 짝퉁 공산주의를 유지했기 때문에 아이러니하게도 원조(元祖) 공산주의 국가였던 소련을 비롯한 세상의 모든 공산주의 국가들이 붕괴하며 공산주의를 포기하였을 때에도, 중국의 공산주의는 무너지지 않았고, 또한 그렇게 된 지 20여 년 가까이 지난 현재에 이르러서도 중국의 공산주의는 무너지거나, 없어질 가능성이 별로 보이지 않는 것이 사실이다. 중국의 공산당은 공산주의의 근간이라고 할 수 있는 반자본(反資本主義), 평등주의 사상마저 완전 폐기해 버리고 표면상의 이름과 일당독재(一黨獨裁)의 논리만을 지속시켜 나가고 있다.

그런데 근래에 들어 와 중국 공산당은 적극적으로 또한 공개적으로 유교를 다시 받들기 시작했다. 이러한 현상은 1990년대에 들어 와 나타나기 시작했는데, 중국의 공산주의 지도자들이 노골적으로 유교를 옹호하고 다시 수용하는 태도를 드러내기 시작했던 것이다. 이 같은 사실과 관련해 마이클 슈먼이라는 사람은 "등소평과 그의 후계자들은 공자에서 그 대답을 찾았다고 했다. 중국의 잘못된 것에 대한 모든 책임을 뒤집어씌우고 비난했던 공자가 기적적으로 중국을 영광스러운 미래로 안내할 인도자로 부각되었다. 2천 년 전 한 무제가 그랬듯이, 중국 공산당은 견고하고 지배적인 새로운 국가를 세우는 데 있어 엄격하고 확고부동하나 순박하다는 인식에 가려져 있는 중국에서 가장 존경받는 공자를 도구로 삼기로 했다."[10]고 말한 바 있다. 70여 년 가까이 공산주의 정치체제를 유지해 왔지만, 공산주의가 무너지는 등, 세계가 변하게 되자 자신의 정치체제에 대한 자기모순과 함께 위기의식을 느낀 중국 공산당 지도자들의 대비전략이 유교와 공자의 재수용이라는 태도로 표출되었다고 보아야 한다. 그 전략은 첫째, 공산주의 정권을 보다 견고하고 안정적으로 유지하기 위한 것이고, 둘째, 공자의 부활을 통해 중화사상과 그 가치를 과감하게 세계에 전파하고 이와 동시에 현 체제 즉 공산주의 체제의 우수성을 전 세계에 알리겠다는 의지의 표현으로 정리될 수 있을 것이다.

중국인들은 2천여 년 넘게 유가 법가적 통치를 경험했고, 그 결과 그러한 통치방식에 매우 익숙해 있었기 때문에, 그와 유사한 통치방식인 중국식 공산주의에 잘 적응하고 있는지 모른다. 유교적 공산주의는 오늘날의 중국이라는 조직체를 지탱해주고 있는 절대적 버팀목이 되었다. 공산주의가 무너지면, 문화권 국가로서의 중국이라는 나라는 지구상에서 사라질지 모른다. 왜냐하면 2천 년이 넘는 오랜 세월 유교는 중국의 정치 사회의 질서를 지탱해 왔던 시스템이자 최고 이념이었기 때문이다.

---

10) 마이클 슈먼 지음, 김태성 옮김, 『공자가 만든 세상』, 지식의 날개, 2016, 334쪽.

중국의 얼굴, 중국인의 생각

한자의 특성과 통합적 도구로서의 역할

문화이념의 동질성을 위한 도구

한자의 특성과 통합적 도구로서의 역할

문화이념의 동질성을 위한 도구

1. 통합도구로서의 한자(漢字)의 사회적 역할

사상은 언어와 문자를 통해서 형성되고, 주요 문명 또한 언어와 문자를 통해 전달된다는 점에서 문명은 일종의 언어 체계라고 해도 과언이 아니다. 따라서 언어는 한 나라의 문화, 한 나라의 정체성을 형성하는 결정적 요소로서의 역할을 한다. 그렇기 때문에 언어가 다르면, 그 언어에 바탕을 두고 형성 발전하게 되는 사상과 문화, 풍습 등이 다르게 되고, 또한 그 사상과 문화, 풍습 등을 공유했던 구성원들의 사고방식도 다르게 변하기 때문에, 사회도 이질화되어 분열되는 것은 당연하고도 자연스러운 일이라고 할 수 있다.

중국은 수십 개의 언어를 가진 이질적인 다민족이 산재했던 지역이었기 때문에, 그 지역에 살았던 수많은 사람들 사이의 의사소통은 말할 것도 없고, 기본적인 문화의 교류조차 이루어지는 것이 거의 불가능했다. 이러한 상황에서라면, 통합된 민족이라고 할지라도 자연스럽게 분화되고 분열되는 것이 지극히 당연한 것인데, 오히려 이와 반대로 중국은 수십 개의 언어를 가진 서로 다른 민족들이 비록 오랜 세월이 소요되기는 했지만, 통합 내지 융합되는 과정을 거치며 통일국가 체제를 유지해 왔다. 중국이 이런 나라가 될 수 있었던 데에는 한자(漢字)의 역할을 먼저 손꼽아 보지 않을 수 없다.

한자는 약 3,500여 년 전부터 만들어지기 시작하였는데, 이렇게 오래 전에 만들어진 한자가 그 형태를 온전히 유지하면서 널리 보급되었을 뿐만 아니라, 현재에 이르기까지 본래의 형태와 의미가 거의 그대로 전용(全用)되고 있다. 이 같은 사실은 한자가 중국의 문화에서 차지하는 역할과 함께, 중국이 한자를 통해 어떻게 통합국가, 통일국가를 이룰 수 있는가를 보여 주는 하나의 징표가 된다. 앞서 말한 바와 같이, 중국은 의사소통이 불가능할 정도의 수십 개의 언어와 방언을 가진 국가였음에도 불구하고 2천 년 이상 통일국가 체제를 유지할 수 있었다. 중국은 이족과 소위 야만족 사이에서는 말할 것도 없고, 같은 한족 사이에서도 다양한 방언의 생성으로 인해 의사소통이 어렵거나 거의 불가능하였기 때문에, 분열 분화되는 것이 당연한 일이 될 수밖에 없었다. 그러나 그들은 표의문자 한자를 이용하여 이 같은 문제를 극복할 수 있었다. 한자는 방언의 불편과 이로 인해 발생하는 소통의 부재(不在)를 극복할 수 있는 도구로서의 역할을 하였기 때문이다. 이렇게 볼 때, 한자는 그 자체만으로 하나의 문명적 실체로서 중국 문명을 대변한다고 할 수 있다.

한자는 지구상에 몇 개 남아 있지 않은 대표적인 표의문자(表意文字)이면서 동시에 인류가 사용해 왔던 무수한 문자들 가운데 가장 어려운 문자라고 보아도 틀린 말이 아니다. 복잡하여 쓰기도 어려운 데다가 다의적(多義的)인 글자가 많아 배우기도 어려운 문자인 한자가 2천 년이 넘는 세월 동안 이질적인 여러 민족들을 하나로 통합시켜 한족을 형성하였으며, 오늘날의 중국을 만드는 데 일등 공신의 역할을 하였을 뿐만 아니라 국가의 문화발전과 문화전파에 크게 기여하였다는 사실에 유념할 필요가 있다. 표의문자로서 획순이 복잡하고 쓰기 어려운 한자는 스피드를 요하는 산업화시대, 컴퓨터에 절대적으로 의존하는 현시대에 잘 어울리지 않는 문자이지만, 아이러니컬하게도 근현대적인 교통 통신 시설이 전무하고, 문맹률이 높았던 고대 중세시대, 다시 말해 과학기술문명이 거의 없었던 전근대(前近代) 이전의 시기에서는 가장 편리하고 효과적인 전달매체가 될 수 있었다.

한자가 가장 강력하고 효과적인 전달매체가 될 수 있었던 것은 한자가 지닌 고유의 특성과 장점이 있었기 때문이다. 그렇다면 한자는 어떤 장점과 특성을 가지고 있었기에 이러한 역할을 할 수 있었을까? 가장 먼저 생각해 볼 수 있는 것은 한자는 뜻을 시각의 형태로 표기하는 전형적인 표의문자였기 때문에 서로 그 뜻을 전달하며 공유하기가 쉬웠다는 사실이다. 다시 말해, 한자는 상형(象形)에서 시작한 문자이다 보니, 상형적(象形的) 특징과 시각적 특징을 풍부하게 지니고 있어 그 의미를 전달하며 공유(共有)하기 쉬웠고, 또한 이런 이유로 인해 소통과 교류의 중요 수단이 되어, 공용어로서의 역할을 무난하게 수행해 나갈 수 있었다. 이렇게 볼 때, 한자는 시각적 특징 등에 힘입어 교통과 통신수단이 전무한 시절 다민족 다언어가 공존했던 환경 속에서 매우 소중하고 효과적인 소통의 수단이 되었음을 쉽게 추론해 볼 수 있다. 또한 한자는 문화보급의 중요 수단이자 통로였다. 한자는 한족이 향유했던 많은 지식과 정보 전달에 있어 최고의 수단과 방편으로서의 역할을 수행하였다. 당대에 가장 우수한 문화를 향유했던 한족집단은 이렇다 할 문자수단을 가지지 못한 주변의 이족들(문자를 가지고 있다고 할지라도 문화적으로 열등한 민족들)에게 한자를 통해 의사소통의 도구와 함께 지식과 정보 그리고 우수한 문화를 보급하여 주었다.

2. 통합도구로서의 문명적 실체와 한자의 특성

전장(前章)에서 이야기한 바와 같이, 화하족(華夏族)은 주변의 이족(異族)들을 통합하며 세력을 확대해 나갔다. 이렇게 화하족으로부터 확대 발전된 한족은 이전에도 그렇게 했던 것처럼, 문명의 매개체로서 자신들이 만든 문자체계인 한자를 통해 상호간 소통의 도구가 없었던 이족들을 끊임없이 통합하며 하나로 묶어나갔다. 그렇다면, 한자는 과연 어떤 특성과 기능 내지 장점이 있었기에 통합도구로서의 역할이 가능했는지에 대해 살펴볼 필요가 있다.

한자의 특징으로는 먼저 무변적(無變的) 특성을 언급해 볼 수 있다. 한자는 일시(一時)에 또는 한꺼번에 만들어진 문자가 아니다. 한자는 2천 년이 넘는 오랜 시간을 거치며 꾸준히 만들어진 문자이다. 상(商)나라 때에 만들어진 최초의 한자라고 할 수 있는 갑골문자(甲骨文字)는 대략 3,500자에서 4,500자 정도였는데, 한(漢)나라에 들어 와 크게 증가했다. 중국 최초의 자전(字典)이라고 할 수 있는 『설문해자(說文解字)』에는 9,353글자가 기재되어 있다. 이후 마지막 왕조인 청나라에 들어 와서는 엄청나게 증가하는 모습을 보였는데, 『강희자전(康熙字典)』에 집계된 한자의 수(數)는 5만 자가 넘는 것으로 되어있다. 이러한 사실을 통해 알 수 있듯이, 이렇게 많은 한자는 일시에 만들어진 것이 아니라, 2천 년이 넘는 오랜 세월에 걸쳐 만들어졌던 것이다. 그런데, 여기서 한 가지 놀라운 것은 문자의 수가 5만 자에 이르기까지 한자는 그 글자가 만들어진 이후 특별한 변형의 과정 없이 현재에 이르기까지 불변의 형태를 유지하고 있다는 점이다. 한자는 창제(創製) 이후 현재에 이르기까지 2천여 년이 넘는 오랜 세월이 흘렀지만, 창제되었을 당시 형태와 뜻에 있어서 이렇다 할 변화 없이 그대로 유지되어 왔다. 쑤수양(蘇叔陽)이라는 사람은 한자의 특징에 대해 다음 몇 가지로 정리한 바 있는데, 첫째 변화가 없다는 것, 둘째 정보량이 가장 많은 문자라는 것, 셋째 파생력과 조어력이 막강하다는 것, 넷째 형태를 구별하기 쉬워 독해하거나 기억하기 편리하다는 것이다.[1] 한자가 가지는 이 같은 몇 가지 주요 특징을 통해 한자의 장점과 가치가 어디에 있는지 그리고 한자가 어떻게 한족과 이족들의 소통의 도구가 되어 중국을 하나의 통일국가로 만들어갈 수 있었는가를 추정해 볼 수 있다.

유럽어의 모태인 알파벳은 오랜 시간동안 여러 지역으로 퍼져 나가면서 수십 가지로 형태로 변형되어 사용되고 있음에 비해, 한자는 문자가 처음 탄생한 이후 현재에 이르기까지 무변(無變)의 형태를 유지하고 있다. 글자가 창제된 후, 사용되었을 때의 의미와 뜻이 시대의 변천, 세월의 흐름, 상황의 변화 등, 시공간의 변화 속에서도 거의 변하지 않았다는 것, 이것이 한자의 큰 강점

---

1) 쑤수양(蘇叔陽) 지음, 심규호 옮김, 『중국책(中國讀本)』, 민음사, 2015, 146−150쪽.

이라고 할 수 있는데, 이 같은 불변적(不變的) 성격은 현재에 이르기까지 계속되고 있다. 2천 여 년이 넘는 시간 동안 일관되게 유지해 왔던 중국의 정체성처럼 한자도 2천여 년이 넘는 시간동안 이렇다 할 변화 없이 유지되어 왔다는 것은 한자의 고정성(固定性)에 기인하는 것인데, 이러한 고정성은 한자만이 갖는 고유의 장점 가운데 하나라고 할 수 있다. 비록 한자는 어려운 문자였지만, 창제 이후 변하지 않는 속성이 있었기 때문에, 한자를 쓰지 않았던 한족 주변에 살았던 이족(異族)들은 자신들 고유의 문자 유무에 관계없이 무변적(無變的)이고 고정적(固定的)인 속성을 가진 한자를 일종의 공용 문자로 삼아 비교적 쉽게 사용할 수 있었다.

드넓은 중국의 한가운데인 중원 땅은 한족이 지배하였고, 그 주변과 한족의 강역(疆域) 이외의 지역에는 수많은 이족(異族)들과 소위 만이(蠻夷, 한족의 동쪽 남쪽 살았던 사람들을 멸시하여 부르는 말)들이 살았는데, 서로 다른 언어를 쓰는 이족들과 만이 사이에서의 불통(不通)은 말할 것도 없고, 같은 한족이라고 하더라도 그들의 언어는 지역에 따라 엄청난 차이를 나타냈다. 이족들과 한족이 상호 소통할 수 없었던 것은 물론이려니와 같은 한족 사이에서의 소통도 쉬운 일이 아니었다는 것이다. 그러나 이족들과 만이는 전쟁과 정복, 또는 기타 융합정책에 의해 점차 한족에 편입되는 등 한족으로 변모해 갔다. 그런데, 비록 한족이 되었다고 할지라도 그들은 원래 한족과는 다른 종족이었고, 훗날 한족과 융합하여 한족의 일원이 되었을 뿐이지, 같은 나라의 구성원이 되었다고 그들이 한족이 쓰던 언어와 같은 언어를 사용했거나 비슷한 언어를 구사하였을 것이라고 생각하는 것은 어려운 일이다. 따라서 그들 사이에서 언어의 차이로 인해 발생하는 불통과 불편은 당연히 존재할 수밖에 없었고, 상호 소통하는 것도 불가능에 가까운 일이었다.

그렇기 때문에, 한족과 이족, 그리고 같은 한족이었다고 하더라도 이들은 소통이 안 되는 언어와 각 지역마다 서로 다른 방언의 차이를 극복하기 위해 한자의 효용성과 가치를 인식하고 이를 적극 활용하였던 것이다. 다시 말해, 같은 한족이라도 그들 사이에서의 벌어지는 어음상(語音上)의 차이에서 오는 불편을 극복하기 위해, 또 한족과 이족 사이에서의 발생하는 소통불가능을 해결하기 위해 이들은 만국공용어 또는 공통어로서의 역할을 할 수 있는 한자를 통해 필담을 나누었고 그렇게 함으로써 기본적인 의사소통을 가능케 하였다. 전장(前章)에서 설명한 바와 같이 화하족, 한족은 중원을 지배했던 중심 민족으로서 그 시대 가장 뛰어난 문화를 가지고 있었던 탓에, 자연스럽게 그들의 문자인 한자는 공용어처럼 활용될 수 있는 기반을 가지고 있었다. 오늘날 영어가 일종의 세계어, 국제어로서 역할을 하는 것처럼, 이들은 문화적으로 가장 뛰어난 한족의 문자인 한자를 가지고 필문필답(筆問筆答)의 소통방법을 고안해 냈고,[2] 그렇게 함으로써 확실하게 의사소통을 할 수 있었다. 그런데 선진문화를 가진 화하족, 한족의 문자인 한자라고 하더라도, 한족이나 이족이 언어 대신 사용하기에 유용하고 편리한 점이 있어야 했다. 다시 말해 한자라고 하더라도 필담하기 유리하고 편리한 점이 있어야 했는데 한자의 고정성, 정형성 등이 이들의 욕구를 충족시킬 수 있었다는 것이다.

뜻글자로서의 한자는 앞서 말한 바와 같이, 고정성(固定性)이라는 성격을 가지고 있는데, 고정성을 가지고 있다는 것은 문자가 시간의 흐름에 따른 변이(變移)가 없었다는 것을 말하는 것이다. 한자는 변이가 없었기 때문에 과거 현재 등 시간의 흐름에 구애받지 않고 일관된 뜻과 내용을 사람들에게 전달할 수 있었다. 표음문자는 시공간에 따라 또는 사용하는 사람들의 입을 거치며 변하기 마련이다. 그러나 표의문자 한자는 그 글자가 창제되어 사용되었을 때의 의미와 뜻이 시대의 변천, 세월의 흐름, 상황의 변화 속에서도 전혀 변하지 않았다는 것이 큰 강점으로 작용하였는데, 이 같은 불변적(不變的) 성격은 현재에 이르기까지 계속되고 있다. 고정성은 시공간의 변화에 따라 또는 사용하는 사람에 따라 변하는 모습을 드러내지 않기 때문에, 사람들이 신뢰와 일관된 정서를 느낄 수 있다. 한자는 고정적 성격이 있었기 때문에, 시간과 공간이 주는 장애(障碍), 그러니까, 시간과 공간의 차이로 인해 야기될 수 있는 변화를 처음부터 최소화할 수 있었고, 그렇기 때문에 이족은 한자에 대한 효용성과 편리성을 신뢰할 수 있었다. 그들은 공용문자로서의 역할을 하고 있는 한자를

---

2) 김근 지음, 『한자의 역설』, 삼인, 2010, 98쪽.

통해 소통을 이루며 조금씩이나마 서서히 이질감(異質感)을 해소하며 동질성(同質性)을 느낄 수 있었다.

이 같은 고정성 이외에 한자에는 정형성(定型性)이라는 특징이 존재한다. 정형성은 일정한 형식이나 틀을 말하는 것으로서, 이는 글자의 조자(造字) 및 해자(解字)의 원리(原理)에 대한 일정한 형식 내지 규칙을 의미한다. 후한(後漢)시대 허신(許愼)이라는 사람이 쓴 책인 『설문해자(說文解字)』에서는 한자의 생성원리에 대해 다음과 같이 분류하였다. 첫째, 상형(象形)은 사물의 모양을 그렸거나, 사물의 모양을 본떠서 만든 글자(日, 月, 山, 水 등)를 말한다. 둘째, 지사(指事)는 위치·수량 등 추상적 생각이나 뜻을 점·부호 등으로 나타내거나, 추상적인 기호로 특정한 상황을 표시한 문자(上, 下, 左, 右 등)를 가리킨다. 셋째 회의(會意)는 두 자 이상의 글자를 합성하여 하나의 새로운 뜻의 한자를 만든 것으로 신(信), 명(明), 휴(休) 등 문자가 이에 해당된다. 넷째 형성(形聲)은 해성(諧聲)이라고도 하며 발음을 나타낸 음부자(音符字)에다 유별(類別)을 나타내는 변(邊)을 첨가한 문자, 즉 뜻을 나타내는 글자와 소리를 나타내는 글자가 합하여 만들어진 글자, 촌(村), 화(花), 강(江) 하(河) 등이 그 예가 된다. 다섯째, 전주(轉注)는 의미가 전화하여 다른 문자로 주해할 수 있는 문자, 즉 이미 만들어진 한자를 관련 있는 다른 뜻으로 전용(轉用)한 글자로서 樂(풍류 악−즐길 락−좋아할 요)이 그 예에 해당된다. 여섯째, 가차(假借)로 차자(借字)의 의미를 나타내는데, 원래 뜻과는 상관없이 음만 빌려다 쓴 글자가 여기에 해당된다. 예를 들어 ASIA−아세아(亞細亞)와 같은 글자, 무기를 뜻하는 아(我)를, 1인칭 대명사 '나'를 나타내는 문자로 충당하는 경우가 이 같은 예에 속하는 글자가 된다.

한자가 아무리 복잡하고 어려워 보여도 한자는 이 같은 원리에 의해 만들어졌고, 그 많은 한자의 상당수가 이러한 조자원리(造字原理)에 의해 파생되어 만들어졌다. 정형성은 한족에게는 물론, 한족 주변의 이족들에게 어렵게만 보이던 한자가 논리적이고 법칙을 가진 문자라는 느낌을 줄 수 있었고, 그 결과 사용하는 데 있어 효용성이 풍부한 편리한 문자라는 생각을 갖게 할 수 있었다. 또한 한자는 정형성이라는 특징을 통해 의미의 파생(派生)과 조어력(造語力)을 풍부히 보여 줄 수 있었다. 한자의 대다수를 차지하는 회의(會意), 형성(形聲),

전주(轉注)에 속하는 글자들은 뜻을 합치거나 뜻과 음을 나타내는 부분이 합쳐져 만들어지는데, 글자를 잘 모르는 사람도 이를 보면 그 의미를 대강 짐작할 수 있다. 이러한 사실은 한자는 형태소가 매우 풍부한 문자라는 것을 말하는데, 풍부한 형태소를 통해 한자는 놀라울 정도로 다양한 조어능력(造字能力)을 보여주었고, 다양한 조어능력은 소통과 표현을 보다 편리하고 풍부하게 하는 데 도움을 줄 수 있었다.

쑤수양(蘇叔陽)은 "한자는 필획과 부수가 많아 조합하는 방식이 풍부하며 다수의 한자가 한 글자 하나의 형태소를 지닌다. 기록 언어로서 한자는 정확성이 최고의 경지에 올랐다고 할 수 있으며, 이 같은 이유로 한자의 수는 많아질 수밖에 없다고 했는데,[3] 이러한 이야기는 한자가 갖는 정형성의 특징과 장점을 설명하는 것이다. 이처럼 한자는 정형적 특징으로 인해, 그 뜻과 의미가 논리 있고 일관성 있게 전달될 수 있었고, 그 결과 소통과 정보교류의 중요 수단이 될 수 있었다.

끝으로 정형성은 일종의 조형미(造形美)를 동반하는데, 조형미는 회화미(繪畫美)와 직결되고 있다. 이러한 사실은 한자는 무변(無變) 즉, 고정적이라는 장점을 가지고 있을 뿐만 아니라, 회화적이고 시각적 장점을 가진 문자라는 것을 의미한다. 회화적 시각적 장점을 가진 한자는 목소리, 즉 음성을 직접 전달할 수 없었던 시절에 확실하고 분명하게 의사를 전달하는 방법이 될 수 있었다. 특히 표의문자 한자는 문자조직이 복잡하기는 하였지만, 회화적(繪畫的) 시각적(視覺的) 특질이 주는 성격으로 인해 교통시설 통신기술이 전무하던 시대에서는 표음문자보다 훨씬 더 큰 효용성을 가질 수 있었다. 다시 말해, 한자는 시각적 장점이 있어 음성으로 표현하려는 말보다 뜻을 시각의 형태로 표기하였기 때문에, 더욱 더 풍부한 내용과 의미 있는 전달시스템을 가질 수 있었을 뿐만 아니라, 이로 인해 보다 넓은 지역으로 전파될 수 있었다는 것이다. 이는 한자는 뜻을 시각의 형태로 표기하였기 때문에, 그 의미를 공유하기가 쉬워 보다 멀리 전파될 수 있는, 즉 정해진 지역의 범위와 한계를 뛰어 넘어

3) 蘇叔陽 지음, 심규호 옮김, 『중국책(中國讀本)』, 민음사, 2015, 149쪽.

소위 광역적 전이(廣域的 轉移) 능력을 가졌다는 것으로 해석된다. 한자는 불변적 성격을 가지고 있었기에 시간적 연속성을 쉽게 유지할 수 있었고, 정형성, 시각적 특징으로 인해 그 뜻을 널리 인식시켜 공유할 수 있는 지역의 광대성(廣大性)까지 갖출 수 있었던 것이다.

한자는 풍부한 매력과 장점을 가진 문자였다. 한자의 매력과 장점은 이족을 하나로 묶어 놓았을 뿐만 아니라, 한족 주변에 있지 않았던 한반도에까지 엄청난 영향을 미쳤다. 한자의 매력 내지 흡인력(吸引力), 그리고 한자가 어떻게 이족들에게 영향을 미쳐 그들을 하나로 묶는 촉매제의 역할을 할 수 있었는가는 과거 500여 년간 한반도를 통치했던 조선 왕조시기의 유림(儒林)들의 행동을 통해서도 쉽게 확인될 수 있다. 조선(朝鮮)의 4대 임금 세종(世宗)은 자신의 자식들 몇 명과 극소수 몇몇 신하들을 데리고 한글을 창제했다고 한다. 한글이 창제되는 과정에서 다수의 많은 신하들은 창제에 반대했거나 무관심했고, 한글이 창제된 이후에도 한글을 사용하기는커녕 언문(言文)이라 하여 비하하며 배척하였다.

조선시대의 유림(儒林)들은 중심으로 한 지식인들은 한자와 사서삼경 그리고 성리학(性理學)과 같은 유교 경전과 사상들을 통해 중화(中華) 및 명(明)나라와 일체감을 느꼈는데, 이 같은 사실에서 문자로서의 한자의 위력과 영향력을 어느 정도 파악해볼 수 있다. 한글이 창제되고 난 후에도 그들은 한글을 천시하면서 의식적으로 쓰지 않았다. 여기에는 두 가지 이유가 있었다고 볼 수 있다. 첫째는 한자의 사용은 그들의 권위와 기득권을 상징하며 대변하는 것이었다. 둘째, 그들이 볼 때, 한자가 한글보다 훨씬 사용하기에 편리하였을 뿐만 아니라, 장점과 효용성 등이 훨씬 더 많은 문자로 여겨졌다. 이는 한자의 기능과 효용성, 그리고 그 가치 등에 보다 더 큰 매력을 느꼈기 때문이다. 따라서 한자를 잘 알고 활용해야 한다는 논리에는 대국 중국을 받들고 그들의 방식을 따라야 한다는 당위성도 있었지만, 실제적으로 한자는 자신들의 생각과 뜻을 펴는 데 있어서도 불편함이 없는 문자라는 생각도 엄연히 존재하고 있었다. 이들은 한자에 익숙해 있었기 때문에 쓰기 쉬운 한글을 쓰지 않았을 뿐만 아니라, 쓰려고 하지도 않았다. 이들은 왕조실록(王朝實錄)과 사서(史書), 사기(史傳)와 같은 책은 물론이려니와 자신들의 사상과 철학을 담은 문집(文集), 문학서(文學書)에 이르기까지 자신들의 이론과 주장, 생각 등에 관한 모든 내용을 한자로 표현해 놓았다. 이처럼 한자는 지식층과 지배계층 사람들에게 있어 자신을 표현하고 드러내는 편리한 수단이었을 뿐만 아니라, 자부심을 가지고 지식과 정보를 공유하며 자신들의 세계를 구축하며 중화주의자가 되는 데 있어 매우 중요한 도구였다. 한족의 주변에서 멀리 떨어져 있어, 그들로부터 직접적인 영향을 받지 아니한 한반도의 최고지식인과 선비들마저 이렇게 한자와 한자가 주는 다양한 한족문화에 빠져 심취해 있었다는 사실을 통해 한자가 얼마나 많은 주변의 이족들을 융합하고 동화하여 이들을 하나로 묶는데 절대적 기여를 하였는지 쉽게 이해할 수 있다.

전술한 바와 같이, 중국이라는 땅은 처음부터 각각 저마다의 언어를 가진 수십 개의 민족들이 산재하며 살아갔던 곳이었다. 그러나 이들 민족의 생각과 풍습 등이 서로 다를 뿐만 아니라, 언어마저 상이(相異)했기 때문에, 상식적인 관점에서 볼 때, 제 민족(諸 民族)이 소통하고 교류하며 융합해 나가는 것은 불가능에 가까울 정도로 매우 어려운 일이었다. 뿐만 아니라, 한족의 경우와 같이 같은 민족, 같은 집단이었다고 하더라도, 그들 사이에서 발생했던 방언 등으로 인해 의사소통이 매우 어려웠던 것이 현실이었다. 이러한 상황에서 한자는 언어의 상이(相異)와 방언의 상존(常存)으로 인해 나타나는 소통 불가능의 문제를 해결하는 데 절대적 역할을 하였다. 한자는 서로 다른 언어를 사용하는 이족(異族)들 사이에서, 그리고 같은 민족이었다고 할지라도 심각한 방언으로 인해 벌어지는 언어의 불통(不通)을 해결하는 데 큰 도움을 주었다.

한족과 이족 사이에서의 관계는 물론이려니와, 같은 한족들 사이에서도 한자라고 하는 의사소통을 위한 도구가 없었다면, 한족과 이족은 철저하게 분열되어 같은 언어를 쓰는 지역중심의 작은 국가들을 만들어 냈을 것이다. 한자의 역할과 관련하여 만일 한자가 표음문자였다면, 그래서 상술한 바와 같은 표의문자로서의 한자의 기능과 역할을 발휘할 이유가 없었다면, 오늘날의 중국과 같은 문화권 국가의 등장을 보기 어려웠을 것이다. 한자와 같은 표의문자가 아니었다면, 수십 개의 서로 다른 민족 사이에서 발생하는 언어의 이질성(異質性)을 극복하지 못했을 것이다. 이 같은 사실과 관련하여 존 K 페어뱅크는 "만일 표음문자 체제를 갖고 있었더라면, 어쩌면 이탈리아와 프랑스, 스페인 및 포르투갈 사람들이 그러했듯이 몇 조각의 민족 집단으로 쪼개어졌을지도 모른다. 중국이 세계에서 가장 큰 민족 집단으로 발달한 것은 적어도 부분적으로는 이와 같은 문자체계의 특성에 의해 설명될 수 있을 것이다."라고 하였다.4) 이러한 설명은 전형적인 표의문자인 한자가 없었더라면 그들은 상호 소통하며 교류해 나갈 수 있는 적절한 방법을 갖지 못했을지도 모른다는 사실을 말하는 것이다. 다시 말해, 한자가 없었더라면, 각기 다른 수십 개의 민족이 서로 소통하거나 융합하기 매우 어려웠을 것이며, 또한 같은 한족이었다고 할지라도 방언으로 소통이 원활치 않은 상황에서 그들은 융합과 확장이 아닌 분열의 길을 밟아 가면서, 같은 언어를 쓰는 소지역 중심의 작은 국가들로 나뉘어져 나갔을 것이라는 사실을 추론해 볼 수 있다는 것이다.

한자는 융합된 이족과 이족들을 한족의 범주 속에 넣어 융합하는데 최대의 도구이자 그 자체만으로 하나의 문명적 실체가 된다고 말할 수 있다. 한자라는 문자의 언어적 체계와 성격, 그리고 역사 속에서의 역할은 중국이 문명국가 문화권 국가의 성격을 부여한 절대적 존재였고, 중국은 한자로 인해 현재 지구상에서 보기 드문 문화권 국가가 될 수 있었다.

---

4) 존 K. 페어뱅크 외 2인 지음, 김한규 외 2인 옮김, 『동양문화사(상)』, 을유문화사, 1998, 35쪽.

중국의 얼굴, 중국인의 생각

중화사상의 본질

중국인들은 왜 그렇게 이중적이고 배타적이며,
또한 철저하게 자기중심적일까?

중화사상의 본질

중국인들은 왜 그렇게 이중적이고 배타적이며,
또한 철저하게 자기중심적일까?

1. 중화사상이란 무엇인가?

지구상에는 약 200여 개의 국가가 존재하고 있는데, 개개의 나라마다 역사와 전통, 그리고 나름대로의 독특한 문화가 존재하기 마련이다. 특히 장구한 역사와 문화적 전통을 자랑하는 국가와 민족이라면, 자신들 고유의 전통과 사상이 존재하기 마련이다. 세계에서 가장 긴 역사를 가지고 있는 국가들 가운데 하나인 중국에는 중화사상(中華思想)이라고 하는 한족 특유의 사상과 의식이 존재한다.

중국 고유의 사상인 중화사상이란 무엇인가에 대해 논하기에 앞서 중화의 의미에 대해 먼저 살펴볼 필요가 있다. 사실, 한국에서 중화(中華)라고 할 때, 중화요리라는 단어를 가장 많이 연상하게 되는데, 중국을 상징하는 중화라는 용어는 실로 다양하게 쓰이고 있음을 볼 수 있다. 중화요리, 중화TV, 중화항공, 중화서국 등 중국의 공기업·사기업 또는 중국을 나타내는 각종 상품과 문화체의 형태 앞에 붙는 접두사와 같은 역할을 하고 있다. 한마디로 말해 중화라는 용어는 중국, 중국인의 모든 것을 상징하고 또 대변하는 브랜드가 되었다고 보는 것이 적절하다.

　중화는 중국과 중국인을 상징하는 말로서 '중(中)'은 '중앙'이나 '중심'을 의미하고, '화(華)'는 '문화'라는 뜻을 나타내고 있다. 이렇게 볼 때, 중화라는 것은 중심에 위치한 최고의 문화라는 것을 의미하게 된다. 따라서 중화(中華)는 자신들이 온 천하의 중심이면서 가장 발달한 문화를 가지고 있다는 일종의 선민(選民)사상 내지 선민의식(選民意識)과 같은 것으로 인식될 수 있다. 중화사상의 본질에 대해 한마디로 이야기하자면, 중국, 또는 중국인이 세계의 중심이자 최고의 위치에 존재하고 있다는 것이다. 중화사상은 중국 자문화(自文化)의 우월주의(優越主義)를 바탕으로 하여 만들어진 철저한 한족 중심주의 사상이자 스스로 자신들의 우월성을 자랑하는 의지와 그런 논리의 표현이라고 할 수 있다.

　따라서 중화는 자신들이 온 천하의 중심이면서 가장 발달한 문화를 가지고 있는 최고의 민족이라는 뜻이 되기 때문에, 일종의 선민사상 내지 선민의식과 같은 것에 비유될 수 있다. 이러한 중화사상은 2천 년이 넘는 오랜 세월 동안 중국인들의 정신세계의 골간을 형성하며, 그들의 의식과 행동을 지배하여 왔다. 중국은 고대, 중세를 거쳐 근대에 이르기까지 세상을 자신들이 사는 중심지역과 변방으로 구분하는 소위 화이(華夷)의 논리에 근거하여 최고 문명을 향유(享有)했던 자국을 중화라 규정하고 자신들과는 다른 주위의 이족들은 모두 열등하고 야만적인 족속, 즉 이적(夷狄)이라 간주하였다. 그렇기 때문에, 자신들의 이외에는 모두 이적이라고 하여 천시하고 배척하는 관념이 있기 때문에 중화사상을 두고 일명 화이사상(華夷思想)이라고 부르기도 한다.

　중화사상의 논리에 따른 이 같은 의도와 행동은 근·현대에 들어 와서 약간의 변용(變容)이 있었을지 모르지만, 그 골간은 변함없이 지속되고 있다. 중국과 중국인이 세계의 중심이라는 중화사상 속에는 천인(天人)의 합일(合一)이라는 융화가 있고, 대척점에 서 있는 적(敵)과 같은 존재조차 관용하는 보다 넓은 도량이 내포되어 있는 것이 일부 사실이기도 하지만, 그 속에는 중국인 특유의 자만심과 타국 타민족에 대한 철저한 우월감과 그들에 대한 지배심이 내재되어 있다는 사실을 간과해서는 안 된다. 과거 중국은 2천 년이 넘는 오랜

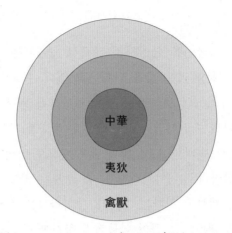

| 화이사상(華夷思想) | 화이사상은 자기 나라를 '중화(中華)'라 하여 존중하는 반면 주변의 다른 부족을 '이적(夷狄)'이라 하여 천시했던 이념으로, 중화사상의 다른 말이라고 할 수 있다. '중화'는 중국, 즉 한족의 또 다른 표현이라고 할 수 있다. 한족이 가장 우수한 문화민족임을 뜻하며, '이적'은 문화 수준이 낮은 주변의 열등한 여러 민족을 나타내고, 이적보다도 못한 존재는 짐승을 의미하는 '금수(禽獸)'로 표현했다.

세월 동안 동아시아 전체에 대한 우월적 지위를 통해 한반도 등을 직간접적으로 지배하고자 했고, 중앙아시아와 동남아시아에까지도 엄청난 영향력을 미치려고 하였다.

　　중국은 오랜 세월 스스로 세계의 중심에 존재하고 있다고 생각하면서 외부 즉 타국과의 관계설정에 있어, 항상 자국 우월주의, 자국 지배주의 사상을 항상 견지해 왔고, 중국인들 또한 자신들이 의도했던 문제 또는 자신들의 이익이 걸려 있는 문제라면 상황에 따라서는 지나칠 정도의 이중적 사고구조를 드러내곤 하였다. 이중적 사고는 철저한 자기 중심주의적이고 또한 지극히 배타적이기도 한 중화사상에 길들여지고 체질화되어 버린 중국인들의 사고방식의 결과일 수도 있다. 중국인들의 이중적 사고방식은 표리부동(表裏不同)한 행동양식으로 나타나기도 하고, 또 두 가지 상반된 입장을 동시에 취하는 듯한 모습을 보여주기도 하는데, 일반적으로 우리가 중국인을 가리켜 철저하게 양면적인 민족이라고 생각하는 것은 중화사상에서 나오는 그들의 자기 우월적 사고 구조에서 기인하는 것이라고 볼 수 있다. 현재 중국 공산당 정권에 의해 행해지고 있는 각종 공정사업, 그리고 이를 통해 드러나는 영토 확장에 대한

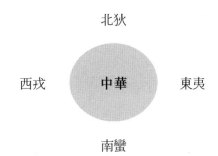

北狄

西戎　　中華　　東夷

南蠻

| **중화사상** | 중화사상은 중국에서 나타난 자문화 중심주의적 사상으로서, 중화(中華) 이외에는 이적(夷狄)이라 하여 천시하고 배척하는 관념이 있기 때문에 화이사상(華夷思想)이라고도 한다. 한족은 자신들 이외의 존재들을 남만(南蠻)·북적(北狄)·동이(東夷)·서융(西戎)으로 구분하였고, 한족의 천자(天子)만이 이 같은 모든 이족들을 교화(敎化)하여 세상의 질서를 유지한다는 '천하사상'을 탄생시켰다.

욕구 또한 그 근원을 찾아보면 중화사상과 직접적으로 관련되어 있다고 하지 않을 수 없다.

　중화사상이 어떻게 형성되었고, 또한 어떻게 지속적으로 흘러 왔는가에 대한 이해와 파악 없이 중국인의 마음, 중국의 얼굴을 설명할 수 없다. 중국의 얼굴, 중국인의 마음과 생각은 중화사상을 통해 만들어졌다고 해도 과언이 아니다. 거듭 말하거니와, 중화사상은 중국 자문화(自文化)의 우월주의를 바탕으로 하여 만들어진 철저한 한족중심주의(漢族中心主義) 사상으로서 스스로 자신들의 우월성을 자랑하는 의지와 그런 의지의 표현이라고 할 수 있다. 중국인들의 절대 다수를 차지하는 한족이 주위의 민족을 천시 내지 야만시하면서 자신들의 종족만이 우수하고 또한 세계의 중심에 위치하고 있다는 소위 최고의 중심국가, 문명국가라는 논리와 생각이 바로 중화사상의 핵심적 요소인 것이다.

2. 중화사상의 유래와 시작

　앞서 말한 바와 같이, 중국은 오늘날 세계에서 보기 어려운 문화권 국가가 되었다고 했는데, 중국이 문화권 국가가 될 수 있었던 데에는 중국 특유의 사상인 중화사상의 역할을 빼 놓을 수 없다. 그러면 중화사상이 어떻게 형성되었는가에 대해 살펴보자.

'중화사상'은 동주(東周) 춘추전국시대(春秋戰國時代)에 형성되기 시작하여 유교와 유가(儒家) 사상이 국가의 통치 철학으로 자리를 잡은 한(漢)나라 때에 이르러 체계화되었다고 볼 수 있다. 중화사상의 원천(源泉)이자 출발점으로서 그 토대를 만든 것은 소위 천하관(天下觀) 내지 천하사상(天下思想)인데, 이에 대해 먼저 살펴볼 필요가 있다. B.C. 1025년경 상(商)나라를 무너뜨리고 주(周)나라라는 새로운 왕조가 세워지면서 이른바 천하사상 내지 천하관이라는 이념이 탄생하였다. 이러한 이념은 주나라 초기 서주(西周)시대 왕실 사람들과 동시대를 살았던 주(周)나라 사람들의 세상 또는 세계에 대한 주관적 인식과 논리였기 때문에, 그들만의 천하관 내지 천하국가관(天下國家觀)으로서의 의미를 가지는데, 이러한 천하관이 바로 중화사상 탄생의 바탕이 되었다.

천하관은 주나라가 건국되며 등장한 하나의 치국(治國) 이념과 같은 것으로 볼 수 있다. 화하족(華夏族)으로 시작한 한족(漢族)이 자신들 이외의 여타 부족 내지 족속(族屬) 사람들을 남만(南蠻)·북적(北狄)·동이(東夷)·서융(西戎)으로 구분 간주하고, 자신들을 대표하여 왕의 지위에 오른 천자(天子)가 모든 이족(異族)을 교화(敎化)하고 올바로 가르쳐 세상의 질서를 유지해야 한다는 당위적 논리로서의 사상이 바로 '천하관'을 만들어 냈던 것이다. 그렇다면 이 같은 천하관이 어떻게 만들어졌는가에 대해 먼저 이야기해보자.

대부분의 중국 역사서에서는 중국 왕조의 역사는 하왕조(夏王朝)에서 시작되었다고 보고 있다. 그러나 하왕조가 실제 존재했었는가에 대해 논란이 분분하고 하왕조의 역사적 존재를 증명해 줄 수 있는 확실한 증거가 아직 발견되지 않고 있다. 하왕조는 역사적으로 증명되지 않았을 뿐만 아니라, 단지 신화와 전설상에 등장하는 왕조였다는 사실을 감안해볼 때, 중국 왕조의 시작이라고 보는 데에는 무리가 있다. 따라서 중국의 첫 왕조는 상왕조(商王朝)로부터 시작되었다고 보는 것이 보편적이며 합리적 판단이라고 할 수 있다. 황하(黃河) 유역을 중심으로 한 지역에 기원전 1600년경을 전후로 한 시기에 商(또는 殷)이라고 하는 왕조가 등장한다. 이와 비슷한 시기에 이집트나 메소포타미아 등지에 건국된 고대 국가와 비슷하게 상나라는 신정체제(神政體制)를 가진 신권(神權)과 왕권(王權)이 일치된 신정국가(神政國家)였다. 고대 이집트의 파라오의 집정체제와 매우 유사한 모습을 보였던 상(商)나라는 상제(上帝)를 최고신으로 모시며 신앙했다고 하는데, 상제는 주술적이고 귀신 신앙적 성격을 띠었던 그런 신이었다. 그러나 상나라 사람들은 상제를 최고신으로 믿되, 유일신으로 여기지 않고, 조상신이나 그 밖의 자연신까지 모두 받들며 숭상하였다. 이러한 사실은 상나라가 다신교의 신앙체제를 유지하고 있었음을 말해 주는 증거가 된다. 상나라의 왕은 중요한 국가의 대사는 물론, 사소한 일에 이르기까지 점을 쳐 결정하는 등, 모든 일을 상제와 조상신에 의지해 해결하고자 했다. 일설에 의하면 그들은 상제와 조상신을 동일시하였다고 한다. 갑골문자(甲骨文字)와 금문(金文) 등에 보면, 상(商)나라의 왕은 사제(司祭)의 장(長)으로서 상제(上帝)를 모시고 정치와 군사에서부터 농사짓는 일에 이르기까지, 자신의 통치와 관련된 모든 일을 결정하는 데에 있어 점을 쳤다고 전해진다. 상제와 함께 모셔진 조상신은 인간의 생사 문제의 흐름 사이에서 생겨난 신이라고 할 수 있는데, 이러한 조상신은 상제와 함께 어려움과 재난으로부터 자손들을 보우(保佑)하고 지도해주는 존재로 인식되고 받들어졌다. 상나라 사람들의 풍습과 행동을 통해 볼 때, 상나라는 왕이 상제와 조상신들과의 밀접한 관계 속에서 백성을 통치하고 나라를 다스리는 체제 즉, 신권(神權)과 왕권(王權)이 철저하게 일치되어 움직였던 나라였음을 추론해 볼 수 있다.

　　상나라를 무너뜨리고 등장한 주나라는 한편으로는 자신들이 무너뜨린 상나라의 문물제도 등을 승계하고 그런 제도를 구체화·보편화 하면서 한 층 더 발전시켰다. 그들은 상제와 조상신의 개념이 융합된 절대 개념으로서의 하늘의 신, 즉 천신(天神)을 찾아낸 후, 그 천신이 하늘과 땅, 자연, 인간을 지배한다고 생각하며 숭배의 대상으로 삼았다. 따라서 이들이 내세운 천신(天神)의 개념과 역할은 상나라 때 받들었던 상제와 조상신의 개념을 확대하고 구체화한 것이라고 보아야 한다.

　　천(天) 또는 천신(天神)은 세상의 삼라만상(森羅萬象)을 관장하는 주인이고, 자연의 법칙을 이끌며 지배하는 주인이며, 인간의 길흉화복(吉凶禍福)을 관장하고 조정해가는 존재이자, 동시에 주족(周族)의 조상신으로 간주되었다. 주족은 상나라를 무너뜨리고 주나라를 세운 사람들, 즉 초창기 주나라 왕실 사람들과 그들의 백성들을 총칭하는 것이었으나 상나라 사람들인 화하족과 결합하여 함께 화하족으로 불렸다. 이들 주족들은 자신들의 족장이나 지도자들이 죽으면, 승천하여 천신이 되어 하늘에서 후손들을 돌보며 도와준다고 믿었다. 주족은 천을 우주 삼라만상의 조물주이자 자신들의 조상신으로 숭배하고 주기적으로 제사를 올렸다. 그런데 주족은 천(天)을 우주의 삼라만상을 주관하는 천신이자 자신들의 조상신으로 숭배하였기 때문에, 하늘의 천신과 주왕(周王)과의 관계는 일종의 부자관계(父子關係)와 같은 것으로 정립될 수 있었다. 그렇기 때문에, 주왕은 하늘의 아들, 즉 천자(天子)로 승화되어 신성불가침한 절대지존(絕對至尊)의 존재로 인식될 수 있었다.

상술(上述)한 바와 같이, 천신은 상제로서의 천(天)이 조상신과 합일(合一)되어 나타난 것이었기에 천신은 주족(周族)의 조상신과 다름없는 존재로서 인식되었다. 이들은 자신들의 조상신을 상나라 조상신보다 보편적이고도 확대된 의미로서의 신(神)인 천(天), 즉 하늘을 숭배(崇拜)의 대상으로 삼으면서, 이와 아울러 자신들의 통치는 바로 하늘로부터의 명(命)을 받았기 때문에 가능하였다고 주장했다. 주나라의 왕실은 새 왕조 건립에 대한 정통성(正統性) 내지 도덕적 정당성을 부여하고, 백성들과 통치 대상이 된 주변부족과 주변부족의 지도자들에 대한 통치를 분명히 하기 위해 천명이라는 슬로건을 내 걸었던 것이다. 천(天)은 앞서 말한 바와 같이, 지상의 삼라만상(森羅萬象)을 주관하는 존재, 자연과 인간사(人間事)를 감시하고 관찰하는 존재, 인간의 길흉화복을 주재(主宰)하는 존재로 인식·간주되었는데, 상나라를 무너뜨리고 주나라를 건국한 왕실의 사람들은 자신들이 바로 절대적 존재인 하늘(天)로부터 명령, 즉 천명을 받았다고 주장하면서, 이를 천명 통치의 명분 내지 근거로 삼았다.

상(商)나라를 타도하고 주(周)나라를 세워 최고 통치자가 된 왕과 왕족들은 자신들이 가장 훌륭하고 출중하였기 때문에, 하늘로부터 선택 받고 명령을 받아 자신의 백성들과 주변의 다수 민족들을 통치한다는 논리를 내세웠는데, 이것이 바로 이들이 내세웠던 천하관(天下觀)의 핵심이었다. 하늘로부터 위임

받은 사람, 즉 천명을 받은 사람은 하늘의 아들, 즉 천자(天子)가 되는 것인데, 여기서 하늘의 아들은 주나라의 왕과 왕의 가족 등 몇 사람에게 국한된 존재들을 의미한다. 이렇게 주나라의 왕과 왕실의 사람들은 천(天=神) - 천명(天命) - 천자(天子) - 천하(天下)로 연결되는 통치사상을 확립하였다.[1] 이 같은 논리와 과정을 거쳐 탄생한 천명사상(天命思想)은 하늘에 버금가는 절대적 권위와 위엄을 가지고 백성들을 통치하는 이념 그 이상의 것이었다.

상나라에는 최고의 신(神)을 상제(上帝) 또는 제(帝)라고 칭(稱)하였고, 왕은 왕(王)으로 불리었을 뿐, 천자(天子)라는 명칭이 없었다. 다시 말해 천자라는 칭호가 존재하지 않았던 것이다. 천자의 명칭은 주나라 왕실에서 만들어졌고, 또한 주나라에서부터 사용되었지만, 주나라 왕실은 천자라는 명칭의 사용에 만족하지 않고, 자신들 중심의 천(天)에 대한 개념, 즉 천명사상(天命思想)을 응용하여 천하관(天下觀)을 성립시켰던 것이다. 이처럼 왕을 하늘의 아들로 만들려고 했던 것은 왕을 절대신(絕對神)이었던 하늘의 아들로 만들어 권력과 권위를 절대화하기 위함이었다. 그런데 이들은 천하관을 정립(定立)하는 가운데 또 하나의 새로운 정치논리를 첨가하였다. 그것은 하늘은 현명하고 유덕(有德)한 사람을 선택하여, 그를 하늘의 아들로 삼고 천명을 내려 천하를 통치하도록 위임(委任)하지만, 만일 이 사람이 자신에게 주어진 역할을 하지 못하는 등, 정사(政事)를 그르친다면 하늘은 천명을 거두어 새로운 사람을 선택하여 통치를 새롭게 위임한다는 것이다.

이들이 만들어낸 천하관의 논리에 의하면, 상나라가 멸망한 것은 백성들의 마음을 얻지 못했고, 백성들의 마음을 얻지 못했다는 것은 하늘 즉 천(天)의 마음을 얻지 못한 것이 되기 때문에, 상나라의 멸망은 당연한 것이라는 논리가 성립된다. 2천 년 넘게 이어 온 역대 중국의 황실에는 항상 통치권은 하늘이 내린 명령이기는 하나, 이는 고정불변(固定不變)의 영구적인 것이 아니기 때문에, 제왕이 크나큰 잘못을 저질러 민심이 제왕에 반대하거나 이반(離叛)할 경우, 그 통치권은 철회(撤回)될 수 있다는 관념이 존재하여 왔다. 이 같은 관념

---

1) 李春植 著, 『中華思想의 理解』, 도서출판 신서원, 2003, 136쪽.

은 불문율(不文律)이었으나 하나의 옥조(玉條)처럼 받들어져 왔는데, 이는 바로 이 같은 생각에서부터 시작하였다고 보아도 무방하다. 역대 중국 황실의 통치 원리가운데에는 통치권은 하늘이 준 것이고, 황제가 정사(政事)를 크게 그릇 치거나, 민심이반이 심각해지면 통치권을 상실할 수도 있다는 이야기가 있는데, 이는 바로 이러한 관념에서 연유한 것이라고 할 수 있다. 그런데, 통치와 관련된 천명의 논리의 이면(裏面)에는 천의(天意)를 받들고 천의를 실행하는 존재는 주나라 왕실이기 때문에, 주 왕실의 통치에 절대 복종해야 하며, 천의를 어겨 반란을 일으키면 천벌을 받을 것이라는 경고의 의미도 배태(胚胎)되어 있었다.

주나라에 들어와 주왕(周王)과 왕실의 사람들에 의해 두 가지 새로운 개념이 정립되었다. 그 하나는 앞서 이야기한 천하관(天下觀), 즉 천명사상이고 또 다른 하나는 종법제도(宗法制度)라고 하는 통치시스템이었다. 천하사상의 정립과 함께 주 왕실은 상나라에서 실시한 일종의 가족 서열제도(序列制度)를 개량 발전시켜 종법제도를 만들어냈다. 종법제도 또한 그 원형(原型)은 상나라에서 찾을 수 있는데, 종법제도는 조공제도(朝貢制度)와 함께 천명을 증명하고, 천명을 실천하는 방편적 역할을 하였을 뿐만 아니라, 봉건제도(封建制度)를 시행하는 데 있어 원칙과 실천방법 등의 중요 기준이 되었다. 봉건제도란 주나라 무왕(武王)이 나라를 건국한 후 천하 통치를 안정시키기 위해 현신(賢臣)들의 보좌를 받아 시행한 통치제도인데, 천자의 자제(子弟)이자 가신(家臣)인 제후(諸侯)들에게 지방의 넓은 영토를 나눠주고 해당 지역의 통치권을 부여하는 것을 핵심으로 하고 있다. 주의 봉건제도는 주왕을 중심으로 한 100~180여 개의 제후국으로 구성되었다. 상 왕조를 멸하고 주 왕조를 건국한 주 왕실은 전국의 전략적 요충지에 왕실의 자제나 그 일족(一族), 동맹의 부족장들을 제후로 임명하여 분봉(分封)하였다. 동맹의 부족장들은 이족출신으로 왕실과 혈연관계를 가지지 않은 사람들이었는데, 이같이 일족과 동맹(同盟) 부족장(部族長)으로 구성된 제후를 분봉 배치함으로써 주 왕실은 상나라 유민들을 철저하게 감시할 수 있었고, 주변의 적대적인 토착민들의 준동(蠢動)과 반란에 철저하게 대비할 수 있었으니, 이것이 바로 서주(西周)시대의 봉건제도의 특징이었다. 제후들은 분봉(分封)받은 지역으로 이주해 가서 천자를 대리해 통치하면서

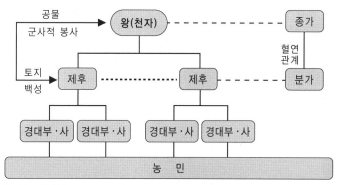

| 종법제도(宗法制度) | 서주의 봉건제도와 불가분의 관계를 가지고 있는 것이 종법제도(宗法制度)이다. 이 제도는 혈연적 유대 관계를 이용한 씨족 조직의 종족 관계를 발전시킨 것으로, 종법이란 같은 조상을 가지고 있는 집안이 공동으로 준수하여야 하는 규칙을 가리킨다. 종법제도의 기본 원칙은 적장자 계승제도에 있었다. 주왕과 귀족은 같은 조상에서 나왔으며, 형제 숙백(兄弟叔伯)과 같은 친족 관계를 가지고 있었다. 종법 제도에서 적장자는 혈통을 이어 가는 대종(大宗)의 지위를 대대로 누릴 수 있으며, 그 밖의 아들은 소종(小宗)으로 대종을 떠받들어야 하였다. 적장자란 정식 처(妻)가 낳은 자식으로 큰아들을 가리킨다. 다시 말하면 주왕은 천자, 즉 하늘의 아들로 천하가 받드는 공주(共主)이자, 대대로 적장자이며 대종이기 때문에 왕의 자리를 계승하고 있지만, 그 밖의 아들들은 별자(別子)로서 제후(諸侯)나 공경(公卿)으로 분봉되어 적장자를 받들어야 하는 소종의 역할을 해야 했다.

자신의 영지(領地)를 자제(子弟), 가신(家臣)들인 경대부(卿大夫)에게 재분봉(再分封)하여 그 지역의 통치를 맡겼고, 경대부들도 자신의 영지를 자제나 가신인 사(士)에게 재분봉하였다. 이 같은 분할 통치 구조 속에 천자-제후-경대부-사-서인(庶人)이라고 하는 서열화(序列化)된 피라미드식 지배 질서가 정착되었고, 다섯 가지 신분은 각각의 위상과 분수에 맞는 행동 규범인 예(禮)와 친족 간의 윤리 규범인 종법제(宗法制) 및 우애효친(友愛孝親)의 질서를 준수했다. 주나라의 왕과 왕실 사람들은 자신들이 세운 나라 주나라를 통해 천하라는 관념을 창조해냈고, 천하의 관념을 응용하여 다시금 자신과 자신의 주변을 구분 짓는 '중심과 바깥'이라는 질서의 개념을 만들어냈다. 천명사상의 실천도구였던 종법제도에는 철저한 자기 중심주의(自己中心主義)와 차등(差等), 그리고 서열화(序列化)의 논리가 내포되어 있음을 볼 때, 그들이 중심과 바깥의 개념을 만들어냈다는 것은 매우 당연한 일이라고 할 수 있다.

　주 왕실에서 정립한 천하사상의 논리에 따르면, 천(天)은 화하(華夏) 중국의 천신(天神)이고, 천명(天命)을 받을 수 있는 사람은 화하족 고유의 덕목을 구비한 자에 한정되어 있다. 따라서 천명은 덕목과 자격을 구비한 화하족 유덕자(有德者)만이 받을 수 있고, 화하족을 제외한 이족은 천명을 받을 수 없을 뿐만 아니라, 천명을 받아서도 안 된다는, 화하족(훗날 한족으로 발전)의 배타적 권리라는 것으로 요약될 수 있다.

따라서 화하족과 화하족의 지도자만이 천명을 받아 천하를 통치할 수 있었기 때문에, 화하족은 천하의 중심이고, 주변의 이족(異族)은 천하 바깥의 존재로서 항상 멸시와 배척의 대상이 되었다. 그들은 천하는 자신들이 중심이 되고 주인이 되는 세계이며, 자신들의 주변에 있는 이족들은 자신들의 부수적(附隨的)·종속적(從屬的) 존재가 되어야 한다고 생각했다. 또한 자신들은 매우 우월하고, 천명을 받은 존재이기 때문에, 자신들이 천하를 통치하며, 주변의 이적들을 복속시켜 그들을 교화해나가야 한다는 당위적 논리까지 만들어냈던 것이다.

주나라의 천명사상은 춘추전국시대에 들어와 공자·맹자 등 유가들에 의해 체계화되고 논리화되는데, 천명사상은 유가(儒家)들에 의해 이 같은 과정을 거치며 보편적 진리이자 중국 최고의 정치사상으로 자리매김된다. 공자에 의해 천명은 인도(仁道)를 완전하게 실현할 수 있는 정치사상으로 수립되었고, 이는 다시 맹자에 의해 그대로 계승되어 유교 정치사상의 근본 이론으로 정착되었다. 그리고 공맹(孔孟)과 유가들이 만든 유교와 유교의 정치사상이 한(漢)나라의 국시(國是)와 국교(國敎)가 되었고, 이후 청나라에 이르기까지 역대 왕조의 통치이념으로 확립되었다.

3. 유교와 중화사상
- 천명사상의 변용과 확대, 그리고 중화사상으로의 발전

공자와 공자의 제자들이 살았던 춘추전국시대는 제후국들의 상호 견제와 우열 다툼, 그리고 이로 인한 분열과 전란에다가 끊임없는 이족의 침입으로 점철된 시기였다. 춘추시대에 들어와 이미 하나의 개별적인 독립국이 되어 버

린 여러 제후국들은 상호 견제하고 반목하였음은 물론, 지배권 놓고 항상 다투며 전쟁을 벌였다. 제후국 간의 전쟁에다가 주변 이족들의 침입 등으로 인해 사회는 불안과 혼란, 파괴로 점철되었는데, 공자는 이 같은 현실을 극복하고 평화와 안정 그리고 질서가 상존(常存)하는 사회를 만들려고 노력했다. 다시 말해, 공자와 그의 제자들의 사상과 주장은 내적으로는 제후국들 간에 벌어졌던 혼란과 내전, 외적으로는 이민족의 침입으로 야기된 전란의 확대로 어지러워진 동시대(同時代) 정치·사회의 문제를 해결하는 데 목적을 두었다는 것이다.

　　공자는 무력과 권력을 배제하고 도덕과 예치(禮治)를 기반으로 한 도덕정치를 주장하였다. 공자가 주장한 도덕정치의 실현은 과거 요(堯)·순(舜)·우(禹)·탕(湯)·문(文)·무(武)·주공(周公) 등, 성왕(聖王)의 치세와 같은 시대를 재현하는 데 있었다. 정치 사회적 분열과 혼란 전쟁 등이 만들어 놓은 난세 속에서 인(仁)과 충서(忠恕), 예(禮)와 정명(正名)으로써 세상을 바로 잡기를 염원했던 공자는 자신이 이상했던 바를 모두 과거 성왕들의 업적과 주나라 건국의 일등 공신이었던 주공(周公)의 행적에서 찾아내려고 하였다. 그렇기 때문에, 공자는 자기 자신 스스로를 문무주공의 가르침을 후대에 전하는 전수자(傳授者)로 간주하였다. 공자는 자신이 태어나기 이전 시대의 문명과 문화, 사상과 가르침을 찾아 이를 후대에 전해주는 것을 자신의 의무이자 이상적 과업으로 삼았던 것이다. 공자의 언행을 담은 『논어(論語)』에 "저술하되 짓지 않고 옛 것을 신뢰하고 좋아한다"이라는 구절2)이 등장하는데, 이는 공자가 자신의 의무와 관련해 보여 주었던 의지와 노력, 행동을 증명하는 문구라고 할 수 있다.

　　옛 것을 숭상하는 태도인 소위 상고주의(尙古主義) 정신이 유교의 뿌리 깊은 사유 방식이 된 것은 물론이려니와 중국인들의 보편적 의식 가운데 하나가 된 것도 공자의 이 같은 태도와 의지에서 비롯되었다고 보아야 할 것이다. 전술한 바와 같이, 공자는 주나라가 건국했던 그 시기의 정치제도를 가장 이상적으로 간주하였고 요(堯)·우(舜), 우왕(禹王), 문왕(文王), 무왕(武王)의 치적을

---

2) 『論語·學而』(述而不作, 信而好古).

덕치(德治)의 표본으로 삼았다. 공자를 중심으로 한 유가들은 하(夏), 은(殷), 주(周) 삼대(三代) 성왕(聖王)의 모습에서 정치적 사회적 이상(理想)을 찾았는데, 그 가운데에서도 서주시대의 천하관(天下觀)과 종법봉건제도(宗法封建制度)를 가장 이상적인 정치이념과 제도로 인식하였다. 공자는 비록 왕은 되지 못했지만 주 왕조의 치세의 기초를 닦고, 정치 사회의 각종 제도를 만들어 놓은 주공(周公)을 자신의 최고의 모범적 스승으로 여기며, 항상 흠모하였다. 주공이 없었다면 주나라의 예악(禮樂)은 물론이려니와 유가도 존재하지 않았을 것이고, 오늘날 우리가 볼 수 있는 유교라는 이념이 존재하지 못했을지도 모른다. 서주의 예악 문화는 유가가 탄생할 수 있는 바탕을 제공했고, 서주의 사상과 문물제도는 공자와 그를 따랐던 유가들에게 절대적 영향을 미쳐 유교사상과 이론 형성에 토대를 만들어 주었다.

춘추전국시대의 공자와 그의 제자인 유가들이 주나라의 문화와 풍습, 문물제도, 정치제도 등을 최고의 이상으로 받들며, 이를 전수, 전파해 나가려고 했는데, 이들의 이 같은 생각과 행동은 오경(五經)에 그대로 담겨져 있다. 천하, 즉 국가는 어떻게 다스려져야 되고, 왕은 어떤 모습을 보여야 하며, 또 인간은 어떻게 행동하며 살아가야 하는가에 대한 유가의 주장과 이에 대한 사상적 논리 등이 오경에 오롯이 나타나 있음을 볼 수 있다. 이러한 사실과 관련해, 유교의 이념과 사상, 철학적 논리들이 어떻게 형성되었는가에 대해 언급할 필요가 있다. 주나라 문·무 주공이 만들어 놓은 문물제도와 정치사상을 중심으로 옛 성왕(聖王)들과 그들의 치세기에 이루어진 각종 치적과 행동 등을 공자와 그의 제자들이 구체적으로 정리하고 논리화(論理化)하며 철학화(哲學化)한 것이 바로 유교라고 할 수 있다.

춘추전국시대에 들어와 종법제도와 천명사상은 유가들에 의해 가장 이상적인 사상과 제도로 숭상되는 가운데 구체화되고 논리화된다. 앞서 말한 바와 같이, 공자를 비롯한 유가들은 서주시대 봉건제도를 이상적인 정치제도로 간주하였을 뿐만 아니라, 천명사상을 통치의 기본으로 삼았다. 이들 유가들은 주나라의 문물제도와 통치논리 등을 공부하고 전수, 전파하는 가운데, 천명사상을 보편화하며 이를 재해석했다. 천(天)과 천명(天命)에 대한 공자와 유가들의 생각은 서주시대의 그것과 크게 다를 바가 없었다. 서주시대 이후 숭배되어 온 천과 천명의 권위를 그대로 수용하면서, 한편으로는 인(仁) 속에 천명론(天命論)이라는 형이상학적 논리를 부가(附加)하였다. 또한 천을 기존의 절대적 숭배자에서 인격적인 모습을 지닌 도덕적 존재로 옮겨 놓았다. 이는 천(天)이 차지하고 있던 절대적인 숭배자의 위치를 지워 없앴다는 것이 아니라, 인격적인 모습을 지닌 도덕적 존재에 더 많은 무게를 두면서, 천과 천명이 인도(仁道)의 실행을 증명하고 또 이를 추진하는 존재로 인식하였다는 것을 보여주는 것이다. 또한 천이 인간세계에 통치자의 권위만을 부여하는 것이 아니라, 인간 모두에게 지위고하를 막론하고 도덕성을 부여했다고 생각했던 것이다.

전술한 바와 같이, 상나라에서는 하늘을 신격화하였다. 그들은 인간과 자연을 주재(主宰)하는 최고의 존재는 바로 하늘이며, 또한 하늘이 왕권을 주는 것으로 믿었다. 주나라도 이러한 논리를 계승하여 천명사상(天命思想)을 구체화하고 선양(宣揚)하면서, 왕 스스로 자신을 하늘로부터 명을 받은 천자(天子)라고 하였다. 그런데 상나라 왕조도 천명사상을 가지고 있었음에도 불구하고 멸망되었기 때문에, 주 왕조도 언젠가는 상 왕조처럼 멸망할지 모른다고 우려하였다. 따라서 그들은 천명관(天命觀)으로 통치체제를 항시 유지하려고 하였고, 아울러 상나라 멸망과 같은 그런 우려를 상쇄하기 위하여 덕(德)에 관한 이론을 내놓았다. 그들은 덕으로써 주 왕조가 성립되었다는 당위성(當爲性)과 차별성(差別性)을 강조하였다. 상왕조의 이전 왕들은 덕을 숭상하였기 때문에 천명을 받을 수 있었으나, 상나라의 마지막 왕 주(紂)는 도(道)는 물론이려니와 덕도 받들지 않았기 때문에 천명이 그를 죽이라는 징벌을 내렸고, 그 결과 주 왕조의 문왕(文王)이 새로운 천명을 받았다는 것이다. 이러한 논리를 바탕으로 공자와 유가들은 왕은 천(天)으로 통치권과 함께 도덕의 실천을 부여받았다고 주장하였다. 공자는 천하를 다스리는 왕은 하늘로부터 통치권을 받았다는 사실을 확인함과 동시에 통치권을 수수(收受)한 왕 또한 천하의 모범이 되어 덕을 실천해야 하는 의무도 전수받았다는 논리를 설파(說破)하였다. 덕치주의(德治主義)는 공자에 의해 특히 강조되었다. 공자와 유가들은 하(夏)·은(殷)·주(周) 삼대(三代)를 이상적인 사회로 간주하고, 이 삼대에서 행해진 정치를 덕치로 파악하면서, 이 덕치를 통해 동시대 사회의 현실을 삼대의 그것과 비슷하게 만들려고 노력하였다. 공자는 군주의 덕치, 도덕의 완전한 실천, 천하의 모범이라는 덕목에 초점을 맞추었고, 천자는 이러한 능력과 자질을 갖춘 사람이 되어야 한다고 했다.

유가들은 덕치주의를 군주의 도덕적 정당성을 정치의 근원적인 힘으로 간주했다. 유교에서는 '정치는 바르지 못한 것을 바르게 만드는 것'[3]이라고 했다. 따라서 바르지 못한 것을 바르게 만들 수 있는 힘인 도덕적 정당성은 통치자에게 필요불가결한 것이며, 이 힘을 지닌 사람만이 통치자의 자격을 가진다고 하였던 것이다. 앞서 언급한 바와 같이, 공자는 "덕으로서 하는 정치는 마치 북극성이 그 자리에 있으면, 여러 별들이 그 북극성을 중심으로 향해서 도는 것과 같다."[4]고 했는데, 공자의 이 같은 논리는 덕치의 중요성을 강조하면서도 한편으로는 덕치의 실천이 바로 올바른 정치의 구현이라는 것을 강조하는 것이기도 하다. 공자는 또한 덕치와 관련해 형벌과 정령(政令)에 의한 통치를 부정하였다. "정령(政令)으로 백성을 인도하고 형벌로 가지런하게 만들면, 백성은 처벌은 모면하지만 염치가 없게 된다."[5]고 하였다. 이 말은 덕치에 의한 그 감화력을 통해 피치자(被治者)가 자발적으로 바른 삶의 모습을 가지게 되고, 이와 함께 자연스럽게 바람직한 사회가 형성해 가는 것이 바로 정치라는 것을 시사 하는 것이다. 덕에의한 통치만이 진정한 통치라는 사실은 시경에서도 강조되고 있다. 『시경·대아(詩經·大雅)』에 보면, "후인들이 이어나갈 주나라이기에 철왕(哲王, 매우 현명한 임금)을 모시게 되나이다. 세분의 임금은 하늘에 계시고, 왕께서는 수도에 짝 지으셨네. 왕께서 수도에 짝 지으시니 대대로 덕을 구하시도다. 길이 천명에 짝하시오 왕의 진실됨을 이루옵소서."[6]라는 구절이 등장한다. 이러한 구절은 덕치의 예찬이면서 덕을 갖추고, 덕치를 실천하는 주 왕실과 주 임금에 대한 찬양이자, 주 왕실의 천명 수수를 대내외적으로 선양(宣揚)하며

3) 『論語·顔淵』(政者正也).
4) 『論語·爲政』(子曰, 爲政以德, 譬如北辰居其所, 而衆星拱之).
5) 『論語·爲政』(子曰, 道之以政, 齊之以刑, 民免而無恥).
6) 『詩經·大雅』(下武維周 世有哲王 三後在天 王配于京 世德作求 永信配命 成王之孚).

공표(公表)한 것이다.

춘추시대(春秋時代) 공자에 의해 정립된 덕치사상(德治思想)은 전국시대(戰國時代)(B.C. 475~B.C. 221)에 들어와 왕화(王化)의 논리라는 구도 속에서 그 개념을 다시 한 번 새롭게 정립하게 된다. '왕화' 사상은 전국시대(戰國時代)에서 진(秦)·한(漢)에 걸쳐 형성되었다. 맹자(孟子)는 공자의 덕치사상을 계승하였는데, 그는 계승하는데 만족하지 않고 이를 새로운 정치사상으로 이론화하고 체계화하였다. 맹자는 천명에 입각한 군주통치의 정통성과 합법성을 인정하면서도 동시에 방벌론(放伐論)을 제시하였다. 맹자는 이를 통해 천명은 민심에 있다고 보는, 즉 천명(天命)에 민심을 대입시켜 천명이 곧 민심이라고 하는 천명민심 일치설(天命民心 一致說)을 강조하였다. 천(天)에 순응하고 인심도 따라야 비로소 천명을 유지할 수 있고, 민심을 잃으면 천명을 상실하는 것이므로 왕위 즉 천자의 지위에서 쫓겨나는 것이 당연하다는 논리를 보다 확고히 정립하였던 것이다.

그렇다면 누가 천명을 받아 덕치를 행할 수 있을 것인가? 누가 천하의 모범이 되어 덕치를 행한다는 것인가? 그것은 바로 주나라의 후손, 화하족(華夏族)의 사람만이 가능하다는 것을 공맹(孔孟)과 유가(儒家)들은 주장하였다. 공맹과 유가들은 천(天)으로부터 천자의 지위를 가질 수 있는 사람은 천명을 받은 사람, 또는 받을 사람이고, 이 사람은 당연히 만백성 최고의 모범이 될 만한 덕망과 자질을 가져야 하는데, 실제로 천명을 받는 사람, 또는 받을 사람은 화하족 이외에는 세상에 없다고 이야기하였다. 화화족 이외에 사람들, 그러니까 이적(夷狄)은 천명을 받을 수 없고, 또한 받아서도 안 된다는 사실을 공자는 자신의 입을 통해 표현했다.

공자는 "이적(夷狄)에 임금이 있는 것은 제하(諸夏)(＝화하족)에 임금이 없는 것만 못하다"[7]고 했다. 공자의 이 같은 말은 이적들에게는 덕치를 베푸는 임금이 존재할 수 없을 뿐만 아니라 아예 임금이라는 존재가 없어야 한다는 것을 의미하는 것이다. 화하족(華夏族)의 임금만이 덕치를 베풀 수 있고, 그렇

---

7) 『論語·八佾』(子曰, 夷狄之有君, 不如諸夏之亡也).

기 때문에 하늘을 대신해 천자가 될 수 있다는 것이 공자의 주장이었다. 사실상 화하족, 즉 주나라의 후손으로서 현인(賢人)만이 천자가 될 수 있고, 이적은 불가하다는 사실을 강조한 것이나 다름없다. 이적은 예법(禮法)은 물론이려니와 덕치의 가능성을 찾아볼 수 없는 야만족이나 다름없는 존재라고 유가(儒家)는 보았다. 공자가 활동할 당시 주나라의 제후국들은 분열과 함께 이적으로부터의 끊임없는 침략을 받았는데, 이적들의 무례하고 야만적인 성격을 경험한 공자의 입장에서 볼 때, 이적에 대한 이 같은 태도와 생각을 갖게 된 것은 지극히 당연한 것이라고 할 수 있다.

　　화하족과 주변 이족들 사이에서 벌어졌던 갈등과 전쟁은 이미 상나라 때부터 흔히 발생했던 일이었으나, 주나라 특히 서주(西周)시대를 지나 동주(東周)시대에 들어 와서는 이족들과의 충돌과 대립은 매우 심각한 상황에 이르게 되었다. 『춘추좌전(春秋左傳)』의 기록에 의하면, 위(衛), 정(鄭), 노(魯), 송(宋), 온(溫), 제(齊) 등 제하열국(諸夏列國)(＝화하족으로 이루어진 여러 나라)이 주변의 이족과 이적들에 의해 숱한 침략을 당하면서 화하민족(華夏民族)과 문명이 엄청난 위기를 맞게 되었다고 했다. 춘추전국시대 제하열국(諸夏列國) 가운데 최초의 패자(覇者)였던 제(齊) 환공(桓公)은 존왕양이(尊王攘夷)를 주창하며 여러 제후를 규합한 후, 수차례에 걸쳐 이족과 이적들의 침략을 패퇴(敗退)시켰다는 기록이 있다. 화하족의 입장에서 볼 때, 주변의 이적들은 자신들에게 해악만 끼치는 야수 같은 존재였기 때문에, 반드시 굴복하게 하여 복속시켜야 할 대상이었다. 화하족의 입장에서 볼 때 화하족 주변을 감싸고 있던 무수한 이족들은 모두 오랑캐일 수밖에 없었다. 화하족에 비해 문화·지식 수준이 열등하였을 뿐만 아니라, 항상 침략을 일삼아 약탈과 같은 만행을 수시로 저질렀기 때문에, 화하족은 그들 이족들을 이적(夷狄) 만융(蠻戎)이라고 불렀고, 이를 통칭하여 오랑캐라고 했던 것이다.

　　그런데 여기서 주목해야 할 점은 첫째, 천자로서의 왕은 주나라를 구성하는 사람들, 다시 말해 하(夏)나라(신화와 전설상으로만 존재했던 나라)를 구성했던 하족(夏族), 상나라를 구성했던 상족(商族), 주나라의 백성 주족(周族) 등이 융합하여 만들어진 화하족 가운데 최고의 덕망과 자질을 가진 사람이었다는 사실

과 둘째, 천자로서 천하를 다스리기 때문에, 천하의 모든 땅은 화하의 땅이어
야 되고, 그 땅에 사는 사람들 또한 화하의 백성이 되고 화하에 복속되어야
한다는 사실이다. 공자와 유가들이 견지했던 천자의 역할 내지 존재 의미 등
은『시경(詩經)』과『서경(書經)』의 다음 몇 가지 구절을 통해 잘 나타나고 있다.
『시경·소아(詩經·小雅)』에 보면, "넓고 넓은 하늘 아래 모든 땅은 왕토(王土) 아
니게 없고, 바다에 둘러싸인 땅에 사는 왕신(王臣)이 아님이 없다."[8]라는 구절
이 등장한다. 이 노래는 공자가 탄생하기 적어도 몇백 년 전, 서주(西周)시대
사람들의 생각과 의식을 표현하는 것이었는데, 공자가 그 많은 민요 속에서
이를 발췌해『시경』에 실었다는 것은 이 노래가 공자의 생각을 그대로 반영하
였음을 의미하는 것이다. 다시 말해, 세상은 어디든 천자의 덕이 미치니, 화화
족의 터전뿐만 아니라 이적이 살고 있는 땅 모두 천자의 영지(領地)가 되어야
한다는 공자의 논리가 반영되어 있는 것이다. 맹자 또한 "나는 하(夏)로서 이
(夷)를 변화시켰다는 말을 들어 봤어도, 이(夷)에 의해 변화되었다는 말을 들어
보지 못했다."[9]라고 했다. 맹자의 이 같은 언급은 이적에 대한 철저한 배척과
함께 멸시를 나타낸 것일 뿐만 아니라, 이적(夷狄)이 당연히 화하족에 의해 교
화되고 복속되어 화하 천자의 지배 속에 있어야 함을 강조하는 것이라고 할
수 있다.

　맹자의 이 같은 이야기는 주나라의 제후국들이 분열하고 갈등을 겪는 상
황 하에서 이적(夷狄) 만이(蠻夷)들의 침탈이 심해지고 위협이 증대되는 가운
데, 주나라 왕실의 덕치가 위기에 몰리자 덕치를 파괴하는 요소로서 만이(蠻
夷)의 행동을 경계하고 적극적으로 이를 비판하는데 목적을 두었던 것으로 해
석해 볼 수 있다. 화하족과 제하열국(諸夏列國)에 대한 이족과 이적들의 끊임없
는 침략과 침탈행위로 인해 화하족은 이족, 이적에 대한 커다란 혐오감과 함
께 이들에 대한 위기의식을 갖게 되었고, 결국에 이러한 위기의식은 야만족인
이족들을 철저하게 차별하고 배척해야 한다는 화이(華夷)관념으로 이어졌던
것이다. 예교제도라고 하는 당대 최고 선진문화를 향유하면서 자신들과 다르

---

8)『詩經·小雅』(普天之下, 莫非王土, 率土之濱, 莫非王臣).
9)『孟子·藤文公』(吾聞用夏變夷者, 未聞變於夷者也).

거나 자신들의 범주에 있지 못한 이역(異域)과 이족에 대해 엄청난 우월감과 함께 멸시감을 가진 화하족과 화하의 세계가 예교가 뭔지도 모르는 야만적 존재들이 자신들의 세계를 끊임없이 공격하며 침탈행위를 일삼은 데에 대한 응징적 차원에서 이들을 철저히 배척해야 한다는 것, 이것이 바로 화이사상(華夷思想)의 요지가 되었던 것이다.

그러나 화하세계는 한편으로는 이들 이족, 이적들도 그들이 자신들의 사상과 삶의 방식을 수용하고 그것에 융화될 수 있다면, 화하의 세상 사람들이 될 수 있다는 논리도 표방하고 있었다. 이에 대한 하나의 예로서, 전국시대 이족 출신의 초(楚), 오(吳), 월(越), 진(秦) 등이 모두 중원 제하열국(諸夏列國)에 편입되었는데, 이것이 바로 이족과 이적도 화하의 사상과 문화를 수용하고 교화되면 화(華)가 될 수 있다는 화이사상(華夷思想)을 실천한 하나의 예라고 할 수 있다. 춘추전국시대부터 진(秦)·한(漢)시대에 이르기까지 한층 우월해진 문화의 힘을 바탕으로 게다가 유학(儒學)의 발달과 함께 유가의 논리와 사상의 힘을 받은 한족들은 예교의 유무에 의해 인간을 구별하였다. 예교가 없는 이민족을 성인의 도에서 벗어난 금수(禽獸)로 취급했으며, 나아가 천하 즉, 세계는 덕이 높은 중국의 천자(天子)가 모든 이민족을 덕화(德化)하고 복종시켜야 한다고 생각했던 것이다.

4. 차별과 배척, 팽창과 확장을 위한 욕구의 상징

중국인들의 천하사상(天下思想)에는 자기 중심주의(自己中心主義)와 함께 종법논리에 따라 이루어지는 차등(差等)과 서열(序列)이 논리의 근간을 이루고 있다. 따라서 선진문화세력의 중심으로서의 화하족과 대척점에 서 있거나, 화하족의 문명 범위에서 벗어나 있는 종족들은 천시(賤視)와 멸시(蔑視)의 대상이 될 수밖에 없었다. 앞서 이야기한 바와 같이, 천하사상이 화이사상으로 확대되게 된 데에는 주변의 이족들이 화하족을 수시로 괴롭히며 공격하였던 사실도 적지 않게 작용했음은 주지의 사실이다.

맹자(孟子)와 순자(荀子)를 중심으로 한 유가(儒家)들은 군주의 덕, 즉 왕자(王者)의 덕으로 백성을 다스려져야 한다고 주장하였다. 왕화(王化)라는 말은 바로 왕의 덕화(德化)를 의미하는 것이다. 그런데 왕화(王化)의 의미를 통치라는 관점에서 좀 더 넓게 해석한다면, 왕화(王化)는 화하족 왕자(王者)의 덕(德)에 의해 백성들이 통치받고 교화되어야 한다는 당위성을 내포하고 있다. 따라서 화하족의 제왕(帝王)의 덕이 미치는 곳은 모두 제왕의 땅이고, 그 곳에서 살았던 사람들은 모두 제왕의 백성이 될 수 있고 또한 되어야 한다는 의미가 자연스럽게 포함된다. 따라서 왕화의 범위는 화하족의 왕자(王者)가 살고 있는 중국(중원)의 땅은 물론, 그 변경이나 새외(塞外)의 지역도 '왕화(王化)'의 은혜를 받아야 하는 곳이기 때문에, 왕화의 범위에 해당되는 것이다. '왕화'의 영향은 멀어질수록 희미해지지만, 중화의 문화가 미치지 않는 땅이라고 하더라도 '왕화'의 은혜를 받을 수 있다는 가능성과 함께 받아야 한다는 당위성을 내포하기 때문에, 지구상의 모든 지역이 중화 문화의 세계라는 논리가 가능해진다.

왕화사상을 한마디로 표현한다면, 왕화가 펼쳐지는 세상 모두가 화하족의 땅, 즉 중국의 땅이 되는 것이고, 그 땅에서 사는 모든 사람들은 화하족 제왕의 신하와 백성이 되어야 한다는 논리인 것이다. 이러한 논리는 포용과 융합을 말하고 있는 것이기도 하지만, 중화사상이 주는 무한적 확장성의 가능성을 암시하는 것이기도 하다. 따라서 왕화(王化)는 천명(天命)을 받아 중원을 통치 지배했던 화하족, 한족 제왕의 의무이자 권리 같은 것으로 수용되었고, 또한 그런 인식에 따라 왕화는 화하족, 한족 최고의 민족사상이 되었던 것인데, 이 같은 왕화사상을 모태로 중화사상의 핵심적 논리가 형성되었다고 할 수 있다.

전술한 바와 같이, 유교가 한나라의 국교로 인정받게 되면서 유교적 정치사상은 물론 유교에서 말하는 윤리 도덕, 인간 삶의 목표와 방향 등 모든 가치관이 사회의 지도이념으로 확립되었고, 이에 따라 한나라는 거대한 유교국가로 탈바꿈하였다. 천명사상(天命思想)에서 시작하여 발전의 토대를 닦은 왕화사상 또한 유교가 국교화(國敎化)되는 과정에서 한나라의 대내외적 통치이념으로 확고하게 자리 잡는다. 왕화사상의 논리를 기반으로 하여 한나라는 자신의 힘을 주변지역으로 확장시켰다. 한나라는 막강한 군사, 경제력을 바탕으로 게다가 당대 최고 수준의 선진문화의 힘으로써 주변의 이족(異族)들 특히 북방민족들을 제압하고 복속시켜 나갔다. 이에 따라 주변의 북쪽 동쪽의 이적(夷狄) 만이(蠻夷)의 지도자들은 한나라의 제후 왕(諸侯 王) 내지 신하국(臣下國)으로 복속되고 복속의 표시로 조공을 바쳤다. 한나라의 이 같은 확장정책은 "왕화가 미치는 곳은 모두 한족, 한나라의 영토이자 영역이고, 왕화의 덕을 입는 사람들과 백성들은 모두 왕의 신하이자 백성이 되는 것이다."라는 왕화사상, 즉 중화사상을 충실히 실천한 결과라고 할 수 있다.

한나라는 자신의 강토(疆土)를 내번(內蕃)과 외번(外蕃)으로 나누었다. 천자신분이 된 황제 자신이 군현제도로서 직접 통치하는 지역을 내번이라 하고, 일종의 제후국 복속국으로서 이적(夷狄) 만이(蠻夷)의 우두머리가 그 지역 제후가 통치하는 지역을 외번이라 하였다. 그리고 내번과 외번이 합쳐져 천하의 일국이 탄생하였다고 간주하였다. 한나라는 유교를 국교화하면서 유교사상에서 가장 중요한 덕목 가운데 하나인 예(禮), 즉 예교(禮敎)의 유무를 문명의 절대적 기준으로 채택하였다. 그들은 예의 유무 기준에 근거하여 인간의 수준을

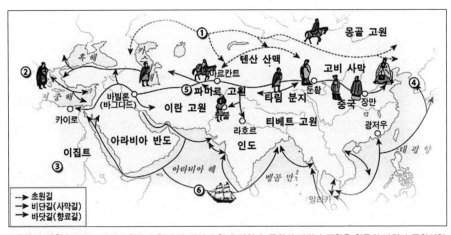

| 중화의 팽창 | 중화는 언제나 한족의 형성 및 발전과 함께 하였다. 중화의 발전과 팽창은 한족의 발전과 팽창이었다. 위의 그림은 한족이 중원의 땅을 넘어 사막 길을 통해 중앙아시아와 유럽으로 진출하였고, 바닷길을 통해 인도 아라비아반도까지 나가려했다는 것을 보여주고 있다. 이 그림은 오늘날 중국이 야심차게 추진하는 일대일로 사업과 너무나 유사한 면을 드러내고 있어 주목할 필요가 있다.

따지고 구별하였는데, 예교가 없다면 야만인이며 오랑캐인 것이고 예교가 있다면 중화의 범주 안에 들어갈 수 있었다. 이러한 논리에 따라 선진(先秦) 시기에 동이(東夷) 남만(南蠻) 서융(西戎) 북적(北狄)으로 불리며 철저하게 소외되었던 네 개의 오랑캐가 새로운 중국의 범주 속에 편입되고 지금의 한국, 일본, 베트남, 몽고 등이 해당되는 주변국이 새로운 외이(外夷)로 간주되었다.[10] 이적만이(夷狄蠻夷)로 취급되다가 한족에 편입되거나 한족에 의해 예교를 가진 민족으로 인정되면, 중화사상을 품고 이를 실천할 수 있는 존재가 되었던 것이었다.

역대 중국 왕조의 창시자들은 거의 예외 없이 이러한 천명사상과 왕화사상이 잉태한 중화사상을 수용하고 자신들의 정권을 유지해 나가려고 하였다. 역대 제왕(帝王)들은 자신들이 하늘로부터 명을 받아 천하를 독점하여 통치하는 천자로 항상 자처하였고, 이를 통해 통치에 대한 정통성 및 합법성과 함께 신성 불가침적 존재로서의 위상을 확보하였던 것이다. 또한 이와 함께 이족 및 주변 국가들을 침략하여 그들의 영토를 점령하고 합병해 나가는 데 있어 또한 이를 적극 활용하였다. 이 같은 사상의 실천을 통해 중국의 황제는 말할 것도 없고, 귀족 관료들 심지어 평범한 백성들까지도 자신들의 문화, 정치 제도 등 모든 것에 대해 엄청난 자부심을 가졌을 뿐만 아니라, 자신들이 화하족의 후손인 한족이라는 사실과 중화사상을 가진 민족이라는 사실을 매우 자랑스럽게 생각했다. 한나라 때에서부터 본격적으로 시작된 중화사상의 실천은 한나라 이후, 마지막 왕조인 청조(淸朝)에 이르기까지 중원을 차지한 왕조에 그대로 계승되었을 뿐만 아니라, 21세기 현재에 이르기까지 계속되고 있다.

중화사상(中華思想)은 주변의 이족(異族)이 절대 범접할 수 없는 화하족, 한족 최고의 민족사상으로서 주변의 이족들을 지배하고 통치하며 복속시키기 위한 이념적 논리로서의 역할을 하였는데, 이러한 중화사상에는 아이러니컬하게도 배타와 융합이라고 하는 서로 상반된 두 가지 논리가 포함되어 있다. 먼저 중화사상에는 이족들에 대한 강력한 배척 논리가 존재한다. 화하족, 즉

---

10) 馮天瑜, 『中國文化發展軌跡』, 上海人民出版社, 2000, 4쪽.

한족 주변에 살고 있는 이족들은 이적(夷狄) 만이(蠻夷)이라 하여, 그들을 항상 천시 내지 멸시하는 것을 당연시했기 때문에, 앞서 이야기한 바와 같이, 중화 사상은 화이사상(華夷思想)으로 인식될 수밖에 없었다. 한족만이 하늘로부터 천명을 받아 천자가 될 수 있으며, 따라서 한족의 천자만이 천하를 독점 통치 할 수 있고, 기타 이족과 만이 융적 오랑캐들은 당연히 중국의 신하국 내지 복속국이 되어야 한다는 사실을 중화사상은 당위적으로 말하고 있는 것이다. 과거 유럽, 중앙아시아 등의 외국으로부터 통상 사절단이 와서 무조건 무릎 꿇고 조공(朝貢)을 받쳐야 하는 것도 같은 이와 비슷한 맥락에서 이해될 수 있 다. 그러나 한편으로 중화사상은 화이(華夷)로 구분된 관계를 다시 결합할 수 있는 가능성을 열어 놓았다. 앞서 언급한 바와 같이, 일찍이 춘추시대(春秋時 代)에 융(戎)·적(狄)·만(蠻)·이(夷)라 하여 중화세계로부터 차별과 배척을 받 던 이족들도 '왕화(王化)'를 받아 중화세계 속에 포함되었다. 왕화의 논리를 통 해 중화세계에 편입될 수 있다는 사실은 중화사상 속에서 하나의 수용논리로 굳어져 실천되었고, 이 같은 실천은 통해 수많은 이족, 심지어 이족출신의 왕 조조차 한족이 되어 오늘날의 한족과 중국이 만들어졌던 것이다.

중화사상에는 국경과 영토의 범위에 대한 개념이 존재하지 않는다. 국경 관념이나 영토 관념을 가진다는 것은 자신들의 무한 욕구를 부정할 수 있는 결과를 만들어 낼 수 있기 때문이었다. 19세기 이후 이른바 열강이 비교적 용 이하게 중국의 영토나 이권을 분할할 수 있었던 것도 중국인들이 명확한 국경 이나 영토관념이 없었던 것이 하나의 원인이 되기도 하였지만, 그 반대로 국 경이나 영토관념이 없었기 때문에 타국의 영토와 국경도 내 것이 될 수 있는 논리를 가지게 된다. 중국의 입장에서 볼 때, 중화는 문화와 문명적 사상이자 국가의 역량이었기 때문에, 중화는 주변국을 정복하고 동화시키는 명분이면 서 주변국의 장점을 흡수하여 자신의 것으로 변환시키는 힘이었던 것이다. 그 결과 천명사상에서 시작된 중국적 천하관, 즉 중화사상은 역대 중국의 제왕, 군주들의 정치 군사적 침략과 팽창, 그리고 침략이 만들어낸 영토의 확대를 옹호하고 그 정책을 추진하는 이념적 원동력이 되었다. 그렇기 때문에, 정치 군사적으로 중화사상을 실천하는 일은 중국 민족의 영토 팽창과 정치적 헤게

모니 장악을 위한, 다시 말해서 중국 민족의 세계적 팽창과 헤게모니 장악을 위한 제국주의 이론으로 그대로 이어질 수밖에 없었다. "중화는 태생적으로 문화권역을 표방한 천하세계가 중국강역의 정당성을 강요하는 지역패권주의로 변모할 수 있고, 조공과 책봉으로 성립된 중화질서가 상하관계 또는 군신관계를 전제로 한다는 점에서 정치패권주의로 변신할 수 있다는 위험성을 지니고 있다."[11])는 이야기는 중화사상은 제국주의 이론과 상통하는 것임을 말하는 것이다.

중화사상·중화이념은 전근대적 마지막 황조였던 청나라의 멸망과 함께 사라진 것이 아니라, 21세기 현재에 이르기까지 지속되고 있다는 사실에 문제의 심각성이 있다. 현재 중국공산당이 지배하고 있는 중화인민공화국은 100년 굴욕사(1850년 아편전쟁 이후 1949년 마오쩌둥에 의해 공산화되기까지 약 100여 년에 걸쳐 서구의 열강과 일제에 의해 침략을 받으며 반식민지(半植民地)가 되다시피 한 기간)를 떨치고 미국에 버금가는 군사력과 경제력을 갖기 위해 노력해 왔고, 그리고 막강한 군사력과 경제력을 갖추기만 하면, 중화사상을 재현하고, 중국몽(中國夢)을 이룬다고 생각하는 것 같다.

---

11) 문흥호 외 4인 지음, 강진석, 「중화주의의 원형과 당대 이데올로기」, 『중화 전통과 현대 중국』, 섬앤섬, 2012, 38쪽.

중국의 얼굴, 중국인의 생각

도가니와 장독

도가니와 장독

융합과 창조적 도구로서의 도가니

용(龍)은 상상의 동물이지만, 중국과 한국 등 동양사회에서 인식되고 있는 역할과 존재 의미는 가위(可謂) 절대적이었다. 한국·중국 등 동아시아에서 용은 농업과 어업에 영향을 끼치는 기후의 변화와 풍운의 조화를 다스리는 존재로 인식되면서 우주에 존재하는 신성한 힘과 질서를 상징하는 동물로 여겨졌다. 나아가 용은 그러한 자연적 원리가 실현된 인간 사회의 정치적 질서를 상징하는 동물로 간주되기도 했다. 또한 용은 우주 만물의 질서를 상징하는 동물로 여겨지면서 제왕(帝王)의 권력을 상징하는 동물로 인식되었다. 그래서 임금을 나타내는 말에는 용(龍)이라는 글자가 쓰였는데, 예컨대 임금의 얼굴은 용안(龍顔), 임금이 앉는 자리는 용상(龍床), 임금이 타는 수레나 가마는 용여(龍輿)·용가(龍駕)라고 불렀다. 임금이 입는 옷은 용포(龍袍), 임금의 지위는 용위(龍位)라고 하였다. 중국에서 용은 기린·봉황·거북과 함께 상서로운 네 가지 동물 가운데 하나이자 천자와 같은 존재로 인식되어 왔으며, 인도에서는 불법을 수호하는 사천왕의 하나로 받들어져 왔다. 한국에서도 용은 고대부터 풍운(風雲)의 조화를 다스리는 수신(水神)·해신(海神)으로 여겨졌다. 그래서 일찍부

낙타의 머리
토끼 눈
돼지 코
영주 털
사슴 뿔
소의 귀
뱀의 몸
잉어의 비늘
매의 발톱
배는 큰 조개
호랑이 주먹

| 용(龍)의 구성 | 한국·중국 등 동아시아에서 용은 기후의 변화와 풍운의 조화를 다스리는 존재로 인식되면서 신성한 힘과 질서를 상징하는 동물로 인식되었다. 용은 그러한 자연적 원리가 실현된 인간 사회의 정치적 질서를 상징하는 동물로 여겨지기도 했다.

터 민간과 국가 차원에서 국가의 수호신이자 왕실의 조상신으로, 그리고 농경을 보호하는 비의 신이자 풍파를 주재하는 바다의 신으로 풍년(豐年)과 풍어(豐漁)를 기원하기 위해 숭배되었다.

그런데 상상의 동물인 용은 어떻게 만들어졌을까? 용은 여러 가지 동물의 형상이 합쳐져서 만들어졌다고 한다. 일설에는 용은 아홉 가지 동물들과 비슷한 모습을 지니고 있다고 기록되어 있다. 머리는 낙타, 뿔은 사슴, 눈은 토끼, 귀는 소, 몸통은 뱀, 비늘은 잉어, 발톱은 매와 비슷하다고 되어 있다. 또한 비늘은 81개이며, 소리는 구리쟁반(銅盤)을 울리는 소리와 같고, 입 주위에는 긴 수염이 있고, 턱 밑에는 구슬이 있으며, 목 아래에는 거꾸로 된 비늘 즉 역린(逆鱗)이 있다고 한다. 용은 여러 가지 동물의 형상에서 일부를 발췌해 그것을 가지고 새롭게 융합하여 만들어진 동물의 형상이었는데,[1] 이처럼 여러 가지를 융합하여 새로운 것을 만들어낼 때, 이를 두고 도가니 내지 도가니의 작용이 있었다고 이야기할 수 있다. 현악기 관악기 타악기 등 여러 가지 악기로 이루어진 합주를 뜻하는, 다시 말해 '여러 기악 연주자들의 집합체인 관현

---

1) Ryu Jaeyun, 『5 KEYS TO UNDERSTANDING CHINA』, SEOUL SELECTION, 2016, pp. 23–24.

악 또는 관현악단을 일컫는 오케스트라'(Orchestra)라는 말 또한 도가니에 비유될 수 있다. 여러 악기의 연주자들은 각기 자기가 맡은 분야별로 독립된 소리를 내면서도 다른 연주자의 악기소리와 서로 조화 융합하여 합쳐진 새로운 소리를 만들어내기 때문이다.

그러면 먼저 도가니가 무엇인가에 대해 살펴보자. 도가니란 쇠붙이를 녹이기 만들어진 그릇으로 단단한 흙이나 흑연 따위를 고아서 우묵하게 만든 것으로 높은 온도로 금속이나 광석을 녹여 제련해 내는 가마인데, 이를 다른 말로 용광로라고 하기도 한다. 도가니는 갖은 금속을 녹여 새로운 물질을 만들어내는 기능이 있다 보니 역동성(力動性)과 함께 융합과 창조라는 기능을 갖는 도구로서의 상징성을 갖는다.

전장에서 이야기한 바와 같이, 2천여 년이 넘는 오랜 기간에 걸쳐 중국의 역사를 이끌고 만들어온 민족은 한족(漢族)이었는데, 화하족(華夏族)에서 시작한 한족이 주변 민족과 두루 융합함으로써 오늘날 12억 인구의 한족이 되었다는 것 자체만 가지고도 중국의 역사는 도가니와 같은 것이었다고 상정(想定)해 볼 수 있다. 사실 중국의 문명과 문화는 오랜 시간 동안 여러 민족 집단들과 그 문화가 하나로 융합되어 만들어진 결과의 산물이었다. 한족은 자신들이 이적(夷狄)에 의해 지배를 받았을 때나 이와 반대로 이적을 지배할 때에 관계없이, 선진화된 자신들의 문명을 이용하여 이들을 융합 통합하며 하나의 통일 문명국가를 만들어 왔으니, 거시적인 차원에서 볼 때, 중국의 역사는 도가니로서의 문명의 발전과정이었다고 볼 수 있다. 그러나 좀 세분해서 중국의 역사를 반추해 보면, 중국의 역사는 도가니만으로 이루어진 것은 아니었다. 도가니와 비슷하지만 그 반대 역할을 하는 장독도 있었음을 알 수 있다. 도가니와 장독 이 두 가지 성격이 동전의 양면과 같이 번갈아 나타났음을 느낄 수 있다. 다시 말해서, 중국의 역사를 돌이켜 볼 때, 중국의 역사는 도가니와 장독의 끊임없는 반복이었음을 알 수 있다는 것이다.

도가니와 장독의 반복에 대한 구체적인 설명에 앞서 역대 왕조의 부침(浮沈)을 중심으로 중국의 역사에 대해 다시 한 번 간략하게나마 살펴볼 필요가 있다. 중국에서는 상(商)나라 이전에 하(夏)나라를 첫 왕조로 꼽고 있으나, 하나

라에 관한 이야기는 신화 전설상에 주로 등장하고 있거나『서경(書經)』의 일부
에 기록이 나타날 뿐, 실제로 그런 왕조가 존재했다는 역사적 증거나 유물이
존재하고 있지 않다. 따라서 중국의 역사상 왕조의 시작은 기원전 16세기경에
세워졌던 상(商)나라로 보는 것이 마땅하다.

상나라는 은(殷)이라는 곳으로 천도를 한 적이 있어 은(殷)나라라고 불리
기도 한다. 이후 기원전 12세기경, 무왕(武王)은 상나라의 마지막 왕 주(紂)를
축출하며 상 왕조를 멸망시킨 후, 오늘날의 서안(西安)에 해당되는 호경(鎬京)
이라는 곳에 도읍을 정하고 주(周)나라를 세웠다. 그는 상나라의 옛 영토와 새
로 개척한 넓은 영토를 통치하기 위해 봉건제도라는 새로운 제도를 실시하였
다. 무왕이 세운 주 왕조는 약 850여 년 정도 지속되었는데, 주 왕조는 서주(西
周, 기원전 1066~771)시대와 동주(東周, 기원전 770~221)시대로 나뉜다. 주 왕조는
건국 이후, 기원전 8세기에 이르렀을 때, 북방계 유목민족인 견융(犬戎)의 침입
으로 수도를 호경에서 낙양(洛陽)으로 옮기게 되었는데, 낙양으로 천도하기 이
전의 시기를 서주라고 하고, 낙양천도 이후의 시기를 동주라고 한다. 동주는
다시 춘추시대(기원전 770~403)와 전국시대(기원전 403~221)로 나뉘는데, 동주
시대는 사실상 주 왕실이 통치권을 거의 상실한 채, 그 밑의 제후들이 천하를
군웅할거(群雄割據)하며 좌지우지(左之右之)하기 시작하였던 시대였다. 춘추시
대의 패권은 이른바 춘추오패(春秋五覇 齊, 晉, 楚, 吳, 越)의 제후 국가들이 장악
하였지만, 주 왕실에 대한 권위와 존경심은 형식상으로 미약하게나마 살아 있
었다. 그러나 춘추시대 말기에 들어오면서 주 왕실의 왕권은 완전 몰락하게
되고, 이와 함께 각 제후 간의 쟁패전이 더욱 격화되는 가운데, 중원은 혼란
속에서 본격적인 약육강식의 시대를 맞이하게 된다. 전국시대에 들어와 초,
진, 연, 한, 위, 조, 제(楚, 秦, 燕, 韓, 魏, 趙, 齊) 등 전국칠웅(戰國七雄)이라고 하는
7개의 나라가 중원(中原)을 흔들었는데, 이러한 전국시대의 혼란을 평정하고
통일한 나라는 진(秦)나라였다. 기원전 221년 진나라의 왕은 다른 6국을 멸망
시키고 중국 역사상 최초로 중앙집권화된 통일국가를 건설함과 동시에 또한
최초로 황제제도를 만들어 황제에 등극하였다. 그러나 진나라는 건국한 지 20
여 년만에 진승 오광(陳勝 吳廣)의 난(亂)에 의해 멸망되었다. 뒤를 이어 기원전

206년 유방(劉邦)이 장안(長安)에서 한(漢)나라를 건립하였다. 한 왕조(漢 王朝)는 약 420년 간 존속하였는데, 주 왕조처럼 서한(西漢)과 동한(東漢)으로 나뉜다. 개국 이후 약 200여 년 동안 비교적 안정된 통치 시기가 만들어졌는데, 이 시기를 서한이라고 한다. 서한 말기에 왕망(王莽)이라는 사람이 나타나 정권을 찬탈하고 신(新)이라는 나라를 잠시 세운 적이 있는데, 광무제(光武帝)가 이를 무너뜨리고 서기 25년에 낙양에 다시 한조(漢朝)를 회복시켰다. 이렇게 회생된 한나라는 서기 220년까지 지속되었고, 이 기간까지의 왕조를 동한이라고 한다.

　　동한 후기에 들어와, 정치가 문란해지며 황건적(黃巾賊)의 난이 일어나는 등, 사회는 혼란과 무질서에 빠지게 되는데, 이때 지방의 대호족(大豪族) 세력들은 황건적을 진압한 후 세력화와 조직화를 통해 군벌로 성장하였다. 이렇게 만들어진 군벌들 간의 대혼전이 일어나면서, 이른바 위, 초, 오(魏, 蜀, 吳) 삼국의 정립(鼎立)시대가 시작되었고, 삼국의 정립과 함께 한 왕조(漢 王朝)는 사라졌다. 뒤이어 등장한 위, 촉, 오 삼국시대(220~280)와 위를 계승한 진(晉, 225~420) 시기를 거쳐 남북조(南北朝, 420~589)시대에 이르기까지 중원의 대륙은 비교적 오랜 기간 분열의 시대를 경험해야 했다. 삼국을 통일한 나라는 위나라라고 볼 수 있지만, 위나라의 최고 권신이었던 사마염(司馬炎)이 막판에 위의 정권을 찬탈하고 진(晉)이라는 나라를 세웠기 때문에 실질적으로 삼국을 통일한 나라는 진(晉)이라고 보아야 한다. 그러나 진의 통일은 오래가지 못했다. 왕족 간의 세력 다툼과 오호(五胡)의 침입을 받아 낙양이 함락되자 왕실은 남쪽으로 피신 가서 새로운 왕조를 세우는데, 남쪽으로 도망가서 정권을 다시 세우기 전까지의 시기를 서진(西晉)시대(서기 265~316)라고 부른다. 진나라가 도망 간 그 자리인 화북(華北)지방에서 오호인 흉노, 선비, 저, 강, 갈(匈奴, 鮮卑, 氐, 羌, 羯)라고 불렸던 민족들을 중심으로 자그마치 16개의 나라가 탄생하고 멸망하기를 반복하였다. 오호십육국(五胡十六國) 혼란을 평정하고 통일한 사람은 북위(北魏)라는 나라를 세운 태무제(太武帝)였는데, 북조(北朝)는 북위의 건국에서 시작된다. 이 북위가 동위(東魏)와 서위(西魏)로 분열하고, 동위는 북제(北齊)에게, 서위는 북주(北周)에 의해 교체되었다가 북주가 북제를 멸망시키고 한때 화북지역을 통일하였으나, 얼마 못가서 서기 581년 양견(楊堅; 文帝)에 의해 건국한 수(隋)나라에 의해 통합되었다. 그리고 서진(西晉)이 멸망한 후, 진(晉) 왕실의 일족이었던 사마예(司馬睿)가 남쪽으로 피난 가서 과거 오나라의 땅이었던 건강(建康)이라는 곳에 새로운 나라를 세우는데, 그 나라가 바로 동진(東晉, 317~420)이었으며, 약 100여 년 지속되었다. 동진이 멸망한 후, 그 지역에서는 연속해 송(宋, 420~479)·제(齊, 479~502)·양(梁, 502~557)·진(陳 557~589)이라는 네 개의 왕조가 건국되었는데, 같은 지역에 존재했었던 삼국시대의 오(吳)나라를 합쳐 이들 여섯 나라를 육조(六朝)라고 부른다. 육조의 마지막 나라였던 진나라가 수나라에 의해 멸망당하기까지의 시기를 육조 또는 남조(南朝) 시대라고 한다.

한편 화북지방에서는 북방 오랑캐인 선비족이 세운 북위(北魏, 386~534), 북제(北齊, 550~577), 북주(北周, 557~581)가 차례로 건국되었다가, 마침내 수(隋)나라에 의해 통합되고(581), 이어서 수나라는 다시 강남의 마지막 왕조 진(陳)나라를 통합하여(589) 오랜 분열의 시대를 끝냈다. 수나라(581~618)는 서기 581년 북주(北周) 출신의 양견(楊堅)이 건국한 나라였다. 수나라는 활발한 대외정책을 펼쳤으나, 운하건설과 같은 대토목 공사와 이로 인한 과중한 세금의 부과, 그리고 고구려 침략과 같은 무모한 정벌 등이 누적되어 통일 후 30여 년만에 국가는 무너졌다.

수나라를 멸망시키고 서기 618년 당(唐)나라(618~907)를 건국한 사람은 이연(李淵)이었다. 이연은 수나라를 무너뜨리고, 장안(長安), 오늘날의 서안(西安)을 수도로 정하고 제국의 발전적 토대를 닦았으며, 그의 아들 이세민(李世民)은 제국으로서의 면모를 완성시켰다. 당나라는 약 300여 년 지속되었는데, 여타 국가가 그러하였듯이, 당나라도 사회의 기강이 무너지고 제도가 문란해지면서 계속된 환관의 횡포, 지방 호족들의 반란, 황소(黃巢)의 난과 같은 농민의 반란 등으로 멸망하게 된다. 당나라가 서기 907년 주전충(朱全忠)에 의해 무너진 후, 960년 조광윤(趙匡胤)이 송(宋)나라를 건립할 때 가지 약 50여 년의 기간이 있는데, 이 시기를 오대십국(五代十國)시대라고 한다.

서기 960년 후주 출신의 절도사 조광윤 오대 혼란기를 수습하고 통일하여 송(宋)나라를 건국한다. 송나라도 전대의 한(漢)나라와 진(晉)나라처럼 북송(北宋), 남송(南宋)으로 나뉘는데, 송나라가 건국한 이후 12세기 초 만주에서 여진족(女眞族)이 세운 금(金)나라가 송나라의 무기력함을 알고 침략하여 황제를 납치해가는 사건(서기 1127)이 발생하는 데, 이를 정강(靖康)의 난이라고 한다. 송나라의 건국에서 정강의 난이 발생하기까지를 북송(960~1127)이라고 한다. 이후 송은 지금의 항주(杭州)로 수도를 옮기며 다시 나라를 세웠는데, 이후 그런대로 평화와 번영을 유지하다가 1279년 몽고족의 침입으로 왕조가 멸망하였다. 약 150년 간 지속되었던 이 시기를 남송(南宋)시대라고 한다. 송조(宋朝)가 남쪽으로 피난 가서 왕조를 유지하고 있던 동안 화북지역을 지배해 왔던 칭기즈칸의 손자 쿠빌라이는 1271년 원(元)나라를 세우고, 이듬해 중원을 완전 정복하기 위해 수도를 지금의 북경으로 옮긴다. 그리고 1279년에는 남송을 멸망시킴으로써 명실상부하게 중국을 통일하였다. 그러나 원 황실(元 皇室)의 비효율적인 통치정책과 함께 한족, 한문화(漢文化)를 억압함으로써 야기된 한족의 반란으로 인해 원나라는 대륙을 통일한 지 100여 년도 못되어 무너지고 말았다.

약 1세기에 걸친 몽고족의 압박에 시달리던 한족은 농민층을 중심을 홍건군(紅巾軍)을 만들어 각처에서 반란을 일으켰는데, 이런 홍건군의 수장이 된 주원장(朱元璋)은 반란세력을 이끌고 원나라를 무너뜨린 후, 서기 1368년 지금의 남경(南京)에 명(明)이라는 새로운 왕조를 세운다. 주원장은 몽고족을 만리장성 이북으로 축출시키고, 한족의 전통문화를 부흥시켰다. 그의 아들이었던 영락제(永樂帝)에 이르러서 명나라는 크게 융성하였다. 그러나 16세기에 들어와 명나라는 남북으로부터의 외적의 위협과 침략이 끊임없이 이어지는데다가 내적으로는 환관과 관료의 당쟁이 격화되고, 만주 여진족에 대한 지배력이 약화되면서 퇴락의 조짐을 보이기 시작한다. 명이 퇴조의 조짐을 보였던 16세기 말 만주에 대한 지배력이 약해지자 만주족(滿洲族)들은 누르하치의 영도 아래 통일하여 후금(後金)이라는 나라를 세우고(1616) 명나라와 전쟁을 시작했다. 누르하치의 뒤를 이은 태종(太宗) 홍타이치는 만주 전체와 내몽고까지 정복한 후 국호를 청(淸)이라고 바꾸었다. 청은 명나라를 지속적으로 공격하였고, 이 무렵 명나라가 농민반란군 이자성(李自成)에 의해 자멸하자, 이를 틈타 북경으로 진출하여 명의 잔존 세력을 몰아내고 북경의 자금성(紫禁城)에 1644년 청나라의 깃발을 꽂았다. 청나라는 280여 년 존속하다가 1911년 신해혁명(辛亥革命)으로 무너져 3천 년 왕조 역사의 종지부를 찍었다.

상술한 바와 같이 중국의 역사는 3천여 년이 넘는 오랜 세월 동안 무수한 왕조의 명멸(明滅)로 엮어진 역사였다. 그런데 이 같은 중국의 역사에서 몇 가지 공통점 내지 특징이 발견되는데, 그것은 첫째, 소위 오랑캐와 한족이 융합되어 왕조가 탄생되었을 때, 그 왕조는 사회 문화적으로 크게 발전하면서, 강력한 왕조로 탄생되었다는 것이며 둘째, 한족 주변에서 한족과 갈등하며 대치해 왔던 오랑캐는 자신들이 새로운 왕조를 만들었건, 만들지 아니하였건 간에 관계 없이 한족과 융합하며 한족화 내지 중화화되었다는 것으로 요약될 수 있다.

중국의 역사는 이적(夷狄), 즉 오랑캐라고 불렸던 이족(異族)들이 한족을 누르고 지배하였거나 한족과 융합하였을 때, 획기적 도약 내지 발전을 이루었음을 볼 수 있다. 한족이 자의에 의해서건 타의에 의해서건 오랑캐라고 불렀던 사람들의 도움을 받았을 때, 또는 그들과의 한족이 융합하였을 때, 중국은 새로운 제도, 새로운 문화 문명을 창조해냈다. 그렇기 때문에 그런 시대를 도가니의 시대라고 보아야 한다는 것이다. 그러나 중국인들 한족의 사람들은 오랑캐가 자신들과 융합했을 때, 역동성과 비약을 동시에 추구할 수 있었음을 잘 모르고 있는 것 같다. 재레드 다이아몬드(Jered Diamond)는 『총, 균, 쇠(GUNS, GERMS, and STEEL)』라는 자신의 저서에서 다민족과 다민족으로 구성된 국민들의 언어사용과 민족적 다양성 등을 기준으로 세계에서 인구가 제일 많은 6개 나라를 도가니에 비유하였다. 그런데 그는 이들 나라들은 지금도 수백 개의 언어와 민족 집단이 공존하고 있는 도가니라고 했는데, 도가니 규칙에서 단 한 곳 예외적인 존재가 바로 전 세계에서 인구가 제일 많은 중국이라고 했다.[2] 제레드 다이아몬드의 이 같은 이야기는 도가니 규칙에서 예외적인 존재가 중국이라는 것은 도가니와 관계없다는 뜻이 아니라, 도가니 가운데에서 보다 특

---

2) 재레드 다이아몬드 지음, 김진준 옮김, 『총, 균, 쇠(GUNS, GERMS, and STEEL)』, 문학사상사, 2014, 483쪽.

수하게 만들어진 도가니가 바로 중국이라는 사실, 다시 말해, 중국은 특수한 도가니에 비견될 수 있는 엄청난 도가니 국가라는 뜻으로 해석되어야 한다. 또한 이 말은 중국은 진행중인 도가니가 아니라, 완성된 도가니라는 뜻으로 해석되어야 한다.

치앤무(錢穆)라는 사람은 이적(夷狄)이라 불렸던 오랑캐 민족이 중화민족의 융성과 발전에 얼마나 큰 기여를 했는가에 대해 다음과 같이 설명하였는데, 이러한 설명을 통해, 도가니로서의 오랑캐의 역할을 명료하게 파악할 수 있다. 그는 "동이(東夷), 남만(南蠻), 서융(西戎), 북적(北狄) 같은 많은 부족을 받아들이고 융화시켰는데, 민족융화에 성공했기 때문에 진(秦)·한(漢)시대와 같은 전성을 이루었다. 진·한 이후에는, 중국 민족의 큰 흐름 속에 또 흉노(匈奴), 선비(鮮卑), 저(氐), 강(羌) 등, 여러 족속이라고 하는 많은 새 흐름을 용납하고 한 걸음 더 나아가 더욱 새롭고 더욱 큰 중국 민족을 이룩했으니, 이것이 바로 수(隋)·당(唐) 시대의 중국인이다. 수·당 이후에는 중국 민족은 계단(契丹), 여진(女眞), 몽고(蒙古) 등이 합쳐져 명대(明代)의 중국인들을 형성했다. 청대(淸代)에 들어와 만주인 (滿洲人)이 입관(入關)해서부터 현대에 이르기까지 중국 민족 안에는 만주족(滿洲族), 강족(羌族), 서장족(西藏族), 회족(回族), 묘족(苗族) 등이 융화되었는데, 이러한 융화는 아직도 끝나지 않고 있다. 이 같은 융화는 전성기의 전조(前兆)이다."[3] 치앤무의 이야기를 한마디로 이야기한다면, 오랑캐와의 융합으로 중국이 발전 하며 전성기를 이루었고, 오랑캐 없는 중국의 발전은 존재할 수 없다는 것으로 정리될 수 있다.

그러면 중국의 오랜 역사 속에서 소위 오랑캐가 중원을 지배하였을 때, 어떤 역할을 하였고 또한 그들의 공헌이 어떠했는가에 대해 살펴볼 필요가 있다. 주(周)나라는 상(商)나라를 무너뜨리고 건국한 나라였지만, 상나라의 모든 문화와 정치 사회제도 등을 그대로 계승하였다. 주나라가 은나라를 계승하 였지만, 무왕(武王)을 중심으로 한 통치세력은 상나라 사람들의 입장에서 볼 때, 자신들의 뿌리인 화하족(華夏族)이 아닌, 오랑캐에 불과했다. "중국에서 유

---

3) 錢穆, 車柱環 譯, 『中國文化史導論 中國文史哲論』, 乙酉文化社, 1984, 40~41쪽.

사 이래 서안지역에 맨 처음 도읍을 정한 왕조는 서북쪽의 오랑캐 지역에서 밀고 들어와 나라를 세운 오랑캐족의 주나라였다."[4]는 이야기는 이러한 사실을 반증하는 것이다. 이 과정에서 원래 오랑캐 출신의 주나라 중심세력은 자연스럽게 과거 상나라의 중심세력과 융합하여 화하족이 되었다. 오랑캐 출신이 도가니 역할을 제대로 하였기에 세계 역사상 처음으로 봉건제도를 실시하였고, 종법을 만들어 적자 상속제를 확립하였으며 사회관습을 도덕화한 예법을 만들어 훗날 유교 탄생의 토대를 닦아 놓을 수 있었던 것이다.

주나라 왕실의 사람들은 상나라의 옛 땅과 자신들이 개척한 넓은 영토를 통치하기 위해 봉건제도를 실시하면서 한편으로는 이질적인 각계 각층의 수많은 사람들과 이족(異族)들을 포용하였다. 주나라 주변에 살고 있던 이족들은 주나라의 각종 제도와 문화 등에 흡수 통합되기도 하였고, 한편으로는 주나라 제후국들에 의한 무력 정벌 등의 방법을 통해 흡수 병합되었다. 또한 주나라는 강압적으로 영토 확장을 꾀했는데, 그것은 훗날 제(齊), 연(燕), 진(晉)이라는 나라를 만든 강한 제후를 변경에 분봉(分封)하여 이족들을 정복하게 하는 것이었다. 이러한 방식으로써 주변 민족을 정복한 후 거점을 마련하고, 다시 그 거점을 중심으로 세력을 확장해가는 방식을 통해 영토를 넓혀 나갔다. 그 결과 주를 중심으로 한 화하족의 문화와 영향력이 크게 확대되었다. 현재의 하남성(河南省) 중북부, 산동성(山東省) 서부, 산서성(山西省) 남부, 섬서성(陝西省) 동부 일대에 머물러 있었던 화하(華夏) 문명권이 하남성(河南省) 남부, 산동성(山東省) 동부, 산서성(山西省) 북부, 섬서성(陝西省) 서부, 하북성(河北省) 등지로 확대되었다.

춘추전국이라는 혼란과 각축의 시대를 평정하고 통일한 왕조는 진(秦)이었다. 진나라는 중국 최초의 통일 왕조로 기록되고 있는데, 진은 주 왕조 산하 제후국 출신의 나라가 아니다. 화하족의 입장에서 볼 때, 진은 변방 오랑캐가 세운 부족국가에 지나지 않았다. 춘추시대에 양자강 남쪽 지방에 있었던 초(楚)나라마저 오랑캐로 여기던 하화족의 나라들이 서쪽 변방에 있던 진을 오랑

---

4) 김학주 지음, 『장안과 낙양 그리고 북경』, 연암서가, 2016, 40쪽.

캐로 간주했던 것은 당연한 것이었는지 모른다. 그 오랑캐가 화하족을 물리치고 중국 역사상 최초로 중원[5])을 통일하였고, 중국 역사상 최초로 황제에 등극하였다. 진시황은 전국 칠웅의 할거(割據)라는 혼란한 국면을 평정 통일하였으며, 통일 후, 정치체제를 완비함과 동시에 문자, 화폐, 법률 도량형(度量衡) 등을 통일시켜 놓음으로써 이후 등장할 제 왕조가 정치 사회적으로 통합하며 발전하는데 커다란 기반을 닦아 놓았다. 또한 진시황은 봉건제 대신 군현제(郡縣制)라는 통치방식을 채택하여 중앙집권적 관료제를 성립시키는 등, 매우 짧은 시간 동안 춘추전국시대의 방식 속에서 굳어진 중화의 세계에 비교적 많은 변화를 가져다주었다. 한마디로 말해, 변방 오랑캐의 부류에 속했던 진(秦)이 중화를 개혁하고 각종 제도를 만들며 스스로 중화의 중심이 되어 중국의 역사 속에 큰 자취를 남겨 놓았던 것이다.

통일왕조로서 겨우 20여 년 존속했던 진나라와는 대조적으로 한나라는 400여 년 넘게 존속할 수 있었다. 진나라가 쌓아 놓은 정치와 사회운영의 제도적 기틀과 기반을 한나라가 충분히 활용할 수 있었기에 400여 년의 존속이 가능했다고 보아야 한다. 한나라를 세운 고조 유방(高祖 劉邦)과 무제(武帝) 등 초창기 제왕들은 진시황이 잡아 놓은 법적·제도적 통치의 기틀과 기반 위에 새 왕조를 이끌어 나갔기 때문에 정권의 안정을 도모하며 나라의 팽창을 추진해 나갈 수 있었다. 이처럼, 진나라가 만들어 놓은 업적 덕분에 한제국(漢帝國)의 탄생과 흥성이 이루어질 수 있었으니, 진나라는 시대를 이어주었던 역사의 위대한 가교(架橋)이자 도가니로서의 역할을 했다고 보아야 한다.

한나라가 망하고 삼국시대를 거쳐 남북조시대에 접어들면서, 중국의 역사는 도가니의 역할이 가장 크게 작용한 시기를 맞이하게 된다. 앞서 이야기한 바와 같이, 삼국을 통일한 나라는 위(魏)나라를 계승한 사마염(司馬炎)의 진(晉)나라였는데, 통일왕조 진나라는 오래가지 못하고 왕족 간의 세력 다툼과 5호

---

5) 전통적으로 황허(黃河)의 중류·하류 지역을 가리키는 말로, 하남(河南)성 대부분과 산둥(山東)성 서부 및 허베이(河北)·산시(山西)성 남부 지역을 포함하는 지역이었다. 중국 문화의 발상지인 황하(黃河) 중상류의 남북 양안(兩岸) 지대를 지칭하는 말로 중화(中華)의 중심지, 중국 문명의 요람(搖籃) 등을 뜻한다.

의 침입을 받아 수도 낙양이 함락되었다. 진나라가 패주(敗走)하자 그 곳 화북
지방은 5호라고 불렸던 오랑캐 민족을 중심으로 자그마치 16개의 나라가 생기
고 멸망하기를 반복하다가, 북위라는 나라를 세운 태무제(太武帝)에 의해 통일
된다. 그런데 5호 16국과 그 뒤를 이은 오랑캐들의 나라였던 북조(北朝)는 새로
운 중국 문명의 탄생과 문화발전에 지대한 공헌을 하였다. 존 K. 페어뱅크는
"5호를 중심으로 한 북방의 이족들, 중화의 입장에서 볼 때 오랑캐였던, 즉 이
적(夷狄) 정복자들은 그들이 패배시킨 제국을 제 것으로 만들려고 하였고, 그들
의 이 같은 노력은 궁극적으로 성공을 거두어 5세기 중엽까지는 옛 제국과
판에 박은 듯이 닮은 복제품을 재창출하고, 7세기까지는 중화제국으로 하여금
한나라 때의 그것보다 더 풍요롭고 더 강력한 방향으로 발전할 수 있도록 이끌
었다."고 했다.[6]

　　이적(夷狄)의 정복자들인 보인 대표적인 업적 가운데 하나를 꼽는다면 불
교의 수용과 정착이라고 할 것이다. 중국이 자신들과는 다른 머나먼 이역세계
에서 받아들인 것이라고는 불교 이외에 아무것도 없었다고 중국인들은 그렇
게 이야기한다. 불교의 수용과 정착 그리고 발전은 중국 역사에 있어 엄청난
사건이었다. 그런데, 불교가 수용 정착되면서 아울러 대중화될 수 있도록 결정
적 토대를 만들어준 것이 바로 북조라는 오랑캐들의 국가였다.

　　불교가 본격적으로 중국에 전래되어 정착하기 시작한 것은 오랑캐 취급
받던 유목민이 화북지방을 지배한 5호 16국시대였다. 4세기 무렵 장안(지금의
서안)을 도읍으로 한때 황하유역을 지배했던 티베트계의 저족(氐族)이 세운 전
진(前秦)은 서쪽의 전량(前涼)을 멸망시키고 돈황(燉煌)지역을 지배하였다. 뒤이
어 화북을 통일한 북위(北魏) 왕조는 돈황의 기술자들을 받아들여 오늘날 대동
(大同) 부근에 운강(雲岡) 석굴을 만들었다. 그 후 북위가 낙양(洛陽)으로 도읍을
옮기자 교외인 용문(龍門)에도 석굴사원을 건축하였다. 이러한 과정을 거쳐 불
교, 불교미술과 조각, 불교사원 건축은 실크로드를 거쳐 중원의 중심부에 포괄
적으로 전해졌다. 특히 석굴의 건축은 하나의 종교적 상징물 또는 시설을 만

---

6) 존 K. 페어뱅크 외 2인 지음, 김한규 외 2인 옮김, 『동양문화사(상)』, 을유문화사, 1998,
　119~120쪽.

들었다는 데에서 끝나지 않는다. 석굴의 건축은 불교의 전파, 즉 일반 대중들을 교화하고 가르치는 데 있어 매우 중요한 포교의 도구였다. 뿐만 아니라 이들 석굴사원은 인도의 '아잔타 석굴'을 모방한 것으로, 간다라 양식과 굽타 양식이 중국적인 것과 융합되어 만들어진 중국 불교예술의 찬란한 금자탑이었다.

북위(北魏)가 낙양에 천도한 다음 낙양 성내에는 수많은 사찰들이 건설되었다고 한다. 북위 말경에는 낙양성의 내부와 교외에 1,000여 개의 사찰이 있었으며 각 지방의 여러 주군(州郡)에는 3,000개의 사찰과 함께 그 수가 200여 만에 이르는 승려들이 존재하였다고 전한다. 당시 사찰 건축은 대부분 중국의 전통적인 건축구조와 배치방식에 따라 건축되었다고 하는데, 북위(北魏) 말 효명제(孝明帝) 때 (516)에 건축된 영녕사(永寧寺)는 규모가 가장 컸고 장엄하였다고 한다. 불교가 유행하게 되자 불사의 건축이 활발하여 북위의 수도였던 낙양에는 약 1천여 군데의 사원이, 남조의 수도였던 건강(建康)에만 500여 군데의 사원이 건립되었다. 또, 불경의 번역을 둘러싸고 중국어의 어휘가 늘어났고, 불교 미술과 조각, 건축이 크게 발전하였다. 북조에서 이루어진 불교 대중화와 이 같은 활동은 뒤이어 등장한 당나라 불교 발전의 토대가 되었음은 물론이

| **중국의 3대 석굴** | 뚠황(燉煌)석굴(위), 윈깡(雲岡)석굴(가운데), 룽먼(龍門)석굴(아래)
중국의 석굴은 신장(新疆)의 키질천불동 벽화에서 발전하기 시작해 이후 실크로드의 중심지인 둔황(敦煌) 막고굴에서 절정을 이루었다. 그리고 이러한 석굴은 이후 산시(山西)의 윈강(雲岡)석굴과 허난(河南)의 룽먼(龍門)석굴로 발전하게 된다. 이들 석굴들은 서역의 간다라미술이 어떻게 중국에 전래되었고, 중국불교의 발전과 대중화에 어떻게 기여했는가를 직접적으로 말해 주며 문명 교류사와 중국불교사의 귀중한 문화유산으로서의 역할을 하고 있다. 세계적으로 중국적으로 이렇게 보배로운 문화유산을 만든 주인공들은 바로 한족이 이적(夷狄) 오랑캐라고 불렀던 북조(北朝) 왕조의 사람들이었다.

다. 5호 16국, 북조에서의 불교활동의 결과가 없었다면, 당나라 대승불교의 완성은 없었을 것이다.

5호(胡) 오랑캐들이 만든 북조의 나라들은 불교 발전을 포함한 중화제국의 풍성한 문화유산을 위해 기반을 닦아 놓았다. "동한 말기부터 북쪽 및 서쪽 유목민들이 중국으로 이동했고, 불교신앙도 급속히 확산되었는데, 이즈음에 중앙아시아 및 비단길 동편 이민족들의 노래와 춤도 함께 점차 중국으로 들어왔다." "양진(兩晉, 서진 동진)시대부터 수당에 이르기까지 수 세기 동안 중국인의 문화생활은 문학이든 회화 조각이든 음악과 춤이든 모두 엄청난 변화를 겪었다. 외래문화의 영향 및 사회구조의 변화로 인해 문화활동의 내용은 더욱 풍부해졌고, 또한 그러한 문화활동에 참여하는 계층도 확대되고 증가했다."[7] 는 언급은 북조시대가 중국의 문화발전에 있어 도가니와 같은 존재로서 얼마나 큰 역할을 하였는가를 증명하고 있다. 또한 정치제도 등에 있어서 오랑캐의 나라 북조는 균전법(均田法)이 처음으로 시행되었고, 부병제(府兵制)도 채용하기도 했는데, 이런 제도와 함께 북조(北朝)에서 군주권 강화를 위하여 실시된 각종 정치기구가 뒤에 수·당(唐) 두 제국에 그대로 수용되어 완성되었다.

오랑캐가 건국한 북조(北朝)의 나라들이 만든 정치 사회 제도와 각종 문화활동 업적 등은 수나라와 당나라에 전수되었고, 그 결과 중국 역사상 최고의 문화 전성기를 이끈 당나라의 시대가 만들어졌으니, 북조는 중국문화발전의 견인차 내지 도가니의 전처기지로서의 역할을 충분히 수행하였다고 할 수 있다. 아서 라이트Arthur F. Wright와 데니스 트위체트 Denis Twitchett는 『Perspectives on the T'ang』이라는 책에서 당나라 사회의 특징에 대해 다음과 같이 말했다. "수천 년의 중화제국 역사 가운데 당대는 전례 없는 물질적 풍요, 제도의 발전, 사상과 종교의 새로운 시작, 그리고 모든 예술 부분에서 창조성을 이루한 시기였다. 그 이유에 대해 첫째, 절충주의를 들 수 있다. 이는 당나라가 이전 4백 년의 혼란된 역사로부터 다양한 문화의 가닥을 한데 끌어 모으는 방식이다. 이미 5호 16국시대와 북조의 문화를 모두 다 수용했다는 것이다. 두 번째는 당의 국제주의(Cosmopolitanism)로서 무수한 종류의 영향을 받아들이는 개방성이다. 당 문명의 이런 성질들 때문에 당 문명은 보편적 호소력을 갖게

---

7) 허탁운(許倬雲) 지음, 이인호 옮김, 『중국문화사(萬古江河)』, 천지인, 2013, 322쪽.

되었다. 당에 인접한 주변국가 사람들은 당으로부터 항상 그들 자신의 고유한 문
화를 변형시키는 요소를 끌어내었다.”[8] 이 같은 이야기는 당나라는 오랑캐의 제
도와 문물 등을 수용하고 이를 융합해 대제국을 형성했다는 사실을 강조하고
있는 것으로 평가될 수 있다. 당나라가 보여 주었던 이 같은 모습과 관련해
박한제는 자신의 저서『대당제국과 그 유산』에서 “대당제국은 수많은 호인들
이 일으킨 인류와 수많은 호물(胡物)이 일으킨 물류의 거센 물결 속에서 중국
전통적인 것을 합쳐 보다 질적으로 높은 수준의 문화를 만들어냄으로써 수천
년 중국의 역사 가운데 위대한 하나를 열었다.”[9]고 했다. 이러한 설명은 당나
라가 도가니로서의 역할을 수행하여 대제국을 일으켰다는 것을 말하는 것으로
여기서 간과할 수 없는 하나의 사실은 오랑캐가 만들어 놓은 호물(胡物)이 없었
으면, 당제국은 빈 도가니로 끝났을 것이라는 점이다.

　　전형적인 오랑캐의 나라, 원(元)나라는 중국을 다시 한 번 세계의 중국으
로 끌어올렸다. 원나라는 내적으로는 한족을 터부시하는 철저한 차별정책을
써서 한족의 반발을 샀지만, 대외 경제정책에 있어서만큼은 과거 어느 왕조의
그것과 비교할 수 없을 정도로 개방되고 수준 높은 정책을 시행하였다. 중국
은 마지막 왕조인 청나라 때에 와서 다시 한 번 크게 변모한다. 만주족 정권
청나라는 명대의 제도를 답습하기도 했지만,『강희자전(康熙字典)』『사고전서
(四庫全書)』[10] 편찬과 같은 한족의 명나라가 감히 하지 못했던 여러 가지 문화
사업을 시행하였다. 특히『사고전서』는 과거 2, 3천 년 전부터 편찬 당시까지
존재했던 문헌들을 모두 모아 유학, 역사, 사상, 문학 네 가지로 분류해 총 정
리한 대규모 출판사업이었는데, 11년이라고 하는 오랜 세월에 걸쳐 완성된 사
업이었다고 한다. 이 같은 편찬사업의 목적이 어디에 있었든 관계없이, 한족
자신들도 하지 못했던 한족의 일을 오랑캐 만주족 사람들이 대신 해냈던 것이

---

8) Wright, Arther and Denis Twitchett,『Perspectives on the T'ang』, Yale Univ. Press, 1973.(박
　한제 지음,『대당제국과 그 유산』, 세창출판사, 2015, 35~36쪽에서 재인용)
9) 박한제 지음,『대당제국과 그 유산』, 세창출판사, 2015, 125쪽.
10) 청나라 건륭(乾隆) 연간에 칙명에 의해 제작된 총서(總書) 경(經) 사(史) 자(子) 집(集)의
　4부(部)로 이루어져 있으며, 수록된 책은 3458종 79582권에 이른다고 한다. 고대에서부터
　『사고전서』편찬 당시에 이르기까지 중국 땅위에 존재했던 모든 서적을 총망라했다고 한다.

다. 그러나 한족의 입장에서 볼 때 오랑캐 왕조 청나라의 가장 큰 업적은 영토의 대확장이라고 할 수 있다. 만주족 오랑캐 출신의 사람들이 만든 왕조가 중국 역사상 최대의 영토를 이루어내며 현대 중국의 영토를 완성하였던 것이다. 명대(明代)까지만 해도 중원과 양자강 남쪽 정도에 그쳤던 중국의 영토는 만주족이 중국을 지배함으로써 만주까지 확장되었다. 강희제의 정복사업으로 북만주 일대까지 확대되었으며, 건륭제 때에 이르러서는 신장(新疆, 오늘날의 위구르족 지역)과 시장(西藏, 티베트 지역)이 포함되면서 중국 역대 왕조사상 영토 면에 있어 최대의 강역(疆域)을 확보했다. 청나라는 만주, 중국, 대만 등지는 직할지로 직접 통치하였고, 몽고, 칭하이성(靑海省), 티베트, 신강 등지는 자치령인 번부(藩部)로 하였고, 조선, 미얀마, 태국, 월남 등지는 자신들에게 조공만을 바치는 속국으로 삼았다. 오랑캐 만주족은 한족을 지배하면서 그들에게 이렇게 엄청난 선물을 하였고, 그러는 사이에 자신들 또한 자발적으로 한족이 되어 버렸다.

현재 중국의 공산당 정권은 청대의 강역을 자신들 영토의 기준으로 삼고 있다. 현재 중국의 영토 면적은 청나라 전성기 때의 영토의 면적에 조금 못 미치고 있다. 1850년 아편전쟁에서부터 1949년 공산화에 이르기까지의 기간인 소위 백 년 굴욕사를 거치면서 영토의 일부를 잃었기 때문이다. 중국 공산당은 영토욕구를 충족시키기 위해 수단과 방법을 가리지 않고 있다. 그들은 그 잃은 부분을 되찾기 위해서라면, 국제법 따위에도 아랑곳하지 않음은 물론, 기본적인 상식마저 파괴하고 있다. 현재의 중국은 청나라가 만들어 놓은 영토와 국경을 자신의 영토와 국경으로 삼고 있기 때문에, 지금도 영토에 대한 욕구와 야욕을 강하게 드러내고 있는 것 같다. 오랑캐 만주족이 한족에게 최대의 영토를 선물한 셈이 되었으니 한족이 한 때 오랑캐에게 정복당한 것이 크나큰 축복이었던 것이다.

2. 장독 세계가 만들어 놓은 정체와 타락

중국의 역사를 반추해 볼 때, 드러나는 또 한 가지 특징은 한족 주변에 있던 여러 이족들과 이적(夷狄)들이 한족을 지배하며 새 왕조를 건립하였을 경우, 항상 새로운 문명과 제도를 창조했지만, 이와는 반대로 이들 이족과 이적들이 시간이 지나면서 한족과 융합하여 기존의 중화문화에 동화되어 한족이 되면 그 왕조, 그 사회는 정체와 퇴보, 그리고 타락으로 이어져 결국에는 쉽게 망해버렸다는 사실이다.

앞서 말한 바와 같이, 도가니는 융합을 통한 새로운 물질을 생성시키는 것을 고유의 기능으로 하고 있다. 중국의 역사에 있어 소위 이적 오랑캐들은 중원을 지배할 때에 자신들의 문화와 제도를 한족의 그것과 융합하여 새로운 제도와 문화를 만들어 냈는데, 이를 두고 도가니의 기능이 작용하였다고 하였다. 그러나 생성과 발전은 사라진 채, 오히려 정체(停滯)와 퇴보, 타락만이 존재하였다면, 그것은 도가니가 아닌 장독과 같은 모습에 비유될 수 있다. 도가니와 장독 이 두 가지는 외형적으로 볼 때 일종의 그릇 형태를 가진 도구라는 유사점을 보이고 있으나, 장독은 항아리로서 음식을 보관하는 도구로서만 사용된다. 장독은 어떤 기능이나 움직임을 발휘하지 않고, 오직 그 안에서 간장 된장 고추장과 같은 음식물이나 음식물을 만드는 식재료(食材料) 등을 보관하는 역할을 하는 것이 일반적이다. 그렇기 때문에, 장독은 정체성(停滯性)을 상징하게 되는데, 문제는 정체(停滯)는 부패와 타락으로 이어지는 것이 일반적이어서, 상황에 따라 장독은 퇴보와 정체, 그리고 타락을 상징하는 존재가 되기도 한다는 것이다.

보양(柏楊)이라는 사람은 중국 사회, 중국인의 성격, 중국인의 행동 등을 장독에 비유했다. 그는 "모든 민족의 문화는 장강의 큰 물줄기처럼 도도히 흐르는데, 오랜 시간이 지나면 강물 속의 죽은 물고기, 죽은 동물, 쓰레기 등이 가라앉기 시작하여 물이 더 이상 흐르지 않게 된다. 그러면 물은 점점 죽어

가고 마침내 장독이 된다. 그리고 그 오물 구덩이에서 악취가 풍기기 시작한다고 했다."[11] 보양의 주장에 따르면 장독 안의 썩은 물과 거기서 나오는 악취가 바로 중국인의 모습이라는 것이다. 그는 썩은 물의 악취와 같은 중국인의 추악한 품성과 행태에 대한 예로서 더럽고 무질서하고 시끄럽고, 자신들끼리 싸우는 '내분'이 많다는 것, 체면을 중시하여 죽어도 잘못을 인정하지 않는 것, 그리고 큰 소리 치기 좋아하고, 과장하여 허풍을 떠는 데 익숙한 태도 등을 예로 들었다. 그러나 보양은 추악한 중국인들의 모습에서 "노예근성" 관련이 있다고 했다. 보양은 이에 대한 원인으로 사승(師承 : 스승에게 학문(學問), 기예(技藝) 등을 배워서 이어 받는 것)을 지적했지만, 중국인들이 너무나 오랜 기간 동안 자아도취, 자기기만에 빠져 살았다는 사실이 직접적인 원인으로 지적되어야 할 것이다. 철저한 자기 우월주의를 근본으로 하는 중화사상은 오랜 기간 사람들로 하여금 자아도취(自我陶醉), 자기기만(自己欺瞞)의 의식 속에 빠져 살게 했다. 자기만이 최고라는 우월의식(優越意識)과 함께, 자신이 세상의 중심이며 기준이라는 생각이 바로 자아도취와 자기기만을 만들어 냈던 것이다. 그 결과 보양이 지적한 대로 중국인들은 무질서하고 더러우며, 단결하지 못하고 내분이 많고 체면만을 중시하였기 때문에 죽어도 잘못을 인정할 줄 모르며, 또한 노예적 근성이 있어 창의적이고 독립적인 사고를 두려워한다고 했다.

량수밍(梁漱溟)이라는 사람은 중국 민족성의 결점을 이야기한 적이 있는데, 그는 중국 민족성의 결점을 첫째, 공중도덕을 중시하지 않고, 국가 관념이 결핍되어 있으며, 사심만을 중시한다는 것, 둘째, 기율관습이 결핍되어 있고, 공공장소에서의 질서를 지키지 않으며, 셋째, 조직능력이 결핍되어 있어 흩어진 모래와 같다는 것, 넷째, 인정(人情)에만 매달려 법치정신이 결여되어 있다고 했다.[12] 이상의 네 가지 지적 중에서, 적어도 세 가지는 중국인들의 자아도취 자기기만에서 나온 것인데, 중국인들의 마음속에 만연된 자아도취와 자기기만은 중국을 장독 사회로 만들었으며, 장독 사회의 지속은 결국에 있어서 국가의 쇠퇴와 멸망을 가져왔다고 할 것이다. 량수밍이 지적한 이 같은 결점

---

11) 보양(柏楊) 지음, 김영수 옮김, 『추악한 중국인(醜陋的中國人)』, 창해, 2005, 98쪽.
12) 梁漱溟, 『中國文化的命運』, 中信出版社, 2011, 125쪽.

은 중국인들의 자아 중심의식이 크게 작용하여 나타난 결과물이기도 한데, 량수밍의 지적대로 중국 민족은 결점이 많아졌기 때문에, 중국의 사회가 도가니에서 장독으로 변했는지도 모른다.

도가니가 장독으로 변하게 된 원인 또한 중국인이 왜 추악하게 되었는가에 해답에서 찾을 수 있다. 전술한 바와 같이, 중화사상은 우월사상이자 배타사상이며 철저한 자기 중심사상이다. 자신이 최고의 존재이기 때문에, 자신이 중심이 되고, 또한 자기의 이익만이 중시되기 때문에, 자신 바깥에 있는 타자(他者)들 대한 생각과 관심은 말할 것도 없고, 그들의 시선에 대해서 조차 신경 쓰지 않는 것이다. 그렇기 때문에 개개의 중국인들은 유가에서 그토록 강조해 왔던 예의와 정반대되는 후안무치(厚顔無恥)적 행동을 일삼고, 철저한 배타주의적 감정을 갖게 되면서 담장 쌓는 일에만 몰두하게 되었는지 모른다.

앞서 언급한 바와 같이, 중화화·한족화는 한(漢) 왕조에서부터 본격적으로 시작되었지만, 중화화 한족화가 하나의 완정(完整)한 이념으로 정립되어 확정된 것은 송나라에 들어와서부터 라고 할 수 있다. 북송과 남송을 합쳐 320년간은 좋든 싫든 현대 중국의 원형질이 형성된 시기이다. 중국의 역사들은 당송이라고 짝짓고 있지만, 송은 한족, 당은 선비족이 창업했던 나라였다.13) 이같은 사실과 관련해, 거자오광(葛兆光)이라는 사람은 송나라의 엘리트들은 항상 중국(송왕조)의 정통성과 문명(한족문화)의 합리성을 증명하려 했으며, 그런 관념이 바로 근세 중국 민족주의 사상의 먼 기원이 되었다고 했다.14)

정순태는 중화화·한족화라는 이념이 완전히 정립 정착된 송나라를 기마민족 국가에게 뜯어 먹힌 경제 문화대국으로 규정하고, 송나라의 현실과 패망에 대해 다음과 같이 설명한 바 있다. "첫째, 태조 조광윤(趙光胤)은 건국 초부터 쿠데타 방지를 위해 황제의 친위세력만을 강화하고 국경과 지방주둔의 야전군을 의도적으로 약체화시키는 등 국방체계를 흔들어 놓았다고 했다. 둘째 송은 문신우위의 나라였고, 과거제도를 실제적으로 최초로 정착시켜 문관통

---

13) 鄭淳台, 『宋의 눈물』, 조갑제닷컴, 2014, 21쪽.
14) 거자오광(갈조광) 지음, 이원석 옮김, 『이 중국에 거(居)하라(宅玆中國)』, 글항아리, 2012, 78쪽.

제 제도를 성립시켰다고 하지만, 무신을 천시하는 나쁜 풍토가 정착되어 위기를 관리할 만한 장수를 양성하지 못했다고 했다. 황제가 관리하는 과거제도를 통해 등장한 송나라의 문신들은 최고 수준의 유학 지식인들로서 이들은 당파 싸움에 능했지만, 국가경영에는 무능했다고 했다. 그는 개혁정치가 왕안석(王安石)이 재상으로 발탁되어 개혁정치를 시도했지만, 당시 정치와 문화 권력을 장악했던 구법당(舊法黨)의 반발로 실패하고 말았는데, 당시 구법당의 지도자들은 사마광(司馬光), 소식(蘇軾), 정이(程頤) 등 동시대의 기라성 같은 유학자들이 있었다. 이들 모두 과거에 급제한 문신관료들이었다고 했다.[15] 송대의 이 같은 현실을 보면 성리학에 찌들어 버린 조선시대의 모습을 떠 올리게 되는데, 송나라의 정치현실과 풍조는 송나라 이전의 왕조에서는 보기 어려운 현상으로서 중화화·한족화의 본질과 깊이 있게 관련되어 있다고 보아야 한다. 중화화·한족화는 실사구시와는 동떨어진 이념 내지 교조주의(教條主義)적 색채를 속성으로 하고 있다고 해도 크게 잘못된 말이 아닐 수 있다. 이렇게 볼 때 중화화·한족화는 지나친 자아 중심주의, 자기우월주의를 만들어 냈고, 자아 중심주의는 자기우월주의는 자만과 자기기만, 무사안일과 해이 등으로 직접 이어졌다고 보는 것이 타당하다.

담장 쌓기 또는 벽 쌓기는 중화사상의 의해 만들어진 중국 고유의 문화로 정착되어 버렸다. 뒷장에서 다시 언급하겠지만, 중화사상이 만들어 놓은 우월과 배타의 논리는 자연스럽게 담장 쌓기, 즉 벽(壁) 쌓기로 이어졌고, 이로 인해 중국인들은 같은 민족, 공동체의 구성원이었음에도 불구하고, 극도의 이기주의와 자기 중심주의적 논리만을 갖게 되었다. 그 결과 상대방 내지 타자에 대한 최소한의 관심과 배려에 대한 관념조차 갖지 못하게 되어 저렇게 추악한 사람들로 변질된 것이다. 따라서 오랑캐가 한족과 융합하여 새로운 국가, 새로운 사회를 만들었을 때가 바로 도가니라고 할 때, 한족 고유의 중화사상, 중화문화는 바로 장독에 비유될 수 있다. 다시 말해, 중화화(中華化)·한족화(漢族化)는 장독을 상징하면서, 장독으로 가는 지름길이었다고 말해도 잘못된 말이 아

---

15) 鄭淳台, 『宋의 눈물』, 조갑제닷컴, 2014, 8~9쪽 참조.

니라는 것이다.

그런데 이 같은 장독의 논리가 일반 중국인들의 성격과 행동에만 적용된 것이 아니라, 국가조직, 사회조직 전반에 골고루 스며들었고, 이로 인해 사회는 곧 바로 정체 타락하고 나라는 망국의 길로 접어들게 되었던 것이다. 장독현상이 가져온 왕조의 멸망과 관련해 명나라의 멸망에 관해 살펴보자. 명나라의 멸망은 외형적으로 볼 때, 청나라의 침략에 의한 것 같지만 실제로는 자멸이었다. 앞서 말한 바와 같이, 주원장(朱元璋)을 중심으로 하는 홍건(紅巾)의 농민군이 몽고족을 몰아내고 세운 나라였다. 명나라는 몽고족에 의해 짓밟힌 중화를 되찾고 한족의 중원지배를 회복하였다. 건국 후, 초창기에는 정화(鄭和)의 대항해 같은 진취적 활동도 있었으나, 중화사상에 얽매이다 보니 시간이 갈수록 폐쇄적이고 배타적으로 흘렀고, 결국에는 우월감과 자만심에 빠져 스스로 우물 안의 제국이 되고 말았다.

몽골족이 세운 원나라는 중앙아시아로 진출하여 중동 유럽으로까지 자신의 길을 넓히다 보니 명실 공히 세계의 제국이 될 수 있었다. 원의 수도 대도(大都, 지금의 북경)는 명대에 들어 와, 수도(首都)로서의 자리는 그대로 이어졌지만, 그 자리 안에서 이전의 왕조 원나라와 세계의 여타 국가들 사이에서 이루어졌던 교역과 무역과 같은 행위는 거의 다 사라졌다. 그들은 자신들은 대국이기 때문에 주변의 작은 나라나 이족들과 거래할 필요가 없다고 생각했다. 명나라 지도자들의 이 같은 태도는 전형적인 중화사상에서 나온 것이었다.

이로 인해 명나라의 지배층과 관료사회는 내외적으로 상호교류와 협력에 무관심하였고 또한 국내외적인 변화에도 눈감고 있었다. 그들은 환관정치와 당쟁 등을 일삼으며 명분싸움, 이론싸움에만 몰두해 있다 보니 세상이 어떻게 돌아가며 또한 바뀌고 있는가에 대해 인식이 없었다. 전형적인 장독현상의 등장이었다. 명나라가 중화에 빠져 무사안일적(無事安逸的) 행동을 벌일 때, 서구는 르네상스 시대를 거쳐 지리상의 발견을 경험하고 식민지 개척에 관심을 기울이며 산업혁명을 준비하고 있었다. 중국은 그들이 무엇을 하고 있는가에 대한 관심이 없었음은 물론, 서구의 선교사들이 왜 중국으로 몰려오고 있고, 또한 선교사들이 무슨 생각을 하고 있었는가를 자신들 멋대로 해석하고 판단했다.

명대의 중국인들은 자신들의 시야를 한족 중원에 고정시켜 둔 채, 자신들만의 세계를 인류 온 세상의 중심이라고 생각했다. 그들은 세상 모든 지역이 중국의 땅이고, 세상의 모든 사람은 신하 내지 신민으로 여겼다. 그들은 세상의 모든 것을 자기 중심에서 바라보며 판단하고자 하였다. 중국과 중국인들은 벽 넘어에 있는 세상을 쳐다보지 않으려 했고, 또한 보아야 할 필요성도 느끼지 않았다. 그 결과 그들은 자신들을 중국 이외의 세상에 대해서는 아무것도 모르는 문외한이 되었고, 심지어 별로 강하지도 못했던 남북의 이족으로부터의 위협에도 제대로 대처하지 못하는 형편에 놓이게 되었다. 장독이 되어버린 관료사회의 당쟁격화와 정치적 혼란 등으로 인해, 과거 농민군의 수장 노릇을 했던 주원장(朱元璋)에 의해 원나라가 멸망하였듯이, 1644년 농민반란군인 이자성(李自成)에 의해 명나라는 소멸되었다.

중국의 마지막 황조(皇朝)였던 청조(淸朝)의 멸망 역시 명나라 때의 그것과 비교해 크게 다르지 않다. 만주족의 청 황조는 중원을 지배하면서부터 과거 원제국과는 달리 꾸준히 한족 친화정책을 썼다. 만주족에 반기를 든 일부 한족 지식인들을 누르기 위해 문자옥(文字獄)과 같은 사건도 발생했지만, 일관되게 한족 친화정책을 펼쳤다. 그러나 한족 친화정책은 중화사상으로의 침윤(浸潤)과 장독의 기능을 고양(高揚)시켜 망국의 길을 걷게 했다. 스스로 중화화되어 버린 청조의 만주족들은 그 결과 한족이 되어 쇠퇴의 길을 걷다가 서구열강과 일본에 의해 파멸당하고 말았다.

청나라는 건륭제 때 중국 역사상 가장 넓은 영토를 확보하며 최전성기의 시대를 맞이하였지만, 곧바로 쇠락의 길을 걸었다. 세상에서 가장 강대한 세력을 가진 제국이라는 의식에 도취(陶醉)되면서 곧바로 퇴조의 길로 접어들게 되었다. 다시 말해 중화사상의 저주를 받기 시작한 것이다. 너무나 오랜 기간 황제노릇을 했던 건륭제가 무사안일에 빠져 1795년 84세의 나이에 자신의 아들에게 선위하고 말았다. 선위(禪位)는 자연스럽고, 당연한 일처럼 보였으나, 사회기강이 해이해지고, 정치가 흔들리며 법치가 문란해지기 시작했음을 의미했다. 탐관오리들이 각지에서 설쳐대며 행패를 부린 결과 농민들은 유랑민들로 전락했고, 군대마저 와해되기 시작했다. 정치가 실종되고 국가의 기강이 해이해지면서 간성(干城)이었던 팔기군(八旗軍) 마저 무력해졌다. 장군과 병사들은 방탕해지고 군대는 부정 비리의 온상이 되었다. 청대 관료사회에 만연했던 부정 비리, 부패에 관한 실상은 청조 말기에 창작된 『관장형현기(官場形現記)』[16]라는 작품에 여실하게 나타나고 있는데, 이 작품은 청나라 조정의 부패를 통해 청나라가 왜 장독이 되었는가를 보여주고 있다. 가장 근본적인 원인은 황권(皇權), 농업질서, 국가안정 등을 고취하고자 하는 청나라의 제도가 자유방임적인 상공업 지향 정책 및 제도 등과 병립할 수 없었기 때문이다. 건륭제와 장독은 두 가지 특징으로 나타난다. 벽을 쌓거나 배타주의로 흘렀기 때문에, 자신을 제외한 기타 존재를 무시하였는데, 그 결과 그들은 외부의 존재에 대해 관심도 없었고, 외부의 존재들이 어떤 생각을 하고 어떻게 움직이고 있는가에 대한 기본적인 정보조차 갖지 못했다. 둘째, 우월주의로 인해, 더 노력하고 발전해야 한다는 생각 없이 무사안일적 행태만을 일삼게 되고, 이는 정체와 퇴보로 이어지면서 결국 외침에 의해 패망할 수밖에 없게 되었다.

그렇다면, 현재 공산당이 지배하는 중국의 사회는 도가니의 원리가 작용하고 있을까? 아니면 장독 현상이 재현되고 있는 것일까? 상술한 바와 같이, 중국의 역사가 도가니와 장독으로 구성되어 있음을 볼 때, 중국인들의 마음과 행동 속에는 도가니와 장독이 모두 존재하고 있는 것 같다.

---

16) 이 책은 1903년에 남정정장(南亭亭長)이라는 필명으로 출판되었는데, 의화단사변(義和團事變) 이후의 청나라 말기의 국가·사회 정세, 관계(官界) 타락의 양상이 유감 없이 노출되어 있어서, 실록(實錄) 이상으로 당시의 분위기를 잘 전해 주고 있다. 군기대신(軍機大臣)으로부터 하급관리에 이르기까지 관리라는 이름이 붙은 자는 누구를 막론하고 이 세상에서 가장 미움을 받고 천대를 받아 마땅하다고 주장하면서 관리의 뇌물·매관매직·협잡·독직(瀆職)·축첩(蓄妾) 등, 그 이면을 서슴지 않고 날카롭고 통렬하게 폭로하였다.

중국의 얼굴, 중국인의 생각

집단의식과 자아 중심의식

집단의식과 자아 중심의식

1. 중국인의 집단의식 - 팽창과 확장

1) 중국은 어떻게 팽창해 왔는가?

어느 국가를 막론하고 그 국가를 구성하는 국민구성원 집단 사이에는 집단의식이 존재하기 마련이다. 집단의식이라고 하는 것은 사회나 집단조직 내에서 전체 구성원들에게 공유되는 일련의 사고방식, 규범, 가치관, 감정 체계를 지칭하는 것이라고 할 수 있는데, 프랑스 사회학자 에밀 뒤르켐(Emile Durkheim)이라는 사람은 개인의 활동과 구분되는 사회적 행동을 설명하기 위해 집단의식이라는 용어를 사용하였다. 그는 이러한 개념을 이용하여 사회를 유기체(有機體)에 비유하여 단순한 하나의 수량적 집단으로 간주하지 않고 규범으로 단단히 결속된 도덕적 실체로 규정하였다.

중국인들 또한 그들 특유의 집단의식(集團意識)이라고 할 수 있는 관념과 정서체계를 가지고 있다. 중국인들은 현재 지구상에 있어 그 어느 민족 어느 집단에서도 보기 어려운 집단주의 성격과 사고(思考)에 의해 지배받고 있으며, 또한 강하게 그것을 표출해내고 있다. 이는 바꿔 말해서, 중국과 중국인들은 한편으로는 지구상의 그 어느 나라, 어느 국민들보다 견고하고도 강건한 집단의식을 가지고 있다는 것이다.

　중국인들의 집단의식은 일종의 관계론적 인식의 바탕 위에서 생성 발전되었다고 보아야 한다. 중국인들의 집단의식의 시작은 개인의 존재 가치보다는 가족과 사회와의 관계 내지 국가와의 관계를 중시하는 문화적 환경에서 비롯되었고, 여기에다 중국 특유의 종법주의(宗法主義)의 영향이 더해져 확고하게 형성되었다고 보아야 한다는 것이다. 중국인들은 과거 고대사회(古代社會)에서부터 현재에 이르기까지 자신의 주변과 사회제도와의 밀접한 관계 속에서 살아 왔다. 따라서 중국인들은 개인이 자신의 주변 환경 및 사회와 어떤 관계를 유지하고 있는가, 그리고 개인이 가족과 사회, 국가와 어떤 관계를 맺고 있으며, 또한 그 관계 속에서 어떻게 행동해야 하는가에 대한 관념을 비교적 강하게 유지하고 있다. 한마디로 이야기해서, 이 같은 이야기는 주변의 상황과 사회의 현실이 그들의 집단의식의 형성과 발전에 커다란 영향을 미쳤음을 의미하는 것이다.

　오늘날까지 중국이 문화권 국가 내지 문명국가로서의 성격을 갖게 된 것은 이 같이 강한 집단의식이 있었기 때문에 가능했을지도 모른다. 어느 한 민족 내지 어느 한 국가의 구성원들의 집단의식이 형성될 때에는 개국신화 내지 민족 특유의 신화가 일정 부분 역할을 하는 것이 일반적인 일인데, 중국의 경우 그렇지 못했다. 중국인들을 한데 묶은 것은 신화라기보다는 철학과 사상이었다. 중국인들의 집단의식은 오랜 역사의 흐름 속에서 누적된 경험과 사실을 통해 형성되었다. 중국인들은 주변 환경에 대한 인식을 바탕으로, 역사적 경험과 사실에 대한 확인의 누적을 통해 견고한 정서를 만들어냈다. 그런데 그 가운데에서 가장 대표적인 정서가 팽창과 확장의식이었는데, 그것이 바로 그들의 집단의식으로 표출되고 있다. 팽창과 확장의식은 현실을 통해 다져진 집단의식이라고 할 수 있는데, 이 같은 집단의식은 중국인들이 얼마나 현실적으로 사고하고 행동하는 국민인가를 말해 주고 있다.

　앞서 살펴본 바와 같이, 중국은 2천여 년이 넘는 오랜 세월 동안 끊임없이 팽창과 확장의 과정을 거쳐 온 나라이다. 그리고 영토의 확장과정은 한족의 확장과 그 궤(軌)를 같이 하는데, 여기서 중국의 영토 확장과정에 대해 대강이

나마 다시 한 번 살펴볼 필요가 있다. 상고시대(上古時代)의 상(商), 주(周)나라는 성읍(城邑)국가였던 탓에 그들 영토의 대부분은 황하(黃河) 주변을 벗어나지 못했다. 동쪽으로는 산동반도(山東半島)와 서쪽으로는 뤄양(洛陽) 그 이상의 지역을 벗어나지 못했다는 것이다. 즉 화북지방(華北地方)의 일부만이 그들의 강역(疆域)이었다. 그 증거로는 주나라 무왕을 도와 주나라 건국의 일등공신 역할을 했던 강태공(姜太公)이 훗날 제(齊)나라가 될 지역을 봉지(封地)로 받았을 때, 그 지역을 가리켜 야만의 땅이라고 불렀다고 했는데, 이는 주나라 초기까지만 해도 화하족(華夏族)의 영토가 아주 작았다는 것을 보여주는 증거가 된다.

중국의 영토 확장은 진(秦)나라의 통일에서부터 시작되었다고 보아야 한다. 중국이라는 말은 본디 황화 유역의 중원 지역을 의미하며, 진나라 이후에는 중원지역의 한족을 구성원으로 하여 건립된 국가를 통칭하여 중국이라고 불렀다. 진나라가 중원을 통일한 이후, 화하족은 중원문화를 형성하며 강력한 집단의식을 키워나가는 징후를 드러내기 시작했다. 기원전 221년 중원을 중심으로 크고 작은 수많은 제후국(諸侯國)이 패권을 다투었지만 진나라에 의해 통일되었다. 진나라가 중국을 최초로 통일한 후, 2천 년이 넘는 오랜 기간에 걸쳐 중국은 북쪽으로 대초원을 아우르고, 남쪽으로는 남중국해의 북쪽부근, 서쪽으로는 중앙아시아까지 뻗어 나갔다. 이러한 영토 확장은 이루 헤아릴 수 없는 숱한 전쟁과 분쟁, 패권쟁탈, 정복 등의 과정을 통해 이루어졌음은 물론이다.

여기서 중국과 한족의 영토 확장의 과정에 대해 다시 한 번 살펴볼 필요가 있다. 윤휘탁은 자신의 저서 『신중화주의(新中華主義)』라는 책에서 중국 강역(영토)의 형성과정을 6단계로 나눠 설명하였다. 본서에서는 윤휘탁이 주장한 6단계를 인용 소개하며 이를 통해 한족의 영초 확장과정을 간단히 정리하고자 한다. 그가 설명한 6단계는 다음과 같이 요약될 수 있다. "제1단계는 전국 및 진·한 시기 화하족의 강역이 형성되고 개척된 시기이다. 춘추시기는 120여 개의 소국으로 분열된 상태였고, 전국시기에는 중원에 소위 칠웅(七雄)이 형성되어 사방으로 자신들의 영토를 개척하였다. 전한 무제(前漢 武帝) 시기는 정권이 안정되며 융성기에 접어들자 국력 또한 강해졌는데, 강한 국력으로써 수차례에 걸쳐 흉노족을 정벌하는 등, 서역원정을 이루어내면서 영토를 크게 확장할 수 있게 되었다. 동한(東漢) 초기에는 오늘날의 운남(雲南) 지역까지 영토가 확장되면서 처음으로 한족, 흉노, 백월(百越), 조선, 서남이(西南夷)가 공동으로 다민족 통일국가를 만들었다. 제2단계는 한족 정권의 영토가 북쪽으로는 축소되었지만 남쪽으로는 확대된 시기로서 동한 전기부터 수(隋)·당(唐) 통일정권이 들어서기까지의 시기에 해당된다. 제3단계는 수·당의 다민족 통일국가의 기반이 닦여진 시기이다. 황하 유역에서 300여 년 간에 걸친 민족의 교류, 융합과 남방 만이(蠻夷)의 한화(漢化)를 바탕으로 세워진 다민족 통일국가인 수·당 정권은 북으로는 돌궐을 동으로는 고구려를 서로는 토욕혼(吐峪渾)을 평정하여 강토를 넓혔다. 이때에는 문화적으로 호(胡: 오랑캐)·한(漢)의 구분이 거의 없었으며, 가구 복식, 식품, 음악 예술 등의 방면에서는 호한 융합의 특색이 나타났다. 제4단계는 양송(兩宋)시기로서 중국의 대분열시기였다. 이 시기는 북송(北宋), 남송(南宋), 요(遼), 금(金), 서하(西夏) 등 11개의 정권으로 분열되어 있었는데, 한족 왕조가 일단 쇠락해지자, 주변 소수민족이 이 틈을 이용해 흥기해서 강토를 개척하고 정권을 세우며 경제개발을 하기 시작했다. 제5단계는 원(元)나라 통일제국의 건설과 재분열의 시기이다. 원나라는 10여 개 정권을 묶어 하나의 제국으로 통일시켰다. 이 시기는 한나라, 당나라와는 달리 변지(邊地)의 유목 민족이 모든 수렵지구와 농경지구를 점유하고 있는 소수민족의 근거지인 변지를 중화에 통합시켰으며, 특히 티베트의 토번(吐藩)을 왕조의 직속 판도로 집어넣었다. 제6단계는 청(淸)나라 제국시기로 중화제국의 강역(疆域)이 마지막으로 완성된 단계이다. 18세기 중엽 형성된 청나라의 강역은 秦, 漢 이후, 중화의 각 민족이 수천 년 교류 융합한 결과로서 청 제국의 강역은 수렵 위주의 만주지역, 목축 위주의 몽골구역, 농경 위주의 명나라 지역으로 이루어졌다."[1]

상술한 여섯 단계 가운데, 제6단계가 한족의 팽창과 영토 확장 부분에 있어 가장 중요한 부분이라고 할 수 있기 때문에, 약간의 부연 설명이 필요할

---

1) 윤휘탁 지음, 『新中華主義』, 푸른 역사, 2009, 145~148쪽 참조.

듯하다. 만주족이 세운 청나라는 중원의 주인이 되었지만, 기존 자신들이 거주했던 만주와 새로운 영토가 된 명나라의 강역에 만족하지 않고 침략의 여세를 몰아 새로운 영토 확장 정책을 추구했다. 그 결과 청나라는 18세기 후반 건륭제(乾隆帝) 때에 이르러 이전 왕조가 차지했던 영토의 2배 가까운 땅을 갖게 되었다. 북으로는 자신들의 본래 거주지였던 북방의 만주 초원에서 외몽고지역, 즉 오늘날의 몽골공화국의 영토를 완전 장악하였고, 서쪽으로는 투르키스탄 지역, 무슬림의 주거주지였던 북서지역인 지금의 위구르자치구를 강탈하였으며, 남쪽으로는 장족(藏族) 사람들의 영토였던 티베트까지 모조리 빼앗아 자신들의 영토로 편입시켜 놓았다. 이들 지역들은 명대(明代)까지는 한족 즉 중화와는 아무 상관없는 곳이었지만, 마지막으로 중화화(中華化)된 청나라 만주족들에 의해 식민지가 됨으로써 결과적으로는 한족들의 팽창과 확장 욕구의 제물이 되었던 것이다.

중국의 영토 확장 내지 팽창 정책은 오랜 시간 적어도 2천 년 이상을 두고 지속적으로 시행되어 왔기 때문에 그들의 국경은 항상 움직이며 확장되었다. 중국은 확장이 이루어질 때마다 한족을 자신들이 확장해 놓은 영토에 이주 정착시키는 정책까지 시행하는 등, 그 지역을 영구히 장악하기 위해 모든 방법을 동원했다. 예를 들어 중국의 서남쪽에 있는 쓰촨성(四川省)은 삼국지에 등장하는 촉(蜀)나라의 본거지였기 때문에, 과거 오래전부터 한족의 영토인 것처럼 인식되어 왔지만, 한족의 영토는 극히 일부였을 뿐, 실제 상당부분이 티베트 민족, 즉 장족(藏族)의 거주지였다. 그런 지역이 영토 확장의 주역이었던 건륭제(乾隆帝) 사후(死後), 1800년대 초에 들어와, 청조(淸朝)의 강력한 인구이동 정책에 의해 꾸준히 인구, 특히 한족의 인구가 증가하였는데, 초창기에 50여 만 명에 불과했던 숫자가 근래에 와서는 2억 명이 넘었다고 한다. 청조(淸朝 =청나라)에 의해 점령되어 식민지로 전락한 현재의 소수민족지역에 거주하는 한족의 인구수를 살펴보자. 한족이 티베트 자치구에는 약 8.2%, 신강 위구르 자치구에는 약 40%, 광서장족 자치구에는 약 63%, 녕하·회족(寧夏 回族) 자치구에는 약 65%, 내몽고 자치구에는 약 80%를 차지하였는데, 이를 통해 중국이 식민지 영토를 완전 장악하여 명실 공히 중화화(中華化)·한족화(漢族化)하였음을 알 수 있다.

중국의 역사는 끊임없이 진행되었던 확장과 팽창의 역사라고 규정해도 틀리지 않다. 전술한 바와 같이, 중국의 역사가들은 일반적으로 영토의 확장 과정을 정복이 아니라, 통일의 과정으로 설명한다. 역사상 중국은 분열과 통합을 거듭했지만 항상 통일을 지향하며 추구하였기 때문에, 통일을 역사의 진보적 과정으로 간주하고 있고, 영토를 확장해 나갔던 과정 또한 통일을 위한 하나의 과정이었기 때문에, 통일을 향한 진보적인 과정으로 보고 있는 것이다. 따라서 확장의 결과를 통해 차지한 영토를 절대 다수의 중국인들이 중국의 영토로 간주하는 것은 지극히 당연한 일이 되는 것이다. 이렇게 볼 때, 팽창과 확장은 대다수 중국인들에게 국가의 역사, 민족의 역사 그 자체로서의 익숙함을 넘어 일종의 국민적 본능과 같은 것이 되었다고 해도 과언이 아니다. 이는 바꿔 말해 영토의 팽창과 확장은 중국인들은 집단의식의 핵심적 존재라고 해도 과언이 아니라는 뜻이다.

팽창과 확장이라는 집단의식은 고대 중세를 거쳐 근대에 이르기까지 꾸준히 행동에 옮겨지곤 했지만, 현대에 들어 와서도 지속적으로 이어지고 있음을 볼 수 있다. 그것의 대표적인 예(例)가 마오쩌둥의 침략행위에서 뚜렷하게 나타났다. 1949년 대륙 공산화에 성공한 마오쩌둥과 공산주의 정권(中共)은 청조의 멸망을 기회로 해서 독립한 지역을 다시 침공한 점령해 식민지로 만들었다. 티베트와 위구르 지역을 재차 침략해 중공(中共) 영토로 복속시켜 놓았던 것이다. 이러한 예를 가지고 볼 때, 중국은 팽창과 확대의 야욕이라는 집단의식에 취해 있는 나라라고 보아도 이상할 것이 전혀 없다.

중국인들은 수많은 민족이 합쳐져 형성되었기 때문에, 자신들만의 고유 신화를 찾기 어렵다. 이 같은 이유 등으로 인해 중국인들은 신화에 대한 애착과 자부심은 물론이려니와 관심조차 갖지 않는 사람들로 알려져 있다. 이는 현실을 지극히 중시하는 중국인들의 사고(思考)와 행동방식을 반증하는 것이라고 할 수 있다. 따라서 현실적인 것을 추구하는 그들의 정신세계에서 초자연적인 것들이 만들어 내는 비현실적, 초역사적인 것들은 그들에게 그렇게 큰 영향력을 줄 수 없었다. 또한 중국에서는 중세 유럽에서처럼, 종교가 고유하고

도 독자적인 세력을 형성하지 않았기 때문에, 중국인들의 정신세계의 영역은 현실적이었고, 그들은 내세보다 현세를 중요시하게 되었다. 또한 유럽문화에 있어 수많은 사람들에게 믿음과 감동, 상상의 나래를 제공했던 것은 종교와 신화였지만, 중국에서는 유교를 국시로 하며 도덕과 사상을 지나치게 강조하였던 탓에 그들의 집단의식은 매우 역사적이고 현실적인 삶 속에서 형성되었다. 따라서 중국인들은 사후의 운명이나 내세의 삶의 모습보다는 현세에서의 삶의 모습에 대해 더 큰 관심과 가치를 가질 수밖에 없었고, 그 결과 사후 세계나 내세의 현상 또한 현세적 삶의 모습의 연장이라고 보게 되었다.

중국의 사상과 철학, 문학과 예술 등에서 다루어진 것 가운데 대부분의 것은 현실적이고도 경험적, 현세적, 현실적인 것과 관련되어있지, 초월적, 비현실적, 내세(來世) 만능주의적인 사상과는 거리를 두고 있다. 신화와 전설상에 등장하는 요(堯), 순(舜) 두 임금은 인간이 어떻게 하면 평화롭게 잘 살 수 있는가 등에 관한 문제 즉, 인간 삶의 문제를 해결하고자 했던 현실주의적 왕이었지, 초현실적이고 초인간적인 면을 보여주면서 그런 문제를 가지고 고민했던 임금이 아니었다. 그들의 주된 관심은 사회에서 필요한 올바른 제도와 규범을 만들어, 그것을 가지고 백성들이 편안하게 살 수 있도록 만들어 주는 것이었다. 현실주의에 철저히 길들여진 중국인들은 현실주의자답게 오직 자신들이 거쳐 간 역사적 경험과 사실을 통해서만 의식과 관념을 만들어 냈다. 전술(前述)한 바와 같이, 자신들이 경험한 수많은 역사적 사실의 누적을 통해 집단의식이 만들어졌고, 그런 집단의식 가운데 하나가 팽창과 확장 의식이었던 것이다. 역사의 흐름 속에서 오래 동안 누적된 경험과 사실, 말 그대로 오랜 세월 누적된 현실의 경험은 일종의 몸속의 유전자처럼 그들의 뇌리 속에 집단의식으로 만들어졌던 것이다. 사실 현재 중국 최대 민족집단인 한족도 이 같은 집단의식을 통해 만들어진 민족이라고 보아야 한다.

앞서 언급한 바와 같이, 중국과 중국인들은 특히 영토의 팽창과 확장에 몰두해 있다고 해도 과언이 아니다. 이들은 중국의 역대 왕조 가운데 가장 큰 영토를 차지했던 청나라를 기준으로 하여 그 시대의 영토를 다시 차지해야 한다는 의식에 사로잡혀 있다. 청나라는 그 광대한 영토를 직할지와 번부(藩

部)로 나누어 관리하였다. 직할지는 그 대부분이 오늘날 성(省)에 해당되는 지역으로 한족들의 밀집 거주지역이다. 번부는 몽골·신장(新疆)·티베트·칭하이성(靑海省) 등, 일부 지방을 총칭하는 말로서 오늘날 자치구(自治區)에 해당되는 곳으로 소수민족들이 주로 사는 지역이라고 할 수 있다. 이외에 책봉국(冊封國)이라고 하는 나라들이 있었다. 이들 지역은 청나라의 영토는 아니었지만, 청 황제의 승인을 받아 자국의 왕이 되는 일종의 복속국(服屬國)과 같은 나라라고 할 수 있었는데, 조선, 오키나와, 월남, 태국, 미얀마 등이 그 예에 해당되었다. 중국인들은 소위 책봉국이었던 이들 국가들을 자신들의 영토영역의 범위 속에 있다고 생각하고 싶어 하며, 또한 그러한 생각을 굳이 감추려고 하지 않는다.

중국의 팽창과 확장은 1850년 아편전쟁의 발발로부터 시작해 서구열강의 간섭과 침략, 일제의 침공, 국공내전(國共內戰)을 거치며 1949년 공산화되기까지의 기간, 즉 중국에서 말하는 소위 100년 굴욕사(屈辱史)의 기간인 약 100여 년 동안에만 주춤하는 태도를 보였을 뿐, 현재에 이르기까지 지속적으로 이어져 오고 있음을 확인해볼 수 있다.

중국팽창주의 전략의 본질을 잘 보여주고 있는 것이 소위 도련선전략이다. 제일도련선 제이도련선 전략은 탐욕적이며 무모하기까지 한 중국의 대외전략을 잘 드러내고 있다. 제1도련선은 쿠릴 열도에서 시작해 일본, 대만, 필리핀, 말라카 해협에 이르는 중국 근해에 설정되었는데, 이는 중국 주변지역에 대한 완충지대 확보를 목적으로 하였고, 제2도련선은 그 바깥의 오가사와라 제도, 괌, 파푸아뉴기니 근해, 서태평양 연안지대를 장악하기 위해 만들어졌다고 보아야 한다. 다시 말해서, 도련선 설정은 정치 군사적으로 동아시아─서태평양에서의 중국의 영역과 중국식의 국제질서지역의 영역을 확립하겠다는 야욕의 표현으로 밖에 볼 수 없다는 것이다. 도련선 전략이 실효를 거두기 위해서는 도련선과 관련된 동아시아 지역 내 국가들이 중국과 협력해야 가능한 것인데, 이와는 반대로 동아시아 지역에서 중국에게 도움을 줄 수 있거나 해상통제력을 행사할 수 있는 나라들 대부분이 중국에 대해 위협을 느끼고 있는데에다가 일부 국가들은 중국과 영토갈등을 겪고 있다. 또한 도련선 지역과

| 중국의 팽창주의 전략과 제일도련선(第一島連線, First Island Chain), 제이도련선(第二島連線, Second Island Chain) | 1980년대 떵샤오핑의 최측근이었던 중국 해군제독 류화칭(劉華淸)이라는 사람이 해양팽창을 위한 장기 전략을 내세웠다. 오키나와 제도를 기점으로 대만, 필리핀, 보르네오에 이르는 선을 제1열도선(第一列島線)으로 정하고, 2010년까지 이 해역에서 미군의 영향력을 배제하는 것을 목표로 하였다. 그 다음에 2030년까지 항공모함 부대를 완성, 오가사와라 제도에서 괌, 사이판, 파푸아뉴기니에 이르는 제2열도선(第二列島線)의 해역에서 제해권(制海權)을 확립한다는 계획을 세웠다. 위의 그림은 태평양으로의 진출을 통한 제해권의 확립이라는 중국의 해양 팽창정책의 목표를 보여주고 있다.

관련된 여러 국가들이 미국과 군사적으로 가까운 나라들이다. 중국이 도련선을 만들어 군사적 정치적 영향력을 확보하는 것은 실질적으로 가능하지 않은 문제가 되었고, 오히려 동아시아 역내 국가들에게는 중국의 패권 야욕만을 노골적으로 드러내는 결과만을 야기했다. 한마디로 말해 중국의 도련선 정책은 미국과 태평양을 반분하겠다는 것인데, 현재 대외적으로 공표한 것은 제이도련선까지 인데, 제삼도련선으로 넘어가면 미국을 극도로 자극하기 때문에 자제하는 것처럼 보인다.

중국의 영향력 확대와 팽창주의정책을 보여주는 또 하나의 실례가 소위 구단선(九段線)이라고 불리는 해양영토의 확대 작업이다. 중국의 극단적인 영토 이기주의, 탐욕주의가 대표적으로 드러나는 것이 바로 '구단선(九段線)'이다.

'단(段)'은 조각, 파편이라는 의미로 사용되는데, '구단선'은 아홉 개의 조각을 이은 선을 말하는 것이다. 현재 중국이 남중국해 영유권의 근거로 내세우는 '구단선'은 지정학적 상식으로나 국제법상으로 절대 인정받을 수 없다.

1949년 공산화되기 이전의 중국 국민당 주석이었던 총통 장제스(蔣介石)가 주장한 '십일단선(十一段線)'에서 시작되었다. 1945년 8월, 제2차 세계대전이 일제의 패망으로 끝나기 바로 직전 미국, 영국, 프랑스, 소련, 중국(현재의 중국이 아닌 공산화 이전의 국민당정권의 중국) 등, 소위 5대 승전국(이들 국가들은 제2차 세계대전이 끝난 뒤 5개 승전국은 유엔 안전보장이사회 상임이사국이 된다)은 카이로, 얄타 등에서 회담을 열어 패전국과 패전국의 식민지였던 나라들을 어떻게 처리할 것인가에 대해 논의했다. 이때, 장제스의 중국은 일제(日帝)가 태평양 전쟁을 통해 점령한 지역에 대한 권리를 그대로 수용해야 한다는 뜻을 주장했지만, 다른 승전국들은 중국의 주장을 받아들이지 않았다. 미국은 필리핀을, 영

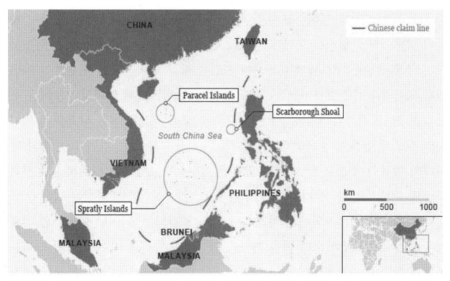

| **구단선** | 구단선(九段線) 중화인민공화국이 주장하는 남중국해의 해상 경계선이다. 1947년에 국민당 ·장개석에 의해 일방적으로 설정되었는데, 이 주장에 따르면 남중국해의 대부분이 중국 자신의 영해이자 영토로 편입된다. 영토확장 정책을 넘어 영토탐욕주의 논리에 취해 있는 중국의 속내를 명료하게 보여주는 구단선은 터무니없는 중국의 야욕에 의해 주권을 침해당한 동남아시아 국가들뿐만 아니라 '항행의 자유 (freedom of navigation)'를 명분으로 한 미국과 유럽연합(EU), 호주 등 서구권의 국가들이 이 문제에 적극 개입하기 시작하면서, 아시아의 정치 군사적 화약고로 등장하였다. 영토탐욕주의에 빠져 있는 중국이 앞으로 이 문제에 대해 어떻게 반응하며 대응할 것인지에 대한 관심이 크게 고조되고 있다.

국은 말레이시아를, 네덜란드는 인도네시아를, 프랑스는 베트남을 각각 독립 시키려 했기 때문이다.

중국의 장제스 국민당 정부는 제2차 세계대전이 끝난 뒤인 1946년 9월 25일 '중화민국령 남중국해 주요 도서지도'를 발간했고, 이 지도에서 처음으로 9단선의 전초 단계였던 '11단선'을 주장했다. 장제스의 중화민국은 다른 승전 국들의 요구를 받아들이는 척 하면서, 신생 독립국을 뺀 11곳의 지점을 선으로 이은 뒤, 터무니없는 '중국의 내해(內海)'라고 주장한 것이다. 이런 '장제스 국민당 정권의 11단선'이 중국 공산당의 '9단선'으로 변신하게 된 것은 중국 공산화 이후의 일이다. 1951년 9월 8일 미국, 영국은 일본을 불러 '샌프란시스코 조약'을 맺는다. 이때 미국과 영국은 한국전쟁에 참전하여 싸우고 있던 중공과 소련을 부르지 않았다. 대만 또한 이 조약회담에서 빠졌다. 1949년 본토에서 장제스 정부를 몰아내고 대륙을 공산화한 마오쩌둥은 1949년 10월 1일 중국이 공산주의 국가임을 선포한 이후, 이 '11단선'을 그대로 차용하면서, 남지나해 일대가 자국 영해라고 주장하기 시작했다. 1953년 베트남 공산당이 자국의 영토에서 프랑스를 몰아내기 위해 전쟁을 벌이기 시작하자, 이를 환영했던 중국 공산당은 베트남 일대의 2개 지점을 빼고 다시 '9단선'을 만들고 자신들의 영해라고 주장했다. 중국 공산당이 말하는 남지나해 일대의 '9단선'은 공산화 이전, 장제스의 국민당 정권의 중국이 영토 확장을 위한 탐욕에서 억지 춘양 식으로 만들어 놓은 주장을 그대로 재사용하고 있는 것이다. 중국의 남지나해 영유권 주장은 한 마디로 말해 불법장물(不法臟物)을 탈취하려는 것과 조금도 다르지 않다. 장개석 정권이 가지고 싶어 했던 남지나해는 일제가 동남아를 침공해 식민지화하는 과정에서 함께 약탈되었다. 이렇게 약탈된 것을 일제 패망 후, 중국이 다시 이를 빼앗아 가겠다며 난리를 피우고 있으니, 이는 분명 장물을 훔쳐가겠다는 것과 다름이 없는 것이라고 할 수 있다. 중국 공산당은 1950년대부터 1980년대까지는 낙후한 해군력 때문에 '구단선'을 대놓고 주장하지는 못했다. 그러나 해군력을 어느 정도 현대화한 후, 강해졌다는 자신감이 생겨서인지, 2000년대에 들어오면서부터 대외적으로 '구단선'을 내세우기 시작한 것이다. 중국 공산당은 '구단선' 내부 지역은 수천 년 전부터 중국의 고유 영해와 영토임이 역사적으로 증명되었다는 얼토당토 않은 억지를 부리며 거짓말을 늘어놓고 있는데, 그 어디에도 이와 관련된 역사적 자료나 증거를 찾아보기 어렵다.

　중국인들의 팽창과 확장의식은 우선 각종 공정(工程), 즉 국가주도의 각종 공정(프로젝트) 계획을 통해서도 쉽게 확인해 볼 수 있다. 여러 가지 공정 가운데, 단대공정(斷代工程), 탐원공정(探源工程)이 중국인들의 자존심과 뿌리의식의 고양(高揚)을 통해 단결을 도모하며 신화를 역사로 전환시켜 중국의 역사를 확대 팽창하는 데 목적이 있다면, 서남공정(西南工程), 서북공정(西北工程), 남방공정(南方工程), 동북공정(東北工程), 해양공정(海洋工程) 등은 실질적인 영토를 확대하기 위한 준비방안으로 간주된다. 이들 공정은 티베트, 신강(新疆), 동북지방(東北地方) 등 청나라 때, 중국에 강제 편입되어 식민지로 전락된 지역들에 대한 역사조작을 통해 훗날 있을지도 모를 사실논란과 시비를 미리 봉쇄(封鎖)하며 지배권을 확고하게 하는 데 목표를 두었다고 할 수 있다. 중국은 몽골을 대상으로 북방공정을, 미얀마·태국·베트남 접견 지역과 관련하여 남방공정을 대만과 오키나와·필리핀 등지에 대한 해양공정을, 한국을 대상으로 동북공정을 만들었다. 그러면 먼저 서남공정에 대해 살펴보자.

　티베트, 몽고, 신강 위구르 자치구의 역사에 대한 평가작업을 이른 바 서남공정이라고 한다. 이들 지역이 본래 중국과 아무 관계없는 독립된 지역이었는데, 이러한 역사적 사실을 지우거나 부정하고, 과거 중국의 왕조에 복속되었던 지방정권으로 편입시키는 데 목표를 둔 서남공정은 1986년 떵샤오핑(鄧小平)에 직접 지시에 의해 시작되었다. 티베트에 대한 편입작업은 중국의 중심민족인 한족과 테베트의 장족(藏族)은 문화와 언어의 뿌리가 같다는 한장동원론(漢藏同源論)으로 요약되고 있다.

　1995년 『몽골국통사』라는 3권이 출판되었는데, 이 책의 요지는 몽골의 영토는 중국의 영토이고 따라서 칭기스칸도 중국인이라는 것으로, 이것이 북방공정의 핵심목표가 된다. 중국이 몽골역사를 왜곡하는 것은 자신들이 빼앗아버린 땅에 대한 후환이 두려웠기 때문이다. 내몽고 자치구라고 이름 붙인 땅의 실제 주인인 몽고인들과 훗날 영토분쟁을 벌일 가능성이 농후하기 때문에,

| 중국의 영향권의 확대 | 중국은 아프리카 국가들의 경제 안정을 구축하고, 이들 나라들의 낙후된 사회 인프라 시설을 개선한다는 명분하에 중국 기업의 아프리카 진출을 꾸준히 확대해 오고 있다. 중국의 아프리카 진출은 아프리카판 일대일로 사업이라고 볼 수 있다. 그림에서 보듯이 중국의 목표는 항구지역이다. 중국은 아프리카 국가들의 주요 항구를 중심으로 한 지역들을 군사 정치적으로 장악하기 위해 경제적으로 접근하고 있다. 이 그림은 팽창하는 중국인들의 집단의식을 보여주는 좋은 예가 된다.

이를 사전에 차단하며 대비하기 위한 정치 외교적 포석으로 보아야 한다.

신장 위구르족과 그 지역에 초점을 맞춘 서북공정은 2002년 동북공정과 함께 시작되었다. 연원(淵源)과 시작을 돌궐에 두고 있는 위구르족은 가깝게는 인접하고 있는 투르크메니스탄 국민들과 민족적으로 깊은 관계를 맺고 있을 뿐만 아니라, 멀리는 터키의 다수 국민들과 민족적 뿌리와 혈연을 공유하는 민족이다. 당나라 중엽이후, 청나라 건륭제 때까지 명실상부하게 중앙아시아에서 자신들만의 독자 영역을 가진 독립민족이었으나, 1755년 건륭제의 침탈로 청나라의 식민지가 되었다. 오늘날 중국 공산당 정권은 신강지역이 과거 한나라 왕조 때부터 한족이 강족(羌族)·흉노족(匈奴族) 등과 함께 섞여 살던 지역이었고, 기원전 60여 년 경에 신강에도 서역도호부를 설치한 이후, 중국의 역대 왕조가 그 지역을 정치 군사적으로 관리했다는 논리를 제시하고 있다.

남방공정은 남월국(南越國)의 후예인 월남, 즉 베트남이 나중에 꽝둥(廣東) 지역, 꽝시자치구(廣西自治區)에 대한 영유권을 주장할 가능성에 대비하기 위해 만들어 놓은 것이다. 중국은 침략을 통해 식민지화한 지역을 영유(永有)하기 위해 자신들 마음대로 역사를 조작하였다. 조작으로써 이루어진 이 같은 공정은 그들의 확장 의식을 과감하게 드러내고 있다.

중국은 고조선, 부여, 고구려, 발해의 역사는 중국의 역사라는 논리를 일반화하기 위해 동북공정을 진행하였다. 고구려와 발해가 있었던 만주는 과거 한민족의 땅이었고, 만주의 역사는 한국사의 일부였다는 한국인들의 역사인식에 대응하고, 한반도와 중국 동북 지역 사이에 역사적 관련성을 부정하기 위하여 동북공정을 진행하였다. 중국은 동북공정을 통해 고구려 정권은 '전한(前漢) 현도군 고구려현 경내의 변강민족이 수립한 소수민족 정권으로 중화민족의 역사 범주에 속한다'고 주장하고 있다. 그들은 또한 고구려 정권은 '남하한 일부 부여족 일파와 전한 고구려 현 경내의 기타 민족에 의해 공동 수립'되었다고 하여 정권수립 주체가 한민족(韓民族)과 별로 관계가 없다고 말하고 있다. 고구려 민족의 기원은 서한 시기 동북변강지구에서 활동한 민족'이라고 하며 한민족과는 무관한 중국 변강민족이라고 주장하고 있는 것이다. 그들은 또한 고구려가 평양으로 천도한 뒤에도 한사군의 범위에서 벗어나지 않았으며 끊임없이 역대 중국의 중앙왕조와 신속(臣屬)관계를 유지했다고 주장하였다. 더욱이 고구려 정권이 '초기에 서한의 직접적인 관할 하에 있었고' 고구려의 활동지역이 '중국 역대 왕조의 통치지구'였다고 하면서 당나라의 고구려 공격을 타 민족 사이의 정복전쟁이 아닌 중화민족 내부에서의 '통일'로 간주하였다. 동북공정은 2006년까지 5년을 기한으로 진행되었으나, 그 목적을 위한 역사왜곡은 지금도 진행 중이다. 동북공정의 궁극적 목적은 중국의 전략지역인 동북지역, 특히 고구려·발해 등 한반도와 관련된 역사를 중국의 역사로 만들어 한반도가 통일되었을 때 일어날지도 모를 영토분쟁을 사전에 차단하는 데 있는 것 같다.

중국이 펼쳐 왔던 제 공정에 대해, 한마디로 표현한다면 견강부회(牽強附會)라는 말이 적절할 것 같다. 이는 전혀 가당치도 않은 말이나 주장을 억지로 끌어다 붙여 조건이나 이치에 맞추려고 하는 것을 비유한 말인데, 사실 중국 공산당의 공정사업 그 이면에는 공산당의 전략이 숨어 있다고 보아야 한다. 공정사업의 방법과 진행과정이 거짓과 날조, 선동을 통해 자신들의 목표를 완성하는 전술과 매우 흡사하다. 거짓 조작 날조 선동 전략은 과거 공산주의 국가들의 전유물이었을 뿐만 아니라, 지구상의 일부 정치단체들, 대표적인 예로서 공산·사회주의를 지향하거나 옹호하는 용공세력들과 (극)좌파 세력들이 즐겨 사용하는 중요 정치수단이었다. 거짓 조작 날조 선동 전략과 같은 공정사업을 통해 중국 공산당은 2000여 년 넘게 하나의 전통과 의식이 되어 버린 영토 확장의 의지를 실천에 옮기고 있는 것 같다.

2) 팽창과 확장의식의 저변과 시작

팽창과 확장에 대한 중국인들의 생각은 한 마디로 말해, 현재 중국의 영토에서 발생한 모든 역사는 중국의 역사이고, 현재 중국의 영토 안에 사는 모든 사람들과 모든 민족들의 조상은 모두 중국인이라는 논리로 집약될 수 있다. 다시 간단히 요약하자면, 지금의 중국은 역사적으로 모두 중국이기 때문에 하나라는 것이다.

역사적으로 볼 때, 현재 중국의 영토 안에서 거주하였던 사람들은 모두 중화민족과 같은 존재였기 때문에 현재 중국의 영토는 과거의 중국 영토라고 중국인들은 생각한다. 이는 다시 말해 과거의 중국 영토였으면 현재의 중국의 영토가 될 수 있고 또한 영토가 되어야 한다는 논리와 같은 것이다. 과거에도 그러하였지만, 현재 중국인들의 뇌리(腦裏)는 이 같은 생각과 사고로 가득 차 있다. 그리고 이 같은 생각과 사고는 2천여 년이 넘는 역사 속에서의 경험과 사실을 통해 축적되었던 것임을 고려해볼 때, 팽창과 확장의식이 대다수 중국인들의 집단의식으로 정착 고정(固定)되었다는 사실은 실로 자연스러운 현상이었다고 할 수 있다.

중국인들의 집단의식을 관찰함에 있어 반드시 논해야 할 부분이 있는데, 이 같은 의식의 형성과 발전의 저변에는 대일통(大一統)적 논리를 주장했던 유교사상과 중화사상 등이 핵심적 요소로 자리 잡고 있음을 간과할 수 없다는 것이 바로 그것이다. 제왕(帝王), 천자(天子)의 영향력이 미치는 곳이 천하이고, 천하의 주인인 사람은 천자이기 때문에 천자의 영향력이 미치는 곳은 당연히 천자를 중심으로 하나가 되어야 한다는 것이 소위 대일통(大一統)사상의 핵심적 내용이라고 할 수 있다. 한 마디로 이야기해서 대일통 사상은 천자가 천하의 모든 곳을 하나로 다스려야 한다는 것을 말하는 것이다.

『춘추(春秋)』에 보면 대일통(大一統)이라는 말이 등장하는데, 문자 그대로 일통(一統)을 크게 한다는 의미, 다시 말해, 일통을 중히 여긴다는 의미를 갖는다. 공자와 맹자를 중심으로 하는 춘추전국시대의 유가(儒家)들은 덕치사상(德治思想)과 왕화사상 등을 통해 인간세계의 천하는 오직 천자에 의해 통치되는 하나의 국가, 즉 단일체로 존재해야 한다는 논리를 내세우며 이를 강조하였는데, 공맹의 이 같은 논리가 결국에는 대일통 사상의 근간을 형성하였던 것이다. 중원 땅에 왕조를 건립했던 제왕들은 이 같은 논리를 이용해 중국을 일통 국가로 만드는 것을 최고의 목표로 삼았다. 따라서 주변으로의 팽창과 확장은 일통을 이루기 위한 필요조건이었다.

대일통사상은 일종의 종교적 도그마와 같은 역할로서의 의미도 갖는다. 대일통사상은 종교와 특별한 관계를 갖지 아니하였지만, 그 어느 종교적 수장보다 훨씬 더 높은 지위에 있었던 제왕의 종교적 신념과도 같은 것이었기 때문이었다. 중국에서 종교는 정치와 항상 융합, 결합되어 있었다. 상(商)나라와 주(周)나라 즉 상·주 왕조에서 시작된 왕은 하늘이 명을 받아 인간을 통치하는 다시 말해 하늘을 대신하여 존재 한다는 천명사상을 가지고 있었던 데다가 왕이 제사장이 되는 제도가 존속하였기 때문에, 종교가 정치에 융합될 수밖에 없었다. 그 결과 중국의 황제는 정치권력을 독점한 정치의 수장이었을 뿐만 아니라, 종교권력까지 향유한 종교의 수장적(首長的) 역할을 하기도 했는데, 이 같은 전통은 근·현대에 이르기까지 지속되었다. 중세의 유럽사회에 있어서 막강한 권력을 가진 황제나 교황도 중국의 황제체제에 견줄 만한 강력한 통치조직을 갖지 못했는데, 이는 정치권력과 종교권력이라는 두 개의 최고 권력을 함께 갖지 못했기 때문이었다. 그러나 정치권력은 물론 종교권력까지 동시에 장악한 중국 천자의 의지와 욕구는 자신의 백성들의 뇌리에 그대로 침투되어 그들의 의식을 형성할 수 있었다. 이렇게 볼 때, 중원의 주인이 된 제왕들 대부분이 항상 추구하며 주창(主唱)했던 일통사상은 그 사회의 구성원 모두 따랐어야 할 정치의 모토이면서 종교적 도그마였던 것이다.

이와 함께 중국인들의 집단의식 형성에는 전술한 중화사상을 거론하지 않을 수 없다. 팽창과 확장이라는 그들의 집단의식은 사실상 중화사상을 실천 이행하는 방법이 되기 때문이다. 중화사상의 핵심은 우월의식(優越意識)과 함께 팽창이라는 말로 요약될 수 있기 때문에, 우월의식과 팽창은 중국인들의 집단의식의 핵심적 존재로서 중국인들의 정신세계의 근간을 형성하고 있다고 보아야 한다. 중화사상(中華思想)이 바늘이라면 상술한 일통사상은 실(絲)에 비유될 수 있다. 앞서 이야기한 바와 같이, 중화사상은 철저한 한족 내지 중국 우월주의를 강조하는 이념적 논리로서 천하의 모든 것이 한족과 중국을 중심으로 집합 정렬되어야 한다는 사실에 실천적 초점을 두고 있다. 중국을 중심으로 하나로 뭉쳐지거나 합쳐져야 한다는 일통(一統)의 의미는 바로 중화사상에 함유(含有)되어 있다. 절대 다수의 중국인들, 특히 한족이라면 중화사상에 빠져 있다고 해도 과언이 아닌데, 이는 중국인들 집단의식의 한 표본을 보여주는 것이기도 하다. 중국인들은 앞서 언급한 바와 같이, 군사적 점령과 식민지화를 통해 이족의 문화를 말살하거나 아니면 그들의 문화에 자신들의 문화를 주입하고 융합시켜 중국의 문화를 확대시켰는데, 이것이 바로 중화사상의 실천이었고, 실천의 결과 중국의 영토는 팽창하고 확대되었다.

중국인들은 특유의 집단의식이 있었기 때문에, 2천 년이 넘게 통일국가로서의 성격을 유지할 수 있었을 뿐만 아니라, 더 나아가 현재에 이르기까지 지구상에서 이미 소멸되다 시피 한 공산주의체제를 존속시키며 번영을 구가해 나갈 수 있었다. 공산주의 종주국 러시아(소련)는 물론 공산주의를 전파받은 주변 위성국들은 1990년대에 들어와 대부분 몰락하며 공산주의를 폐지했다. 지구상에 공산주의가 사라진 지 20여 년이 훨씬 넘었건만, 공산 사회주의를 국시로 내세운 중국은 자신들의 체제를 유지하며 세계에 보란 듯이 행동하고 있다. 중국이 이렇게 할 수 있었던 데에는 공산주의가 주는 획일주의적 전제주의(專制主義)적 강압통치 방식이 가장 큰 이유로 작용했겠지만, 중국인들의 이 같은 집단의식이 적지 않은 도움을 주었다는 사실 또한 부인하기 어렵다.

2. 자아 중심의식 - 중국식 이기주의 또는 배타주의

그런데, 이 같은 집단의식을 소유한 중국인들이 집단의식과는 걸맞지 않게 구성원 상호간의 관계가 지나칠 정도로 이기적이고 무관심할 뿐만 아니라, 때로는 극단적 개인주의 행태를 드러내고 있어 주목(注目)해 보지 않을 수 없다. 어느 민족 어느 국민보다 강한 집단의식을 가진 중국인들이 아이러니하게도 상호 배타적이고 이기적인 성향을 보여주는 등, 집단의식과 너무 유리(遊離)된 자기 중심적이고 개인주의적 성격을 드러내고 있어 주목의 대상이 된다는 것이다.

중국인들은 어느 민족 어느 국민들도 가지고 있지 못한 집단의식을 갖고 있기 때문에, 매우 강한 결속력과 함께 단합된 힘을 발휘할 것으로 생각되나 실제로는 그렇지 않다. 그들은 지나칠 정로로 강한 개인의식과 우월주의에 사로 잡혀 있기 때문에, 상호 단결하며 협력하는 모습을 보여주지 못하고, 모래알 같은 모습만을 드러내고 있다. 결속력이라고 전혀 없는 중국인들을 보고 중국의 국부(國父)로 인정받는 쑨원(孫文)조차 "중국은 쟁반 위의 모래다"라고 했을 정도이다. 대부분의 중국인들은 자기 중심주의에 너무 익숙하기 때문에 동료 또는 상대방과 조화하며 단결하는 모습을 보여주지 못하고 있다. 자신들의 중화사상적 자존심이라고 할 수 있는 근본적 뿌리가 크게 침해되거나, 자신들의 이익과 권익이 짓밟히지 않는 이상, 그들은 단결하며 협동하는 행동을 보이지 않는 것은 물론이려니와 상호 간에 무관심하고 냉담하기까지 하다. 따라서, 독단적이고 자기 중심적인 그들이 단합하고 단결하는 모습을 보는 것은 쉬운 일이 아니다.

중국인들은 이해하기 어려울 정도의 철저한 개인중심의식을 가지고 있다. 저자는 중국인들의 이 같은 의식을 자아 중심의식(自我中心意識)으로 명명하고자 한다. 자아 중심의식은 중국에서 말하는 자아주의(自我主義)와는 전혀 다른 것으로 철저한 이기주의 내지 변형된 개인주의의 범주에서 보는 것이 타당할 것 같다. 중국의 저명한 인류학자 사회학자였던 페이샤오통(費孝通)이라는 사람은 중국에 있어서 개인의 역할과 가치라는 문제와 관련해 '자아주의'라는 용어를 가지고 설명한 적이 있다. 그는 서구의 개인주의와는 달리 중국에는 일체의 가치는 자기 자신을 중심으로 한다는 주의 즉 자아주의가 있다고 했으며, 중국의 자아주의는 서구의 개인주의와는 다른 것이라고 했다. 그는 서구의 개인주의에서의 개인이란 단체에 대한 것으로 전체에 대한 분자(分子)를 말하고, 개인주의에서는 한편으로 평등의 관념이 존재하는데, 이것은 동일한 단체 안에서 각 분자의 지위가 동등하고, 개인은 많은 사람들의 권리를 침범할 수 없다는 것을 의미한다. 중국의 전통사상에는 단체의 존재를 가정하는 관념이 없고, 중국의 자아주의는 자기를 중심으로 하는 주의라고 말했다.[2] 페이샤오통의 이야기는 중국에서는 자기 자신, 즉 개인의 존재를 단체나 사회와 연관시키지 않고, 오직 수많은 부품으로 이루어진 기계 속의 하나의 부품처럼, 수많은 사람들로 이루어진 사회 속에서 사회를 구성하는 하나의 존재로 인식하였음을 말하는 것이다. 다시 말해, 그의 이야기는 자아는 집단과 사회로 귀결되어야 한다는 것인데, 이는 멸사봉공(滅私奉公)의 의미와 그 맥락에 있어 어느 정도 비슷하다는 것으로 해석될 수 있다. 페이샤오통(費孝通)의 이야기는 중국이 자아를 중히 여기면서 한편으로는 자아의 가치와 역할을 강조하는 듯하는 것 같지만, 중국에는 실질적으로 진정한 자아가 없다는 것을 반증하는 것이라고 할 수 있다. 개인의 권리, 존재가치가 등한시되었기 때문에 중국인들은 자신들 스스로 자신의 가치와 권리를 찾기 위해 노력하였고, 노력의 결과로 나타난 것이 바로 자아 중심주의인 것이다. 결론적으로 말해서, 전제주의(專制主義)적 공동체를 지향하는 전통과 사회분위기에 대한 환멸 내지 그것에 대한 반발적 심정이 자아 중심주의를 낳았다고 상정해 볼 수 있다.

---

2) 費孝通, 張曉碩 옮김, 『鄕土中國』, 비봉출판사, 2011, 60쪽.
  "마치 물 위에 돌이 던져 진 곳처럼 나(我)를 중심으로 다른 사람과 연계되는 사회관계는 모두가 하나의 평면 위에 같이 서 있는 단체의 분자와는 달리 수면의 波紋과 마찬가지로 同心圓을 그리면서 멀리 퍼져나간다"고 했다.

중국인들의 자아 중심의식은 서구의 개인주의와 비슷해 보이지만 실제로는 그렇지 않다. 사회철학이나 정치철학에 있어서의 개인주의는 인간중심의 가치를 추구하며, 개인은 그 자체로서 하나의 목적과 가치를 갖게된다. 특히 사회 속에서는 사회 전체의 이익보다는 개인의 이익이 우선시 되고, 개인이 사회운영의 원리 속에서 존중되고 보호되어야 한다는 입장을 견지한다. 국가나 사회는 많은 수의 개인들의 집합체이므로 개개인의 권익과 사회 전체의 이익 사이에 갈등과 충돌이 자주 발생될 수 있는데, 개인주의적 입장에서는 국가나 사회보다는 개인을 먼저 고려하고, 자유로운 개인을 강조한다. 그런데, 중국의 자아 중심의식 내지 자아 중심주의는 이 같은 개인주의 개념과는 상당히 다르다. 중국의 자아 중심주의는 말 그대로 자기를 중심으로 하는 주의이기 때문에, 이기주의, 자기우월주의 등과 상통(相通)하는 점이 크다고 할 수 있다.

그렇다면 중국인들의 자아 중심의식은 어떻게 생성되어 흘러 온 것일까? 그 이유 는 크게 두 가지로 나눠 설명해 볼 수 있다. 첫째, 중국인들은 생존을 위해 자신들만의 이익을 철저하게 추구해야 하는 상황 속에서 오랜 세월을 보내야 했기 때문에, 자연스럽게 자기 중심적 성향을 갖게 될 수밖에 없었다는 사실을 우선 거론해 볼 수 있다. 앞서 언급한 바와 같이, 중국은 숱한 전쟁과 정복을 통해 팽창과 확장을 거듭하며 만들어진 나라이다. 그런데, 팽창과 확장이 그들, 중국의 백성들에게 실제적으로 가져다 준 이익과 혜택은 별로 없었다. 팽창과 확장을 통해 이익을 얻고 혜택을 받은 사람들은 제왕(帝王)과 그의 친족, 그리고 그들의 주위에 있던 귀족과 대소신료들이었다. 팽창과 확장은 중국 백성들에게 제국(帝國)의 백성, 대국(大國)의 백성이라는 긍지와 자부심을 주었을 지는 모르지만, 그들이 가장 필요로 하는 안녕과 안정, 그리고 생존과 번영을 위한 방편을 가져다주지 못했다. 오히려 팽창과 확장의 미명하에 이족(異族)과의 계속된 융합은 불안과 갈등을 조장하고, 이로 인해 그들은 때로는 경제적 고통을 겪을 수밖에 없었다. 정치 사회적 불안과 경제적 고통은 안녕과 생존을 흔들어 놓았고, 따라서 그들은 그들 스스로 생존과 안녕을 도모할 수밖에 없었다. 그들은 자신들 스스로 안녕과 생존을 지켜나가야

| 중국 전통도시의 골목거리와 중국인의 배타성 | 중국인의 자아중심주의적 사고와 배타적 성격을 적나라하게 보여 주는 그림이다. 어느 한 전통도시 골목의 모습인데, 흡사 죄수의 탈옥을 막기 위해 높게 담장을 두른 교도소의 모습과 같다는 느낌을 주고 있다. 이웃이라고 할지라도, 상대방에 관계없이 타인에 대한 강한 경계심과 배타적 성격을 지녀 온 중국인들은 교도소 담장과 같은 골목거리의 풍경을 만들어 냈다.

했기 때문에, 철저하게 자신과 자신의 가족만을 생각해야 하는 등, 이기적으로 행동할 수밖에 없었고 그 결과 그들은 배타적인 성향을 갖게 되었던 것이다.

둘째, 2천 년이 넘는 오랜 시간 동안 중화사상에 침착(沈着)되어 살면서 개인들도 중화사상에 빠져 개인우월주의 사고를 갖게 되었다는 사실을 지적하지 않을 수 없다. 자아 중심의식은 중화주의 사상에서 파생되어 진화된 것이라고 할 수 있다. 중국인들은 외형적으로 볼 때, 관용정신과 커다란 포용력을 지니고 있는 사람들처럼 보이지만, 그들의 심리를 관찰해보면 철저하게 그리고 지나칠 정도로 자아 중심적으로 사고(思考)하며 행동하는 사람들이다. 자아 중심적 의식이란 간단하게 말해서 자기 중심적 사고를 한다는 것과 같은 뜻이다. 이는 오랜 전란과 고통의 역사 속에서 생성된 이기적 본능에서 연유한 부분도 있지만, 부분적으로 중화사상의 개인적 수용에서 연유한 것으로 간주해 볼 수 있다. 전술한 바와 같이, 중화사상은 화하족(華夏族)에서 시작된 한족의 집단주의적 자기 중심사상이었다. 이 같은 자기 중심사상과 논리가 한족 구성원 개개의 사람들에게 그대로 수용되었다고 볼 수 있다.

중국인들의 자아 중심의식이 어떻게 표출되어 나타났는가에 대한 구체적 사례를 이야기해 보자. 첫째 그것은 철저한 개인 중심 내지 자기 중심적 행동의 표출과 둘째, 상대방 내지 자신이 속해 있는 공동체 구성원들에 대한 철저한 무관심으로 나타났다. 중국인들의 자아 중심의식은 스포츠 활동에서 두드러지게 나타나고 있다. 역대 올림픽 경기에서 거둔 중국의 실력은 중국인들의 자아 중심의식을 보여주는 대표적 예가 되는데, 중국인들의 자아 중심의식은 올림픽 메달획득에서 두드러지게 나타나고 있다. 중국은 80년대에 들어와 올림픽에 출전하기 시작했다. 공산주의 국가로서의 중국은 1984년 LA 올림픽에 처음으로 참가하였는데, 2016년 브라질 리우올림픽에 이르기까지 올림픽 경기에서 수많은 메달을 획득했다. 개혁개방 정책으로 죽의 장막을 걷어치운 중국은 자본주의 전유물로 치부해 오던 각종 프로스포츠를 적극 개방하면서 일약 세계 스포츠계의 선두주자로 부상(浮上)했다. 20개 이상의 금메달을 획득한 올림픽의 경우를 예를 들어 보자. 중국은 2천 년 시드니 올림픽에서는 28개의 금메달을, 2004년 아테네 올림픽에서 무려 32개의 금메달을 따냈다. 지난 2008년 자국에서 개최된 베이징 올림픽에서는 금메달 51개 획득이라는 전무후무한 성적으로 거두었다. 2012년 런던 올림픽에서도 38개의 금메달을 획득했다. 중국은 전 세계에 스포츠 강국임을 유감없이 보여 주었는데, 금메달을 중심으로 한 입상종목의 대부분이 개인종목이었다는 사실은 중국 스포츠의 특징과 함께 국민적 성향이 어떠한가를 시사(示唆)고 있다. 중국이 획득한 메달의 특징은 탁구, 체조(기계체조), 수영의 다이빙, 사격 등 대부분이 개인종목에서 거둬들인 메달이었다. 스포츠 강국이 된 중국에 메달을 바치는 주요 종목 가운데 단체 종목은 거의 없고 대부분이 개인종목이었다. 구기경기 등 단체 종목에 있어서 메달을 하나도 못 땄다는 것은 아니지만, 개인종목에서 거둬들인 메달과 비교할 때, 그 성적은 거의 없다고 보아도 틀린 말이 아닐 정도이다. 이는 다른 말로 표현해서 중국의 스포츠는 개인의 능력을 발휘하는 종목에서는 뛰어나지만, 팀워크가 중시되는 단체종목, 특히 구기종목에서는 이렇다 할 성적을 전혀 내지 못하고 있음을 의미하는 것이다.

특히 축구에 있어서 중국은 국민들의 노력과 성원, 정부의 엄청난 조직적 지원에도 불구하고 그것에 걸 맞는 성과를 전혀 내지 못하고 있다. 단체 구기

경기에 있어서 중국의 부진, 특히 축구에 있어서 엄청난 부진은 특정 스포츠 종목의 부진으로 끝나는 것이 아니라, 중국인 특유의 의식과 성격을 시사하는 것이기에 관심을 끌게 된다. 중국의 축구는 14억 대국의 체면과 자존심을 망가뜨리고, 스포츠를 통한 중화굴기(中華崛起)의 이미지를 훼손하는 요소로 작용해 왔다. 중국은 국가적 차원의 파격적인 지원과 엄청난 투자, 그리고 수천만에서 수억에 달하는 축구 열광팬들의 눈물겨운 응원에도 불구하고, 세계 축구에서 실력이 가장 낮은 아시아권에서 조차 B, C급 수준을 면치 못하고 있다. 중국국민들이 그토록 열망하는 월드컵 축구대회에 중국 국가대표팀은 겨우 한 번, 그것도 운좋게 2002년 단 한번 출전한 적이 있었을 뿐이다. 특히 한국 팀과는 1978년 이후 30차례 싸워 단 한 번 겨우 이겼을 정도로 심한 공한증(恐韓症)에 시달리고 있다. 2010년 동아시안 컵에서 한국에 3-0으로 승리하며 무승(無勝)의 불명예를 지우긴 했지만, 이 한 번의 승리로는 축구에서의 공한증과 약점 등 모두 해소할 수 없었다.

중국의 축구 팀은 14억 명이라는 엄청난 인구 가운데에서 체력과 자질에 있어 가장 출중하다고 인정받는 선수들로 구성되었다. 게다가 국민과 정부로부터 열렬한 지원을 받는 중국의 대표팀이 단체경기 종목을 대표하는 축구에서 이렇게 저조한 것은 어떤 이유에서 일까? 먼저 선수들의 체력과 개인기, 과학적이고 체계적인 훈련부족 등에 기인하는 점도 없을 수는 없다. 아시아 선수이다 보니 체력과 개인기 등이 유럽과 남미출신의 선수나 흑인선수들의 수준에 못 미치는 사실은 하나의 이유가 될 수 있다. 그러나 그렇게 본다면 한국이나 일본의 축구 팀도 중국과 비슷해야 하는데 전혀 그렇지 않다. 한국과 일본의 축구 팀은 세계 상위 수준에는 못 미쳐도, 그래도 비슷하게 흉내내며 그 아래 단계까지에 와 있다고 할 수 있다. 그렇다면 중국의 대표 팀은 과학적이고 체계적인 훈련을 못 받아서 그렇게 낙후되었다고 할 수 있는가? 그것도 일부 맞기는 하지만, 완전한 대답이 될 수 없다. 중국도 수많은 인구 가운데에서 자질 있는 선수를 골라 한국·일본선수들이 그랬던 것처럼, 오랫동안 체계적인 훈련과 연습을 시켜왔다.

중국의 축구 팀이 그런 노력에도 불구하고 낙후될 수밖에 없게 된 주요 원인은 바로 팀워크의 부족에 있다고 보아야 한다. 팀워크란 팀의 성원(成員)이 공동의 목표를 달성하기 위하여 선수 구성원들이 긴밀한 정신적 유대감으로써 각 역할에 따라 책임을 다하고 협력적으로 행동하는 것을 이르는 말이다. 단체 스포츠 종목에서는 팀원이 협력해서 공격하거나 방어하지 않으면 안 되기 때문에, 팀워크가 크게 중시될 수밖에 없는데, 팀워크가 가장 중시되는 종목은 축구라고 할 수 있다. 따라서 중국 축구 팀의 실력이 항상 저조한 수준에 머물 수밖에 없게 된 데에는 구성원 상호 간의 협동 내지 결속력이 부족하여 경기를 벌일 때마다 팀워크 정신을 제대로 발휘하지 못한 데에 가장 중요한 원인이 있다고 보아야 한다는 것이다. 자기 중심적인 의식이 오랜 기간 중국인들의 마음을 지배해 왔기 때문에, 그들의 입장에서 볼 때 무형(無形)의 존재인 팀워크를 발휘한다는 것이 너무 어려운 일이 될 수 있다.

중국이 유독 축구에서 후진성을 면치 못하는 이유에 대해 여러 전문가들은 '한 가정 한 자녀 정책' 이후 출생한 소황제(小皇帝)들의 몸에 밴 개인주의를 꼽는다. 개인주의 역시 팀워크 부재와 같은 맥락에서 이해될 수 있기 때문이다. 그들은 금지옥엽 귀하게 성장했기 때문에 지극히 이기적이며, 심성도 유약하고, 힘들고 거친 일을 싫어하는 경향이 강하다는 것이다. 따라서 이들 90년대 이후 출생자 세대는 팀워크를 중시하는 축구와 맞지 않는다는 주장이다. 이 같은 논리는 일견 신빙성 있게 들리지만, 이 같은 사실을 가지고 중국 축구 부진의 이유를 설명하기에 부족하다. 오히려 이들 소황제들은 경제적 풍요를 누리며 자란 까닭에 이전 세대에 비해 상대적으로 체력이 좋을 뿐만 아니라, 귀하게 성장해서 그런지 대단한 자존감을 가졌다고 한다. 이러한 사실은 스포츠에서 커다란 플러스 요인이 될 수 있다. 그리고 이들은 어렸을 때부터 단체생활과 협동정신을 철저히 몸에 익힌다. 따라서 소황제는 플러스 요인으로 작용하면 했지, 마이너스 요인은 되지 않았다고 보는 것이 타당하다.

중국인들이 축구를 중심으로 하는 단체경기에서 저조한 성적을 내는 것은 적어도 수백 년 또는 그 이상의 시간에 걸쳐 형성된 개인의 자아 중심주적 사고와 그 습성에 기인한 것으로 보아야 한다. 협력과 조화, 양보와 결속력 등이 너무 부족하고, 개인의 우월과 독행(獨行)을 우선시하는 풍조에 매우 익숙해 있는 사람들이 중국인들이다. 그렇기 때문에 중국인들은 사회구성원들과의 협력·협동에 대한 필요성을 느낄 기회를 갖지 못했고, 그 결과 그들은 매사 홀로 행동하며 자신의 역할만을 추구하는 데 익숙해질 수밖에 없었다. 중국 축구대표 팀의 부진 원인은 바로 이러한 사실에서 찾을 수 있다.

　　사실 협력과 결속에 대한 무관심 내지 경시는 중국인들의 전통적 습관이자 사고방식의 한 형태임을 중국의 전통 음악을 통해서도 확인해 볼 수 있다. 자아 중심의식 즉, 개인플레이 중시와 이에 따른 팀워크 정신에 대한 무관심은 전통음악에서도 잘 드러나고 있다. 중국의 전통음악 전문가인 티앤웨이닝(田偉寧)이라는 사람은 진정한 중국의 음악은 독주(獨奏)라고 이야기 한 적이 있다. 그는 중국의 전통 음악은 거의 다 혼자 연주하는 독주(獨奏)로서 비파와 이호(二浩), 피리 등 각종 전통 악기의 진정한 연주형태는 모두 독주이고, 필요에 따라 합주가 있기는 하지만 합주는 중국 전통 음악의 미묘한 맛을 살리지 못한다고 했다. 중국의 전통 창극(唱劇)을 대표하는 경극(京劇)에도 합창은 없다. 두 사람이 노래를 주고 받는 경우는 간혹 있어도 여러 사람이 함께 하는 합창은 없다. 경극에서 배우 개인의 역할과 행동, 그리고 그의 창성(唱聲)은 하나하나 매우 중요한 역할을 수행하지만, 단원 모두가 협력을 발휘할 필요도 없고, 또한 실제적으로 협력을 발휘할 일이 없다. 이러한 예는 경극라고 하는 예술에만 해당되는 것처럼 보이지만, 중국인들의 사고방식과 습성이 어떠한가를 보여주는 중요한 방증(傍證)이 될 수 있다. 중국인들은 구성원 상호 간의 양보와 상호 협력을 통한 조화의 추구라는 개념에 관심이 없었을 뿐만 아니라, 관심이 있어도 이 같은 행동을 표현하는데 매우 서투른 반면에, 이기적 행동 즉 개인의 단독 행동과 이를 통한 우월적인 행동 표현에 매우 익숙해 있음을 알 수 있다.

　　또한 중국인들은 타인의 행(幸), 불행(不幸)에 대해서 벽을 쌓고 산다. 주변 사람들과 논쟁을 하거나 골치 아픈 사회문제를 화제 삼는 것을 무척 싫어한다. 중국인들의 무관심은 특별함을 넘어 매우 이상스러울 정도이다. 타인에 대한 무관심은 고질적인 '중국병(中國病)' 중의 하나라고 할 수 있는데, 그것은 누군가가 이유 없이 구타를 당해도 주위를 빙 둘러싸고 구경만 하는 모습을 드러

| 주한 중국대사관의 정문과 주중 한국대사관의 정문 | 좌측 사진은 주한 중국대사관의 정문모습이고 우측 사진은 주중 한국대사관의 정문 모습이다. 중국대사관의 정문은 크고 웅장할 뿐만 아니라, 옛날 성곽의 성문(城門)을 연상시킨다. 성문 같은 정문이 한 치의 틈도 없이 대사관 정원의 내부의 모습을 완벽하게 가리고 있다. 이에 반해 한국대사관의 정문은 싸리문 모양으로 된 철제문(鐵製門)으로 되어 있어 간략하게나마 정문 안쪽의 모습을 볼 수 있게 되어 있다. 별로 특별한 것도 없고 큰 의미도 없어 보이는 대사관 정문의 모습만을 가지고도 중국인들은 성격과 태도를 읽을 수 있다. 자신의 것은 조금도 드러내지 않고 상대방의 것만 보려고 하는 중국인들의 이기주의와 배타주의 정신을 읽을 수 있다. 한국에 사드배치와 관련하여 중국이 드러낸 이중적이고도 야비한 태도를 대사관 정문 모습에서 유추해 파악해 볼 수 있다.

낸다거나, 자신이 피해를 입지 않는 한, 다른 사람이 무엇을 하든 상관하지 않는 모습 등으로 나타난다. 한마디로 말해서 오불관언(吾不關焉)의 정신이 뼈 속까지 스며들어 있다고 해도 과언이 아닐 정도로 중국인들은 자기의 일이 아니면, 절대로 관여하지 않는 것이 하나의 습성이 되었다. 중국인들은 자신의 자식들에게 밖에 나가면 절대 남의 일에 관여하지 말라고 가르친다. 중국인들은 아무리 올바른 일이라고 하더라도 자신과 직접적인 관계가 없고 또한 그로 인해 자신에게 불이익이 주어질 수 있다고 생각하기 때문이다. 따라서 무관심은 이들에게 있어서 당연지사(當然之事)일 뿐만 아니라, 생존을 위한 필수적 방편이 되었다.

따라서 중국인들은 공동체 사회에서 타인에 대한 최소한의 배려조차 하지 않는 것은 물론 이려니와 철저한 무관심, 무신경의 태도를 드러낸다. 중국인들은 주변에서 큰 싸움이 벌어지거나 교통사고 같은 불행한 사건이 발생하면, 적절히 개입해 해결하려는 노력을 보여주기는 커녕, 모여들어 구경 내지 수수방관하고 있다가 때가 되면 줄행랑을 치는 모습을 연출하는데, 이것이 바로 중국인들의 일반적 모습이다. 발전된 문명과 민도(民度)가 있는 국가의 사람들은 이런 경우 구경도 하지만, 일부분의 사람들은 서로 돕고 문제를 해결하기 위해 나서는 모습을 보인다. 이는 누가 시켜서가 아닌, 구성원으로서의 기본적인 인정(人情)과 공동체 정신이 존재하기 때문에 그렇게 행동할 수 있는 것이다. 그러나 중국에서 타인을 배려하고 협조하는 것은 워낙 희소한 현상이기 때문에, 걸인에게 적선하거나 길을 걷는데 고생하는 어떤 장애인을 돕기만 해도 커다란 뉴스가 되고, 그리고 이것이 카메라에만 찍혀 전파를 타면 대륙을 감동시키는 엄청난 뉴스가 되기도 한다.

중국인들의 이 같은 무관심은 사회적 산물이었다. 개인의 자유와 생존이 보호되지 못했던 사회현실 속에서 자신 스스로를 지켜 나가며 생존을 유지해야 한다는 것은 오직 자기 자신과 자신의 가족의 안위(安慰)만을 생각해야 하는 자아 중심의식이 낳은 자연스러운 결과물이었던 것이다. 학자들은 중국인들의 자아 중심의식에서 비롯된 무관심 문화는 오랜 역사적 경험과 연관이 있다고 보고 있다. 특히 현대에 들어 와서도 중국인들의 무관심 태도는 '문화혁명'을 경험하면서 더욱 더 당연시되고 확고부동하게 되어 버린 것 같은 느낌을 주고 있다. 당시 지식인이나 부유층이 하루아침에 반역자로 낙인 찍혀 죽거나 고문을 당하는 일이 수두룩했는데, 이들을 옹호했다가 신세를 망치거나 죽음을 당하는 경우를 수없이 보고 경험했기 때문이다. 근래에 일어난 사건 가운데에서 무관심 무신경의 대표적 예가 될 수 있는 펑위(彭宇)사건과 쉬윈허(許雲鶴)사건을 예로 들어 보자.

이 사건은 별로 크지 않은 사건임에도 불구하고 나라를 떠들썩하게 만든 사건으로서 중국인이라면 모르는 사람이 없을 정도의 그런 사건으로 발전되었다. 펑위사건은 2006년 난징(南京)에서 일하는 펑위(彭宇)라고 하는 평범한 젊은이가 버스를 타려고 우르르 몰려든 군중에 밀려 쓰러진 한 노파(老婆)를 부축해 주고, 할머니가족에게 연락하고, 병원까지 데려다 주었다가 할머니가 오히려 펑위를 가해자로 지목, 13만 위안(한국돈 약 2,300만 원)의 배상금을 요구한 사건이다. 그런데 목격자들이 펑위는 단지 도와줬을 뿐이라고 증언해줬는데도 불구하고 법원은 1심에서 공평 원칙을 내세워 펑위에게 4만 위안을 배상하라고 판결했다. 일용 노동자인 펑위는 당시 버스 승강장에서 쓰러진 노인을 부축하고 노인의 가족에게 연락해 병원 치료를 받도록 도왔으나 오히려 가해자로 몰려 법정에 서게 되었고, 1심 재판부로부터 4만 위안을 배상하라는 판결을 받았던 것이다. 쉬윈허사건은 2009년 10월 자동차를 몰고 가던 쉬윈허(許雲鶴)가 톈진시내 도로 한가운데 쓰러져 있는 노인을 발견, 차를 세우고 구조대를 불러줬는데, 그 노인이 쉬윈허를 가해자로 지목하는 바람에 1심 재판에서 10만 위안(약 1,770만 원)의 배상금을 물어주라는 판결을 받았던 사건이다. 그런데, 중국인들의 무관심주의로 인해 발생한 사건은 이 두 개의 사건뿐만이 아니고, 이루 헤아릴 수 없을 정도로 많다. 이와 비슷한 케이스가 90년대, 2천년대에 중국에서 적지 않게 발생하였지만, 그 결과는 위의 두 사건의 그것과 별로 다르지 않다. 중국에서는 펑위사건 이후 선의로 베푼 행동이 도리어 자신에게 화를 미칠 수 있다고 여기는 사람이 늘어나면서 곤경에 처한 사람을 보고도 못 본 채 지나치는 일이 자주 발생하고 있다. 자아 중심의식이 가져다준 무관심과 냉대적인 태도가 반인간적(反人間的)·반상식적(反常識的) 사건들을 지속적으로 만들어내고 있다.

자아 중심의식이 만들어낸 또 하나의 특징은 체면에 대한 엄청난 집착이다. 중국인들이 자신들의 목숨만큼 중시하는 것이 있는데, 이것이 바로 체면이라는 것이다. 체면에 대한 엄청난 집착 때문인지, 중국인들은 체면에 죽고 산다는 말이 보편적인 것이 되었다. 중국어로 얼굴을 미앤쯔(面子)라고 하고 하는데, 이것을 '체면'이라고 해석하는 것이 적절하다. 상대방의 체면을 어떻게, 어느 정도 지켜주고 또 자신의 체면을 어떻게 유지해 나가야 하는가는 중국인들에게 매우 중요한 삶의 방법이 되었다. 물론 자신들의 체면을 중시하는 것은 세상의 모든 사람들에게 적용될 수 있는 공통된 상식이자 보편적 성격이라고 할 수 있다. 그러나 중국인들이 오랜 세월 동안 추구해 왔던 체면의식은 유별날 뿐만 아니라, 어떤 면에 있어서는 중국 바깥의 사람들은 도저히 이해하기 힘든 그런 의식이었다. 유교에서는 입신양명(立身揚名)이라 하여 사회적으로 인정받고 출세하여 자신의 이름을 세상에 알리는 것을 교육과 효행의 최고 목표 가운데 하나로 설정하였다. 그런데 이름(名)이라는 것은 다소 추상적인 성격을 가졌기 때문인지, 중국인들은 문자 상의 이름을 대체할 수 있는 보다 실질적이면서도 실용적인 이름을 찾았는데, 그것을 신체에서 가장 중요한 부분인 얼굴에서 찾았다. 따라서 얼굴(중국어로 面子)은 바로 자신을 대표하는 실질적인 이름이 되었고, 체면이라는 말은 남을 대하기에 떳떳한 도리나 얼굴을 의미하게 되었던 것이다.

그렇다면 중국인들은 왜 이렇게 체면유지를 목숨처럼 중시하게 되었는가? 체면중시는 자아 중심의식과 자기 우월주의가 만연된 사회에서는 자신을 방어할 수 있는 최소한의 무기 역할을 하였기 때문이다. 따라서 체면을 잃는다는 것은 전쟁터에서 무기를 잃는 것과 똑 같은 것이기 때문에, 그것은 곧바로 실패와 망신, 더 나아가 죽음을 상징하는 것이었다. 이중톈의(易中天)이라는 사람은 중국인들이 왜 죽어도 체면을 지키려 하는가에 대해 중국문화의 사상 속에 담긴 단체의식 때문이라고 했다. 그는 중국인들은 단체의식을 가지고 있는데, 단체의식에 따르면, 모든 사람은 단독의 개인이 아니라 일정한 사회관계 속에서 생활해야 하기 때문에, 항상 타인을 마주 해야 하고, 마주하지 못하면 관계의 상실을 가져오고, 또한 그렇게 때문에 타인과 마주 하기 위해서 체면이 있어야 한다고 했다. 사람들이 스스로 체면을 잃거나 다른 사람의 체면을 상하게 했다면 마주 할 수 없다고 그는 덧붙여 말했다.3)

이중톈의 이야기는 다음 두 가지 사실을 간접적으로 내포하고 있다. 첫째 중국의 전통적 사회 환경이 매우 냉혹하며 살벌(殺伐)했기 때문에 사람들은 철저한 자아 중심적 의식 하에 자기이익만을 추구할 수밖에 없었다는 것이며, 둘째, 중국의 전통적인 사회 환경에서는 타인에 대한 배려는 물론이려니와, 상호 간의 협력, 협동이 거의 이루어지지 않았다는 사실이다. 따라서 중국은 자신의 생명은 자신이 지켜야 하는 사회였고, 이 같은 사회 환경 속에서 체면은 타인으로부터 약점 잡히는 것을 막아주고 자신을 당당하게 만드는 중요 무기의 역할을 하였던 것이다.

결론적으로 말해서 자아 중심의식은 체면에 과도하게 집착하는 중국인들의 성격 형성에 절대적인 기여를 하였다. 중국인들의 체면 중시논리는 자기보

---

3) 이중톈(易中天) 옮김, 『이중톈, 중국인을 말하다』, 은행나무, 2008, 165~166쪽 참조.

호 본능의 발현임과 동시에 개인의 우월적 지위를 중시하는 관념에서 나온 것이고, 자아 중심주의가 이러한 체면 중시 현상에 일조했다고 볼 수 있다.

중국은 1905년 청일전쟁을 계기로 근 40여 년에 걸쳐 일본과 크고 작은 전쟁을 벌였는데, 일본과의 전쟁에서 중국인들의 자아 중심의식의 영향 내지 흔적을 파악해 볼 수 있다. 일본은 1931년 만주사변을 일으켜 만주를 점령한 후, 1932년 만주국이라는 괴뢰국을 세웠다. 이렇게 중국 동북부 지역을 점령하고 침공을 지속해 왔던 일본군은 괴뢰국 창설과 함께 상하이에서 중국군을 패퇴시키고 일부를 무력 점령하였다. 1932년 4월 29일 일본군은 상하이 홍커우(虹口)공원에서 일본 천황의 생일인 천장절(天長節) 축하행사와 소위 1차 상하이사변 전승 기념식을 개최했는데, 이때, 윤봉길 의사가 폭탄을 투척해 일본의 상하이 파견군 총사령관인 시라카와 요시노리(白川義則) 등 일본군 수뇌부 7인을 살해하였다. 이 사건이 터지자 중국인들은 크게 환호하였고, 장개석은 4억 중국인들과 30만 대군이 못한 것을 한 명의 조선 청년이 해냈다고 극찬하였다. 이후 일본군은 1937년 7월 노구교(蘆溝橋)사건을 일으킨 후, 이에 대한 책임을 중국군에 전가하며 이를 핑계로 전면전에 돌입, 중일전쟁(中日戰爭)을 일으켰다. 중일전쟁에서 일제는 베이징(北京), 톈진(天津)을 점령하고 전선을 상하이(上海)로 확대시키면서, 일본군은 7월 29일 베이징(北京)과 톈진(天津)을 점령한 뒤, 1937년 8월 9일 상하이에서 중국군과 전투를 개시함으로써 '제2차 상하이사변(上海事變)'이 일어났다. 1937년 8월 13일 장제스(蔣介石, 1887~1975)가 이끄는 70만 중국군은 상하이에서 일본 해군 육전대를 포위하며 대규모 전투를 벌였고, 중국군의 막강한 방어로 상하이를 점령하지 못한 채 고전하던 일본군은 지원 병력으로 육군을 증파했다. 마침내 3개월 간의 전투 끝에 1937년 11월 일본군이 상하이 조계(租界) 점령에 성공했으나, 치열했던 제2차 상하이사변의 여파로 당시의 수도 난징(南京)을 비롯한 중국 전역에서 확전의 움직임이 거세졌다. 일본군은 1937년 12월 중화민국의 수도 난징(南京)을 점령하여 무고한 시민 수십만을 잔인하게 살육하였다. 난징 시민에 대한 일본군의 무자비한 살육은 일종의 보복적 성격을 띠었는데, 중국 국민당군의 격렬한 저항에 대한 앙갚음에서 비롯되었다고 볼 수 있다.

그 뒤 우한(武漢)을 공략하고 광둥(廣東)에서 산시(山西)에 이르는 남북 10개 성(省)과 주요 도시의 대부분을 점거하였다. 한편, 중국은 국민당과 공산당의 내전으로 혼란을 거듭하였으나, 일본의 공격을 먼저 막아내는 것이 우선이라는 국공합작(國共合作)의 정신에 따라 항일(抗日) 민족통일전선을 형성하여 본격적인 항전을 시작하였다. 중국군이 유격전을 펼침에 따라 일본군은 광범위한 전선에서 '점(도시)과 선(도로)'을 유지하는 데 머물러 있어야 했다. 이러한 상황 속에서 일본군은 삼광작전(三光作戰 : 殺光·燒光·搶光) 등 잔학행위로 전쟁 전 기간(全 期間)에 걸쳐 수 많은 중국인을 살해하였다고 전해진다.

중국인들은 40여 년에 걸친 일본과의 전쟁에서 엄청난 피해와 고통을 겪어야 했다. 중국은 일제에 의해 국토의 절반 정도 되는 부분이 유린당하는 등, 나라가 반식민지화(半植民地化)의 처지가 된 데다가 남경대학살과 같은 끔찍한 참화를 당했음에도, 중국인들의 애국정신과 저항의지는 생각했던 것만큼 강하지 못했다. 중국인들은 자발적으로 단결하며 저항하는 모습을 보여주지 못했다는 것이다. 국가적 차원에서 단결하며 올 곧게 저항하는 태세를 갖추지 못했음은 물론, 국민적 저항 의지 또한 활발하지 못했음을 알 수 있다. 한국이 일제 36년 동안 보여준 저항과 투지정신에 비교하면 너무 저조했다고 밖에 할 수 없을 것 같다. 그 많은 인구를 가진 중국에서는 한국의 윤봉길과 같은 투사가 거의 없었다. 중국인들이 보여준 이 같은 사실에 관한 원인과 배경에 대해 논한다면, 의견이 분분할 수밖에 없고, 쉽게 결론을 내릴 수 없을 것이다. 그러나 한 가지 분명한 것은 이 같은 사실은 중국인들의 결속력이 얼마나 빈약하고, 또한 공동체 정신이 얼마나 박약(薄弱)했는가를, 그리고 중국인들의 자아 중심의식과 무관심주의가 얼마나 철저하게 그들의 뇌리 속에 박혀 있는가를 보여주는 하나의 징표가 될 수 있다는 것이다.

화(和; 친구사귀기)와 쟁(爭; 싸움)

화합과 융합, 그리고 싸움

1. 중국인들은 왜 싸움에 익숙한가?
2. 중국인들은 왜 그렇게 사람 사귀기를
   좋아 하는가?

화(和; 친구사귀기)와 쟁(爭; 싸움)

화합과 융합, 그리고 싸움

1. 중국인들은 왜 싸움에 익숙한가?

전술한 바와 같이, 중국인들은 음양적 사고를 하는 사람으로 인식되고 있다. 중국인들은 음양적(陰陽的)으로 사고하는 사람들이어서 그런지 행동에 있어서도 음양적으로 행동하는 모습을 보여 준다. 중국인들의 성격은 화합과 융합을 특징으로 나타내고 있는 것이 사실이다. 그렇기 때문에, 그들은 열렬하게 화합을 추구하기도 하지만, 한편으로는 지독하게도 싸움을 즐기려고 하는 매우 특이한 모습을 잘 드러내고 있다. 그러면 먼저 중국인들은 왜 싸움에 익숙해 있고, 또 기꺼이 싸움을 즐기려고 하는가에 대해 살펴볼 필요가 있다.

중국이 전쟁의 나라, 싸움의 나라임은 3000년 중국의 역사를 보면 쉽게 파악할 수 있다. 역대 중국 왕조의 평균 수명은 고작해야 이삼백 년이었고, 삼백 년이 넘는 경우가 매우 드물었는데, 중국은 주변민족의 침입으로 야기된 전쟁과 전란, 혼란기를 거쳐 새로운 왕조가 탄생하는 사이클을 반복하며 3000여 년의 역사를 거쳐 온 나라였다. 이 같은 과정을 겪으며 3000여 년 가까이 존재해 이력이 있었기 때문인지, 중국인들에게는 그 어느 국가의 구성원들 내지 민족보다 몇 배 더 강한 싸움의 기질 내지 싸움의 DNA가 있는 것 같다.

싸움은 중국인들에게 있어 생활의 일부라고 해도 크게 잘못된 말이 아니다. 고대에서 현재에 이르기까지 3000년 동안 중국인들, 그러니까 한족들만큼 싸움을 많이 한 민족은 지구상에서는 찾아보기 어려울 것이다. 중국인들은 싸움을 회피하지 않을 뿐만 아니라, 필요하다면 기꺼이 싸움에 응해 왔던 태도를 견지했기 때문에 그랬는지, 이들은 싸움에 강하고 또한 매우 익숙한 편이다. 그들은 조화와 화합, 대동사회(大同社會)를 떠들었지만, 그것은 명분에 불과했고, 필요하다고 판단했을 경우 과감하게 싸움을 통해 이익을 찾고자 했던 사람들이었다.

중국이 얼마나 많은 전쟁을 겪었고, 또 전쟁을 통해 얼마나 많은 희생과 고통을 겪었는가에 대해서는 다음 몇 가지 주요 통계사실을 통해 짐작해 볼 수 있다. 전병서는 중국은 유사 이래 전쟁으로 인한 13~14번의 대규모 인구감소를 경험한 나라라고 하면서, 인구감소의 측면에서 전쟁이 가져 온 감소된 인구에 대해 다음과 같이 설명했다. 오늘날 "상(商)나라에서 시작해 청나라 말기에 이르기까지 중국의 인구는 크게 볼 때 14번의 획기적 감소가 있었다. 한 번 전란이 일어나면 전체인구의 5분의 1에서 심하면 3분의 2 가까이 줄었다. 동한 말기와 삼국시대 초에는 인구가 사상 최대인 65%나 줄었다. 전국시대 후기 진(秦)나라와 한(漢)나라 교체시기, 서한(西漢) 말기, 명(明)나라 말기, 청(淸)나라 초기에는 인구가 50% 줄었다. 상나라 말기, 주(周)나라 초기, 원(元)나라, 금(金)나라, 송(宋)나라 시기에는 40%가 줄었다. 수(隋)나라 말기, 당(唐)나라 초기, 안사(安史)의 난(亂), 당나라 말기, 오대십국(五代十國) 시기에는 인구가 30% 감소했다. 원나라 말기 청나라 초기에는 25% 줄었고, 태평천국(太平天國)의 난 때에도 20% 감소하였다"고 했다.[1]

이 같은 통계만을 가지고도 전쟁과 내란 등으로 점철된 중국의 역사 속에서 얼마나 많은 사람이 사라져 갔는가를 가늠해 볼 수 있다. 사실, 중국이 겪은 전쟁과 내란은 중국이 본격적으로 팽창과 확장을 추구하기 전부터 시작되었

---

[1] 전병서 지음, 『중국의 大전환, 한국의 大기회』, 참돌, 2015, 28~29쪽에서 인용.

다. 춘추시대 240여 년의 기간 동안 모두 36명의 임금이 시해되었고, 나라가 패망한 것도 52차례나 되었다. 248년 간의 전국시대에서는 크고 작은 전쟁이 무려 222차례나 발생했다. 대만(臺灣)의 삼군(三軍)대학에서 출판된 『중국역대 전쟁사』에서 기원전 221년 진(秦)나라가 6국을 통일한 이후 1840년 아편전쟁에 이르기까지 2061년 동안 벌어진 주요 전쟁이 무려 721차례나 된다고 밝히고 있다. 이 가운데에서 북방에서 벌어진 전쟁이 548차례였고, 남방이 173차례로 24%를 차지한다고 했다.[2]

중국과 중국인들이 2000여 년 넘게 겪어 온 전쟁과 전란의 내용과 그 성격을 몇 가지로 분류할 수 있는데, 먼저 크게 두 가지로 분류해 볼 수 있다. 첫째, 영토의 방위와 영토의 팽창 및 확대를 위한 전쟁으로서 이것을 두고 외전(外戰)이라고 한다면, 두 번째는 할거(割據)와 통일(統一)을 위한 전쟁, 즉 내전(內戰)과 같은 전쟁에 해당되는데, 이 두 가지 유형의 전쟁도 주로 북방지역을 중심으로 이루어졌다. 내전과 같은 전쟁은 국가가 분열상태에 처하면, 각 제후들은 할거하거나 분열 합병해야 했고, 그리고 패자(覇者)가 되거나 중원을 통일해야 했기에 외전(外戰)만큼이나 치열했다.[3] 고대, 중세, 근·현대에 이르기까지 중국 땅에서 벌어졌던 수십 수백 가지 전쟁, 전란에 대해서는 이미 이와 관련된 많은 서적과 자료에서 충분히 언급 내지 설명되었기 때문에 본서에서는 언급하지 않기로 한다.

크리스 피어스(Chris Peers)라는 사람은 이 같은 사실과 관련해 『전쟁으로 보는 중국사』라는 자신의 저서에서 중국의 전쟁사를 크게 세 가지 성격의 틀 속에서 바라보았다. "첫째, 중국의 역사를 통일과 분열의 순환의 관점에서 보았다. 중국의 전통적 관념에서 볼 때, 중국인 천하란 천명을 받아 천자가 다스리는 땅인데, 천자(天子)가 되어 천하를 차지하기 위해 숱한 전쟁이 벌어졌다는 것이다. 그런데, 그 천자가 질서와 안정을 유지하지 못하면, 천명을 잃은 것으로 간주되었고, 왕조는 멸망하고 천하는 분열되었는데, 분열되었으면 그 누가 나와 무력으로 천하를 통일하고 천자가 되기 위해 숱한 전쟁이 벌어졌다

---

2) 胡兆量 지음, 김태성 역, 『중국의 문화와 지리를 읽는다』, 휴머니스트, 119~122쪽 참조.
3) 胡兆量 지음, 김태성 옮김, 『中國文化地理概述』, 휴머니스트, 123쪽.

는 것이다. 둘째, 중국 전쟁사를 5천년에 걸친 농경민족과 유목민족 간의 끊임없는 전쟁과 동맹의 과정으로 파악하였다. 중국 땅은 초원과 농경지로 대별된다. 유목민족과 농경민족은 생활방식의 차이와 경제적 문제로 빈번히 충돌하였고, 농경을 중심으로 하는 한족이 초원을 침략하면 항상 괴멸되었고, 한족을 침략한 유목민족들은 중원에 정착하여 자신들의 왕조를 세웠지만, 결국에는 그 대부분의 민족들이 한족에 동화되기도 하였다. 세 번째는 통일과 분열의 과정에서 자주 일어난 농민군들의 봉기를 중시하였다. 천하가 어지러워지면 어김없이 농민봉기가 일어났고, 많은 왕조의 창업자들이 농민군을 등에 업고 천하를 얻었다. 농민봉기는 승리하지 못했을지라도 왕조의 몰락을 앞당기는 역할을 했다."4)

중국인들은 유사(有史)이래, 이루 헤아릴 수 없을 정도의 숱한 전쟁과 싸움을 경험했지만, 이러한 사실과 관련하여 간과해서는 안 되는 한 가지 사실이 있다. 그것은 중국인들, 즉 한족은 주변의 이족(異族)이나 이적만융(夷狄蠻戎)에 속하는 변경(邊境) 바깥사람들과 주로 전쟁을 벌인 것처럼 보이나, 실제로 그들은 자신들끼리, 다시 말해 동족(同族)끼리, 같은 사회의 구성원들끼리, 같은 지역 사람들끼리 엄청나게 많은 전쟁과 싸움을 벌였다고 하는 사실이다. 과거 중국에서는 이익을 둘러싸고, 또는 이득을 먼저 차지하기 위해, 동족집단 상호 간에 또는, 지역집단 상호 간에 무기를 가지고 싸움을 벌이는 사건이 종종 발생하였는데, 이러한 싸움을 계투(械鬪)라고 하였다. 계투는 방(幫)과 같은 노동집단 간에 벌어지기도 하였으나, 특히 농촌 마을을 배경으로 농민들 사이에서 크게 벌어지곤 하였다. 또한 웬만한 전쟁 못지않게 무기가 사용되었는데, 무기로는 칼과 창이 많이 사용되었고, 근대에 들어 와 벌어진 계투에서는 총포까지 동원되었다고 한다. 시기적으로는 명(明)·청(淸) 시대에 화중(華中)·화남(華南) 지방에서 성행하였는데, 이들 지방의 농촌, 특히 동족 마을은 폐쇄적 배타적 경향이 무척 강해서 자신들 전체의 이해에 관계되는 수리(水利, 飮用과 灌漑시설과 직접 연관된 것), 지경(地境,농지의 활용과 땅의 경계 문제), 그리고 분

---

4) 크리스 피어스(Chris Peers), 황보종우 역, 『전쟁으로 보는 중국사』, 수막새, 2005.(옮긴이의 글에서 인용)

묘(墳墓/묘지사용과 관련된 땅의 사용문제) 등의 다툼에는 무력을 통해 결판 짓는 경우가 많았다. 먼저 정착한 집단과 나중에 정착한 후발집단과의 갈등과 투쟁, 그리고 농사를 지을 땅과 여기에 물댈 관개시설(灌漑施設) 등을 확보하기 위해 벌어지는 지역 내의 폭력을 동반한 갈등 등이 모두 계투라는 중국 특유의 비극적 현상을 만들어냈다고 보아야 한다.

그런데 이 가운데에서도 화남(華南)지방의 계투가 유명하여 복건성(福建省)의 장주(漳州), 천주(泉州), 광동성(廣東省)의 조주(潮州) 등이 그 중심지였다. 계투는 웬만한 전쟁과 비교될 만큼, 그 규모가 대규모적인 데다가 희생자들이 많이 나왔기 때문에, 황제까지 관심을 가지고 지켜보았다고 한다. 당시의 황제들은 이 같은 싸움을 중지시키지 못했는지 아니면 중지시키지 않았는지 알 수는 없지만, 흡사 오늘날 격투기 경기를 지켜보는 관중들처럼 관심을 가지고 계투의 결과만을 지켜보았다고 한다. 크고 작은 각종 전란과 다툼, 그리고 관리들의 학정과 학대 등을 피해 또는 이에 대항하기 위해 시작되었던 계투는 중국의 농촌사회에서는 다반사처럼 벌어졌다.

그러나 계투는 시간이 흐르면서 농촌사회에만 국한된 현상으로 머물러있지 않았다. 특히 청나라가 몰락한 뒤 군벌이 득세하자 군벌은 새로운 형태의 계투를 만들어냈다. 각 지방에 주둔해 있던 여러 가지 크고 작은 군 세력들이 싸움을 벌여 먹고 먹히는 비극을 연출했던 것이다. 청나라가 멸망한 후, 대륙의 각 지역에서 군권을 쥐고 있던 토호세력(土豪勢力)들이 군벌로 등장하며 세력다툼을 벌인 적인 있었는데, 지배권 획득을 위한 이 같은 세력다툼은 계투의 연장선상에서 인식될 수 있는 사건들이었다.

중국인들은 동족 간에 벌어지는 전쟁과 싸움에 이골이 나있었기 때문인지, 자신들 스스로 자신들의 생명과 재산을 지키기에 부단한 노력을 기울였다. 이들은 마을에 산채(山砦)·보루(堡壘) 등을 구축해 놓고 마을사람이나 동족인(同族人)이 그 집단을 위해 목숨을 바친다는 것을 당연시하여, 계투가 있을 때는 참가할 남자들을 소집하여 종사(宗祠)에서 서약을 하였다. 계투는 중국인들이 자신들이 생존을 확보하기 위한 하나의 방편을 찾는 과정에서 벌어진 현상으로 보아야 한다.

| 토루(土樓)와 토루내부 | 백성들 스스로 자신들의 생명과 안전을 지키기 만들어진 토루(土樓)는 전쟁과 싸움이 일상화된 과거 중국 사회의 현실을 증명하는 귀중한 자료이다.

　　중국에는 계투와 같은 내전(內戰)으로부터 자신들을 보호하기 도구로서 토루(土樓)라는 건축물이 있다. 그런데 토루가 외적 또는 외국군대로부터의 침입 내지 공격을 막기 위한 방편으로서의 건축물이었다면, 쉽게 이해될 수 있는 부분이지만, 크게는 동족, 작게는 이웃 마을 사람들이나 그 근처에 살았던 사람들의 공격과 침입을 막아내기 위한 건축물이었다면, 이는 충격적이면서도 매우 흥미로운 일이라 하지 않을 수 없다. 물론 이러한 토루는 일부 지역에 살았던 특정 소수인들, 즉 주로 객가인(客家人)들의 건축물에 국한된 것이기는 하나 중국인들의 싸움문화와 함께 싸움문화 속에서 생성되었던 중국인들의 처절한 자기보호 본능의 노력을 보여주고 있다. 자기 방어에 대한 집착은 토루라는 전대미문(前代未聞)의 건축물을 만들어냈던 것이다. 토루라는 건축물은

외국이나 이족과의 전쟁 내지 싸움에서 살아남기 위해 만들어진 것이 아니라, 토착민 내지 같은 지역에 거주하는 사람들 사이에서 벌어지는 싸움에서 자신들을 보호하고 살아남기 위해 만들어진 건축물이었다는 사실은 중국인들의 싸움 DNA의 형성과 진화과정을 상징해주는 하나의 자료로서 역사적 의미를 갖는다. 방어를 위한 집단 주택 '토루'는 전쟁과 원주민(토착민)들의 침입을 막기 위해 집성촌을 이루며 여러 세대가 한집에서 살았다. 토루의 바깥벽을 보면 창문이 거의 없고 구멍 정도만 설치되어 있다. 토루의 둘레 만해도 수백m에 이르고, 벽의 두께는 1m 이상이나 되었으며, 방어와 공격을 위해 창문은 3층 이상 높은 곳에 만들어진 것도 있다. 적의 침입을 막기 위해 외부로 통하는 문도 오직 하나만 만들어 놨다. 토루는 원형, 장방형, 팔각형, 반월형, 타원형 등 다양한 형태로 되어 있고, 토루 한 채에는 보통 250~800여 명이 살았고, 토루 자체 내에서 모든 것을 자급자족할 수 있도록 만들어졌다고 한다.

토루가 자기방어의 물질적 도구라면, 체면은 일종이 자기방어를 위한 정신적 도구가 될 수 있다. 다시 말해, 일종의 정신적 토루가 바로 중국인들이 그토록 중요시여기는 체면이라는 것이다. 따라서 체면을 잃어버리는 것은 토루를 파괴당하는 것과 같은 일에 비유될 수 있다. 중국인들은 싸움을 잘하는 것만큼 자기방어에 있어서도 철저하고자 했다. 전장에서 중국인의 체면에 관해 충분히 언급하였지만, 본장에서 다시 설명하기로 한다. 앞서 이야기한 바와 같이, 미앤쯔(面子), 즉 체면은 싸움을 당연시하는 사회에서 자신을 보호하는 최소한의 도구 내지 자기방어의 최전선에 있는 첨병과 같은 존재로 보는 것이 적확하다. 미앤쯔는 우리나라에서 사용하는 '체면'과 비슷하지만 그 의미가 매우 엄중(嚴重)하기 때문인지, 자존심·자긍심·명예 등의 어휘가 모두 함축되어 있다고 보아야 한다. 개인적으로 중국인들을 만나면 항상 그들의 체면을 고려해야 한다. 한국인이나 일본인들도 체면을 중요시하지만, 체면은 중국인들에게 그 이상의 것이었다. 특히 중국인들에게 있어서 체면은 그들의 얼굴이자 대외적 사회적 생명 줄과 같은 것이다. 중국인들은 체면이 완전히 추락하거나 상실된다면, 앞으로 고개를 들고 살아갈 수 없다고 생각했다. 중국인들은 전쟁터에 나간 군인들이 총이나 칼을 잃어버려 더 이상 전투를 할 수 없게 되는

| 문화혁명(文化革命)과 홍위병 | 문화혁명 당시 홍위병들에게 체포되어 인민재판을 받고 있는 어떤 한 사람의 모습을 통해 문화혁명의 본질과 실체를 읽을 수 있다. 홍위병들이 천안문 광장에 모여 마오쩌둥 어록 책자를 손에 쥔 채 위로 흔들고 있는 모습이다. 문화혁명은 세계 역사상 유례를 찾기 어려운 것으로서 파괴를 위한 야만의 폭동으로 기록되고 있다.

것과 체면을 상실해 더 이상 상대방을 대할 수 없거나 사회생활을 못하게 된 것을 동일시할 만큼 체면을 절대 중시한 것이다. 거듭 말하거니와, 중국인들이 과도하고 지나칠 정도로 체면에 집착하는 것은 체면을 자신들을 보호하는 하나의 무기로 인식했기 때문이다. 전쟁과 싸움으로 점철된 중국의 역사와 사회적 환경은 사람들로 하여금 자신을 보호하는 무기를 갖게 했고, 체면은 그런 무기들 가운데 매우 중요한 정신적 무기였다.

중국인들의 싸움 DNA는 20세기 현대에 들어 와서도 문화혁명이라는 대사건을 통해 다시 한 번 발휘되었다. 마오쩌둥(毛澤東)의 주도 하에 발생했던 문화혁명은 계투의 맥을 이은 대표적인 동족상잔(同族相殘)의 예이자, 역사상 최대 최악의 내란으로 기록되는 사건이었다. 1958년부터 시작된 대약진운동이 실패로 끝나자 궁지에 몰려 권력의 기반이 흔들릴 것을 심히 우려한 마오쩌둥이 자신의 주도로 극단적인 정치개혁 노선을 선포하고, 이를 실행에 옮겼는데, 이것이 1966년부터 10년 동안 중국 전역을 휩쓴 문화혁명의 시작이었다. 문화혁명이 표면에 내세운 구실은 자본주의적 시장정책 지향의 문화를 비판 거부하고, 더욱 새로운 공산주의 문화를 창출하자는 자신들의 개혁 운동이었다. 그러나 실제로는 대약진 운동이 크게 실패한 탓에 정권의 핵심에서 잠시

물러난 마오쩌둥이 자신의 재부상(再浮上)을 도모하기 위해 노동자와 농민 등 프롤레타리아와 홍위병(紅衛兵)이라는 청소년들의 폭력 운동을 동원해 시장 회생파를 공격 제거하는 데 목적을 둔 마오쩌둥 파의 권력 투쟁운동이었다. 문화혁명을 조종한 사람은 마오쩌둥과 그의 수하들이었지만 실제로 이러한 광란적 투쟁에 참여한 자들은 10대와 20대로 구성된 홍위병들이었다. 그렇기 때문에, 문화혁명은 일명 홍위병의 난(亂)이라는 별칭(別稱)을 얻기도 했다. 중국 전역에서 벌어진 홍위병의 움직임으로 구체화되었고, 마오쩌둥과 그의 하수인들은 이들 홍위병을 뒤에서 조종하여 많은 정적과 지식인들을 대거 숙청하고 박해하며 살해한 미증유(未曾有)의 동란(動亂)이었는데, 동란을 일으키고 이에 참여했던 대다수의 홍위병들은 무엇 때문에 문화혁명이 촉발되었고, 무엇을 위해 자신들이 그런 짓을 벌이고 다녔는가에 대해 알지도 생각하지도 못했다고 한다. 마오쩌둥과 그의 하수인들은 자신들의 정적(政敵)뿐만 아니라, 자신들을 맹목적으로 추종하지 않는 또는 추종하지 않을 가능성이 있는 수많은 지식인들을 홍위병들의 행동을 통해 자본주의자, 유산계급분자, 반혁명, 반인민주의자라는 누명을 씌워, 이들을 박해하며 살해하였다. 거짓, 조작, 날조, 선동은 공산주의자들의 전형적이면서도 가장 기본적인 투쟁전술이며 방법인데, 마오쩌둥과 그의 수하들은 이러한 전술을 십분 발휘하여 수많은 사람들을 탄압하며 살상하였던 것이다.

한마디로 말해 문화혁명은 마오쩌둥의 권력투쟁, 권력 쟁탈을 위해 거짓 조작 날조 선동을 앞세운 대 유혈 폭동이었다. 거짓, 조작, 날조, 선동이라는 공산주의 기본 전술대로 빨간 완장을 찬 홍위병들은 사회지도적 위치에 있는 사람들과 무고한 지식인들을 반사회주의자, 반인민주의자, 자본주의자로 몰아 죄를 뒤집어 씌우며 그들을 살상하였다.

문화혁명으로 약 1,000만 명에 가까운 중국인들이 목숨을 잃었다. 수많은 학자와 전문가들, 문예계 인사, 기타 사회를 이끌었던 무수한 지식인들이 반동, 반혁명, 수정주의자 등의 낙인이 찍혀 탄압과 박해를 받았고, 이 가운데 많은 사람들은 죽임까지 당해야만 했다. 광란적 혁명이 지속되었던 10년의 암흑기 동안 모든 교육은 중단되었다. 그 결과 21세기에 들어선 현재에도 그 후

유증은 쉽게 가시지 않고 있다. 흔들리는 마오쩌둥의 권력기반을 확고히 하기 위한 정치적 목표에서 시작된 문화혁명은 수천만 명의 사람들이 억울하게 피를 흘리고 죽임을 당해야 했던 최악의 내란이었는데, 중국인들은 이를 통해 자신들의 싸움 DNA를 다시 한 번 확인할 수 있었다.

상술한 바와 같이, 중국의 역사는 전쟁의 역사라고 해도 과언이 아닐 정도로 3000년의 역사가 이루다 헤아릴 수 없을 정도의 수많은 전쟁으로 점철되어 왔다. 그 결과 전쟁과 싸움은 중국인들에게 있어 일상사와 같은 것이 되어 버렸다. 따라서 전쟁과 싸움은 중국의 정치, 경제, 사회, 문화 각 분야에 있어서의 영향뿐만 아니라, 그들의 심성과 행동양식에 막대한 영향을 미쳤다. 전쟁과 싸움 때문에, 중국인들은 자신들을 지켜 나가기 위해 유형(有形)·무형(無形)의 담을 쌓고, 남과 자신의 경계를 명확히 구분하며 살아 왔다. 같은 사회와 국가의 구성원이었다고 하더라도 자신들과 친구가 되지 않는 사람들은 낯선 사람의 의미를 넘어 경계의 대상 내지 경우에 따라서는 적과 같은 존재가 되었고, 그로 인해 생성되는 경계심은 곧바로 싸움을 야기(惹起)시키기도 하였다. 따라서 중국인들의 경계심이 만들어내는 경쟁과 다툼, 더 나아가 물질적 싸움과 전쟁에 대한 의식은 매우 견고하면서도 치밀하다고 할 수 있다.

거듭 말하거니와, 끊임없이 이어졌던 무수한 전쟁과 싸움은 사회불안과 자기방어, 보호에 대한 그들만의 확고한 신념을 만들어 놓았음은 물론이려니와 싸움에 대한 개념 그리고 싸움을 위한 정신적 유전자까지 바꾸어 놓았다. 이것이 바로 중국인들의 싸움 DNA라고 할 수 있는데, 이 같은 싸움 기질, 싸움 DNA는 바로 중국 특유의 "무술(武術)"정신 내지 "무협(武俠)" 문화를 만들어냈다. 무(武)의 기능은 상대방과의 싸움에서 무력, 즉 힘과 기로써 상대방을 제압하는 것을 의미한다. 중국인들은 자신들의 상대가 누구였든 간에 그 상대와 싸워 이겨야만 했다. 중국인들은 지옥과 같은 싸움의 세계 속에서 살아남기 위해서 자신을 지키며 싸움에서 이기는 방법을 강구(講究)했고, 이러한 강구의 과정에서 중국인들은 싸움의 DNA를 습득하였으며, 이와 함께 중국의 땅 위에는 수많은 무술학교가 만들어졌던 것이다. 과거 중국의 땅 위에는 셀 수도 없는 엄청난 수의 무술학교가 존재하였고, 현재에 이르러서도 1만 개에 가까운

| 중국 무림지도 | 무협지의 문파에는 구파일방(九派一幇)이 있다. 구파로는 소림(少林)파, 무당(武當)파, 아미(峨嵋)파, 곤륜(崑崙)파, 화산(華山)파, 점창(點蒼)파 등 6개의 문파(門派)에, 경우에 따라 청성(靑成)파, 종남(終南)파, 공동(崆峒)파 등이 추가되어 9파를 이룬다. 일방은 거지들의 집단인 丐幇을 의미한다. 중국에 존재했던 이 같은 다양한 형태의 무림파는 중국인들의 자기보호 본능과 함께 싸움의 기질이 얼마나 강성하며 철저했는가는 보여주는 단적인 예가 된다

무술학교가 성업중이라고 한다. 중국의 무술학교는 오늘날에도 신문, 방송, 인터넷 매체 등을 통해 광고하며 학생들을 끌어 모으기에 여념이 없다. 이 같은 무술학교의 존재는 스스로 자신을 지키기 위해 싸우지 않으면 안 되었던 중국의 사회현실과 자기 보호를 위한 중국인들의 절박한 심정을 대변하고 있는 것이다.

영국의 소설가이자 역사학자이기도 했던 웰스(H.G. Wells 1866~1946)는

『인류의 운명』이라는 책에서 "중국인의 영혼 속에는 한 명의 유가(儒家), 한 명의 도가(道家), 한 명의 토비(土匪)가 투쟁하고 있다."고 했다. 중국인들은 유가처럼 행동하기도 하고 도가처럼 행동하기도 하지만 토비처럼 행동하기도 한다는 뜻이다. 여기서 토비는 유가나 도가와 달리 무장한 세력을 가리키는 말로서 칼과 창을 가지고 싸우는 협객을 의미한다. 협객을 상징하는 토비(土匪)는 바로 생존을 위해서, 또한 자기 자신을 외부의 적으로부터 지키기 위해 싸우는 사람들이다. 토비는 비록 민가를 습격하여 약탈하기도 하여 백성들에게 위협의 대상이 되기도 하지만, 때로는 강호(江湖)를 돌아다니며 강자를 누르고 약자를 도와주는 역할을 하기도 한다. 한마디로 말해 토비는 싸움과 관련하여 중국인들의 성격과 행동적 특징을 함축하여 나타내는 존재이다.

사실, 무협의 전통은 춘추전국시대에 '협(俠)'이라는 특수한 사회계층이 형성되면서부터 시작되었다. 협은 원래 몰락한 귀족들의 후예로서 문(文)을 위주로 한 문인 식객들과 달리 무(武)로서 자신을 식객으로 받아준 귀족들을 보호하는 역할을 하였다. 지금의 보디가드 내지 개인 경호원의 역할과 비슷하다고 볼 수 있다. 그러나 이러한 협은 비록 귀족의 호위 무사 노릇을 하였으나, 일본의 사무라이처럼 귀족과 주종관계를 맺은 것은 아니었다. 식객이라는 말에서 나타나듯 주인과 손님의 관계에 해당되는 비교적 동등한 관계였음을 알 수 있다. 한(漢)대 이후 봉건왕조체제가 공고화되고 정치 군사제도가 확립되면서 협(俠)은 역사의 무대에서 사라졌다. 그러나 협이 지향하는 정신문화는 부당한 압박에 고통받는 백성들의 염원과 결합하여 결국 '협객(俠客)'이라는 영웅 형상과 '강호(江湖)'라는 공간을 만들어내는 데 이르렀다.

중국인들의 무(武)에 대한 정신과 태도는 무협영화와 무협지(무협소설)로 표현되고 있다. 무협소설은 고대 중국의 강호(江湖)라는 일종의 가상적 시공간 속에서 의협(義俠)을 행하는 무사들의 이야기를 그린 대중소설의 한 종류이다. 이 부류의 소설은 무협소설(武俠小說), 호협소설(豪俠小說), 무예소설(武藝小說), 무림소설(武林小說), 등의 다양한 명칭으로 불리어졌는데, 현재에는 협의소설(俠義小說)과 무협소설(武俠小說)이라는 명칭이 가장 널리 쓰이고 있다. 일부 학자들은 협의소설의 중심은 행협(行俠)과 무공(武功)이기 때문에, 인물의 행협(行

| **수호전** | 작품으로 나온 『수호전』의 표지 그림. 수호지에서는 노지심(魯智深)·
이규(李逵)·무송(武松) 등과 같은 신분이 낮은 정의한(正義漢)이나, 임충(林忠)·
양지(楊志)·송강(宋江) 등과 같은 지주 출신자 또는 왕조를 섬긴 적이 있는 지식
인 내지 상류층 출신의 활발하고 용감한 사나이들이 중심인물로 등장한다.

俠)에 묘사의 초점이 맞추어져 있으면 '협의소설'로, 초인적인 무공(武功)에 묘
사의 초점이 주어져 있으면 '무협소설'로 불러야 한다고 주장하기도 한다. 무
협소설 역시 고전문학의 연장이라기보다는 20세기 대중문학의 한 양식으로
보는 것이 일반적이지만, 그것의 근원은 과거 무를 숭상하고 싸워야 했던 사
회의 현실과 과거 중국인들의 무(武)에 대한 관심과 애착에 있다고 보아야
한다.

　　무협지(武俠誌)의 원조라고 하면『수호전(水滸傳)』을 들 수 있다. 전쟁, 내란, 저항, 싸움 등을 문학적으로 집약한 것이 바로『수호전』이기 때문이다.『수호전』은 송나라 말기 12세기 원말명초(元末明初)의 시내암(施耐庵)이 쓰고, 나관중(羅貫中)이 손질한 것으로 소위 명대(明代) 4대 기서(奇書) 중의 하나에 해당된다. 송나라 말기의 상황을 작품의 시대적 배경으로 하고 있으며, 수령인 송강(宋江)을 중심으로 108명의 유협(遊俠)들이 양산박(梁山泊)이라는 곳에 모여 산채(山寨)를 만들어서 조정 관료들의 부정·비리·횡포에 맞서 싸워 나간다는 이야기가 작품의 핵심 플롯이다. 토비로서의 성격을 가진 108명의 두령을 중심으로 양산박이라는 요새에 모이게 된 과정, 이들이 관군(官軍)에 맞서 싸워서 거둔 승리, 그리고 송나라 조정에 투항하고 협력해 오랑캐 토벌 원정에 나서게 되는 일, 그러나 그 과정에서 조정 간신배의 배신으로 와해되며 죽게 되는 비극적 결말 등, 흥미진진하고도 매우 사실적인 일련(一連)의 모험담을 그리고 있다. 복수, 무차별적 폭력, 유혈사태, 여성혐오, 무자비한 권력투쟁 등을 찬양하고 정당화하는 부분과 관련해 문제가 제기되고 있기도 하지만[5] 마오쩌둥도 한때 이 작품이 반란과 전략적 계획을 세우는데 감화를 주는 하나의 자료가 된다고 찬양한 바 있다. 결론적으로 말해서 수호전은 저항과 싸움을 핵심 주제로 취하며, 그것을 합리화하기 위해 만들어진 작품이었다. 수호전은 중국인들의 저항과 싸움에 대한 기질이 단편적이고, 일시적이며, 간헐적인 것이 아닌, 오랜 세월 동안의 누적되어 나타난 무형적 역사물임을 반증하고 있다. 수호전에 등장하는 송강을 비롯한 108두령들 모두 토비였다.

　　영화 또한 문학 텍스트처럼 민족의 정서를 반영하고, 사회현실을 대변하기도 한다. 영화는 시대와 사회의 거울로서의 기능을 하면서, 사회 구성원들의 정서를 반영하는 문화 도구로서의 역할을 한다. 영화는 산업이며 과학일 뿐만 아니라, 예술이고 문화이며, 또한 이데올로기로서의 역할을 하기 때문에, 영화를 통해 그 영화를 탄생시킨 그 나라 국민들의 정서와 마인드를 파악할 수 있다. 중국인들이 싸움을 즐기거나 또는 싸움에 매우 익숙한 국민이라는 사실

5) Jennifer Rudolph, Michael Szonyi,『THE CHINA QUESTIONS: critical insignt into a rising power』, Harvard University Press, 2018, pp. 255-256.

은 중국영화의 흐름과 영화산업의 현실만을 보아도 쉽게 이해할 수 있다.

중국의 영화는 중국의 역사와 중국인들의 정서, 그리고 사고방식 등을 올곧게 담아내고 있다. 중국의 영화에 대해 이야기하자면 먼저 무협영화(武俠映畵)를 떠올리게 되는데, 무협영화는 중국의 영화를 대표하고 있다. 무협의 무(武)는 무술(武術)을 가리키고 협(俠)은 호방하고 의협심이 있는 협객(俠客)을 뜻한다. 협객이 등장하며 협의(俠義)의 정신 구현을 주제로 하는 영화가 바로 무협 무술영화(武俠 武術映畵)이다. 중국고유의 장르로 손꼽히는 무협영화는 싸울때, 칼을 사용하며 민국(民國)시대(1910년이 민국원년) 이전까지를 배경으로 하는 영화를 지칭하는 데에 반해, 칼을 쓰지 않고 중국 고유의 무술만 사용하는 영화는 쿵푸영화라고 하는데, 중국고유의 액션을 선보이는 영화를 총칭해 무술영화라고 부른다.6) 무협과 싸움을 주제로 하는 중국의 영화는 중국인들의 싸움 정신, 즉 싸움을 즐기고 또 싸움을 통해 문제를 해결하려는 중국인들의 정신자세와 태도를 드러내고 있다. 미국의 서부영화가 미국의 독립을 전후한 18, 19세기 서부개척 시기의 상황을 있는 그대로 반영하듯이, 중국의 영화는 중국의 역사 속에서 중국인이 느끼는 정서와 태도를 그대로 반영하고 있다. 단순한 싸움이 아닌 무(武)와 협(俠)에 담긴 철학적 의미와 정신세계를 중시하는 중국인들의 마음을 영화를 통해 읽을 수 있다는 것이다.

중국의 영화를 대표하는 것은 무와 무술을 주제로 한 영화였고, 또한 주로 무술영화가 대체로 흥행에 성공하는 모습을 보여 주었다. 무술에 뛰어난 협객들을 주인공으로 삼은 액션 영화가 중국 영화계 중심에 있었을 뿐 아니라 전 세계에 홍콩 영화를 각인시키는 역할을 했다. 무협의 세계관과 이야기는 중국에서 나왔지만 무협 영화의 본거지는 세 개의중국(중국, 대만, 홍콩) 가운데 가장 영화가 발전하고 번성했던 곳이 홍콩이었기 때문이다.

결론적으로 말해 무협영화와 무협지에 등장하는 온갖 종류의 협객과 자객들은 중국인들의 싸움기질, 싸움 DNA를 그대로 대변하고 있다. 무협영화와 무협소설은 하나의 오락물로서가 아닌, 중국의 문명과 문화사, 중국인들의 심

---

6) 박희성, 『중국 홍콩 타이완 영화』, 커뮤니케이션 북스, 2013, 48쪽.

리를 이해할 수 있는 관문으로서의 성격을 갖기 때문에,[7] 소설과 영화는 중국인들의 싸움 기질, 싸움 DNA를 설명해주는데 큰 도움을 주고 있다.

2. 중국인들은 왜 그렇게 사람 사귀기를 좋아 하는가?

앞서 살펴본 바와 같이, 사람 사귀기를 좋아하고, 또한 포용력을 발휘하는 데 있어서도 남다른 면이 있는 중국인들이 싸움을 즐긴다고 한다면, 아이러니하면서도 한편으로는 매우 모순적인 것처럼 보이지만, 이는 분명한 사실이다. 싸움을 즐기는 협객의 기질을 가진 중국인들이 싸움과 반대되는 화(和)의 정신을 실천한다는 것이 다소 아이러니컬하지만, 이는 엄연한 사실인 것이다.

중국을 대표하는 사상인 유교 또한 근본적으로 화(和), 다시 말해 조화와 화합의 세계관을 주장한다. 상하 차등의 인간관계 사이에서 조화와 화합을 추구하기 위해 사회 구성원 간의 화합을 우선시했던 것이다. 유교와 유가는 대동사회의 이상을 펼쳤을 뿐만 아니라, 과거의 사회 옛 사회일수록 이상적 사회였다고 설명했다. 그래서 유가는 현재를 가급적 부정하고 과거를 긍정하는 다시 말해, 회고적(懷古的)이면서 보수적(保守的)인 역사 사회관을 가지게 되었던 것이다. 중국인들의 사상과 사유체계의 형성에 큰 토대를 제공한 유가, 도가 불가의 사상 모두 화(和 화해, 화목)를 기본 덕목으로 삼고 이를 중시해 왔는데, 이러한 이유 등으로 인해 중국인들은 본질적으로 인화(人和)를 중시해야 한다고 교육받아 왔다. 유가(儒家)에서 그토록 강조하고 있는 인(仁)의 실천이라는 것도 궁극적으로 조직생활을 해야 하는 세상 사람들의 상호관계 속에서 발생할 수 있는 갈등과 충돌을 막고 인화로 이끌어 나가는 데 그 목적이 있었던 것이다. 중국인들의 화(和) 추구 정신은 우선 역사를 통해서도 쉽게 확인해

---

7) Jennifer Rudolph, Michael Szonyi, 『THE CHINA QUESTIONS: critical insignt into a rising power』, Harvard University Press, 2018, p. 252.

볼 수 있다.

앞서 여러 번 언급한 바와 같이, 중국이 오늘날 13, 4억의 인구를 가진 대국이 될 수 있었던 것은 한족을 중심으로 수많은 민족들 상호 간의 끊임없는 융합이 있었기에 가능한 것이었다. 융합은 주로 전쟁과 정복을 통해 이루어진 것이 사실이지만, 사실 이렇게 끊임없이 융합이 이루어질 수 있었던 것은 화(和)의 정신이 그 밑바탕에 자리하고 있었기 때문이었다. 화(和)는 화합 내지 조합(調合)을 뜻하는 말인데, 한편으로는 포용이라는 말로도 해석될 수 있다. 주 왕조가 성립한 이후부터 중국의 영토는 조금씩 넓어지기 시작했는데, 진(秦)나라가 육국(六國)을 통일하고 제국주의로서 면모를 드러내면서 중국의 영토는 확연히 꾸준히 확장되기 시작했다. 이것이 중국 역사에 있어 융합의 본격적인 시작이었다. 이 같은 방식으로 2천여 년에 걸쳐 중국은 수많은 이족들과 융합하게 되었고, 그 융합된 최후의 결과가 바로 인구 12억여에 이르는 한족이라는 존재로 등장하였던 것이다. 2천여 년이 넘는 오랜 역사 속에서 반복되었던 영토의 확장 과정과 끊임없이 벌어졌던 패권추구, 그리고 이로 인해 야기되었던 전란과 전쟁, 이민족과의 융합 속에서 벌어졌던 빈번한 갈등과 충돌은 앞서 언급한 바와 같이, 싸움 DNA, 싸움기질을 크게 배양해 주었지만, 한편으로는 이와 동시에 자신을 보호하고 화(和)를 추구하기 위한 하나의 방편으로서 친구 사귀기와 인맥 만들기가 얼마나 절실한 것인가를 느끼게 하였다.

중국인들의 친구 사귀기와 인맥을 만드는 일에 대한 중국인들의 관심은 춘추전국시대에서부터 형성되기 시작하였다고 보는 것이 타당하다. 춘추전국시대는 서주시대(西周時代)의 봉건제도(封建制度)가 해체되고, 진(秦)·한(漢) 황제 아래에서의 중앙집권 체제가 형성되었던 과도기적 시대이다. 춘추시대에 이미 독립적 성향을 지니고 있었던 200여 개의 제후국들은 서로 공방전을 거듭했다. 춘추시대 초기만 해도 제후국들은 동주(東周) 왕실의 권위를 인정했지만, 이는 잠시뿐이었다. 그 결과 200여 개에 이르렀던 제후국들이 점차 몇 개의 국가로 통합되어 갔다. 춘추시대 중기부터 넓은 영토와 강력한 군대를 지닌 강국이 등장했다. 이들을 패자(覇者)라 했는데, 제(齊)의 환공(桓公), 진(晉)의 문공(文公), 초(楚)의 장왕(莊王), 오(吳)의 합려(闔閭), 월(越)의 구천(勾踐) 등을 춘추오패(春秋五覇)라고 한다.

춘추시대 중기부터 세력을 잡은 패자들은 작은 제후국들을 멸망시키고 현(縣)이라는 지방행정단위를 설치해 직접 지배하는 방식으로 전환했다. 전국시대에 와서는 대다수의 약소국들이 강대국에 병합되고 소수의 강대국만 남게 된다. 성읍(城邑) 국가가 붕괴되고 영역국가(領域國家)가 출현한 것이다. 이들 강대국을 전국칠웅(戰國七雄)이라 한다. 각국의 군주는 스스로를 왕이라 칭하고 광대한 영역을 통치할 관료기구를 정비하였다. 이러한 상황에서 각국의 왕들은 자신들의 정권을 공고히 하고, 더 나아가 주변 국가들과의 경쟁 내지 전쟁에 대비하고 또 전쟁이 벌어지면 승리하기 위해, 인재와 전략가들을 모으는 인맥 만들기에 여념이 없었다. 이 같은 사실은 친구사귀기를 좋아하고 이방인을 즐겨 맞이하며 인맥 만들기에 집착하는 중국인 특유의 원형(原型)적 기질을 보여 주는 것이었다. 이러한 기질은 광활하고 무자비한 환경 속에서 생존하기 위한 하나의 본능적 관습에서 시작한 것이라고 보아야 한다.

이 같은 사회에서 제후들은 자신들의 능력과 힘을 강화하기 위해 본격적으로 인재와 지식인들을 불러 들여 자기사람으로 만드는 인재 양성정책을 펼쳐나가기 시작했다. 제후국의 제후뿐만 아니라, 제후의 친인척, 그 밑에서 일하는 권신들도 각기 자신만의 방법으로 인재를 널리 끌어 모으는 경쟁을 벌이며 하나의 풍조와 문화를 만들어냈다. 전국시대의 맹상군(孟嘗君), 평원군(平原君), 신능군(信陵君), 춘신군(春申君) 등, 이른바 전국시대의 네 사람은 1,000명 이상을 사람들을 자기 휘하에 거느렸던 대표적인 주자였다. 광활한 중원에서 끊임없이 벌어지는 갈등 속에서의 경쟁, 그리고 주도권 다툼, 우위 다툼에서 자신에게 도움이 되며 써 먹을 수 있는 인재를 모으는 것은 지극히 당연한 일이었다. 이 같은 사실은 하나의 역사적인 예로서 중국인들 특유의 친구 사귀기, 인맥 만들기가 공식적으로 어떻게 시작되었는가를 설명하는 중요한 부분이 된다.

앞서 이야기한 바와 같이, 중국인들은 융합과 화합을 일관성 있게 추구해온 사람들이다. 중국인들은 개방적인 성격을 가지고 사람(친구) 사귀기를 좋아하고 이방인을 환대하는 습성을 가지고 있는데, 이 같은 습성 등은 여타 국가의 사람들과 비교해 약간 남 다른 데가 있어, 중국인 특유의 성격이라고 봐도 무방하다고 할 수 있다. 중국인들의 친구 사귀기와 인맥 만들기는 그 자체만을 가지고 보았을 때, 세계 그 어느 나라, 어느 집단에서도 쉽게 볼 수 있는 현상이고 사회적 동물로서의 인간의 본능이라고 할 수 있다. 그러나 중국인들의 친구 사귀기, 인맥 만들기는 다른 나라, 다른 민족 집단들의 그것과 비교해 비슷하기도 했지만, 다소 특이한 면이 있었다. 친구 사귀기와 인맥 만들기에 있어, 중국인들이 다소 특이한 면을 드러내는 것은 특수한 성격을 가진 정치 사회적 환경에 기인하는 바가 크다고 해야 할 것이다. 그것은 사람을 그리워하며 교분(交分)을 쌓으려는 인간 고유의 심성, 즉 정(情)의 논리가 우선되었다기보다는 자기 보호와 자신들의 정치 사회적 목표를 달성하기 위한 리(理)의 논리라고 하는 현실의 논리가 지배적이었기 때문에, 그들의 인맥 만들기는 매우 조직적이고 정략적이며 때로는 대규모적인 형태를 보여주었다.

앞서 이야기한 바와 같이, 중국의 친구 사귀기, 인맥 만들기의 전통은 자신을 보호하고 도움을 얻기 위한 방편에서 시작된 것이었다. 이 같은 목적을 위한 친구 사귀기, 인맥 만들기는 중국에서도 세계 여느 나라와 마찬가지로, 매우 보편적이면서 상식적인 일이었다. 그런데, 중국에 있어서 그것은 자신의 생명을 보호하고 도움을 얻는 방편에만 머물러 있지 않고, 자신의 정치 사회적 목표를 실현하는 도구가 되었다. 다시 말해서, 상대방의 처지를 이해하며 희로애락을 함께 나누는 의미에 있어서의 친구가 아닌, 자신을 보호하고 자신과 목표를 같이 하며 목표를 달성하는 데 있어 도움을 줄 수 있는 그런 존재를 말들어내는 것을 의미했다. 한마디로 말해서, 인맥 만들기는 중국 사회에서 생존하며 번영을 구가하기 위한 도구이자 과제였던 것이다. 그렇기 때문에, 친구가 없다는 것은 그들에게 자신들을 보호하는 생존의 도구가 없다는 것을 의미하는 것이 될 수 있었다.

빈번한 왕조의 교체와 민족 상호 간의 정복으로 야기된 끊임없는 전쟁과 전란, 재난 속에서, 그리고 그것도 모자라 같은 동족 사이에서, 심지어 주변 마을 사람들끼리 이권을 두고 처절하게 다툼을 벌이며 전쟁을 해야 했던 현실 속에서 중국인들을 항상 불안과 공포에 시달리며 살아야 했다. 백성들이 하늘처럼 떠받드는 제왕들, 이들을 추종했던 정치권력 집단은 말할 것도 없고, 교류하며 지냈던 주변의 이웃 마을 사람들도 자신들의 안녕과 생명을 지키는데 도움을 주지 않았다. 중국인들은 언제든지 자신을 도와 줄 사람, 자신의 생명과 안녕을 지키는데 도움을 줄 사람이 필요하다는 생각을 오랜 세월 동안 해왔고, 그 결과 친구 사귀기, 인맥 만들기는 훗날 발생할지도 모르는 불가항력적 상황에 대한 대비적 차원의 행위를 넘어 생존을 위한 중국인들의 본능적 행동이 되었던 것이다. 혹자는 중국인들은 대국의 사람들이어서 그 기질이 통크고 대범하다고 말하기도 하는데, 중국인들에 대한 이 같은 평가의 배경은 모두 친구 사귀기를 좋아하는 습성 내지 관습에 기인한 것이라고 할 수 있다.

중국인들은 사람을 사귀며 자신을 위한 보호하기 위한 방편을 만드는 것을 화(和)라는 문자로 표현했다. 중국인들의 친구 사귀기, 인맥 만들기는 그 논리와 방법 등에 있어 매우 다양하게 나타났다. 중국에서는 친소(親疎)의 원리와 의형제 맺기의 전통이 존재해 왔는데, 이는 중국인들의 인맥 만들기의 중요 작용원리가 되었다. 오랜 기간 주중대사를 지냈던 김하중은 자신의 저서에서 "중국에서는 가정의 관념을 중시하고 가정도 내부적으로 적자와 서자, 친소(親疎), 방계(傍系) 등으로 나뉘지만, 관계를 불문하고 친척이나 친구로서의 관계가 있으면, 친척으로 생각했다. 그래서 친척 간에는 친정(親情)이라고 할 때, 혈연 이외의 지역이나 종족과의 관계를 친정보다는 약화된 의미로 우정(友情)이라고 표현했다."고 했다.[8] 이러한 이야기는 중국인들은 화(和)의 의미를 통해 친구 사귀기, 인맥 쌓기의 중요성을 얼마나 철저하게 인식하였는가, 그리고 그런 인식을 체계화하고 논리화하기 위해 얼마나 많이 노력하였는가를 보여주고 있다.

중국인들은 친구 사귀기, 인맥 만들기의 실천을 통해 강호(江湖)라는 말을 탄생시켰다. 사실, 강호라는 말에는 화(和)의 의미뿐만 아니라, 앞서 말한 바와 같이 중국인들의 싸움 기질, 즉 쟁(爭)의 의미도 함축되어 있다. 강호(江湖)는 전쟁 전란 또는 난세(亂世)의 결과로 만들어진, 즉 쟁의 결과로 만들어진 것이기

---

8) 김하중, 『중국이야기』, 비전과 리더쉽, 2013, 81쪽.

때문이다. 위양(于陽)이라는 사람은 중국인들의 인맥 만들기 행태와 관련해 강호(江湖) 문화에 대해 설명했다. 그의 설명에 따르면, 강호는 일부 특수한 사람들의 부류를 지칭하는 것이기는 하나, 그들이 몸담고 있는 사회의 유형을 의미하기도 한다. 그렇다면, 강호는 어떻게, 왜 만들어졌는가? 이들은 유교의 정착 농경에서 벗어나 고향을 떠나 외지를 떠돌며 많은 사람들을 규합해 생계를 도모하면서 만들어진 것으로 보고 있다. 자의에 의해서건 타의에 의해서건 제도권 또는 자신들이 몸담고 있었던 정식단체에서 이탈하여 소속이 없어진 사람들이 모여 들어 새롭게 만들어진 장소 내지 환경이 바로 강호라고 할 수 있다. 따라서, 강호란 친구 사귀기, 인맥 만들기라는 용어의 또 다른 표현이 될 수 있다. 위양(于陽)은 강호라는 말에는 다의성(多義性)이 내포되어 있다고 했다. 그는 비밀단체, 범죄조직, 사적인 관계망의 통제를 받는 소규모 민간단체라는 세 가지 성격이 내포되어 있으며, 이 같은 성격을 가진 강호가 발전하여 다섯 가지 전통 사회집단, 첫째, 범죄조직, 둘째, 관계(官界), 상업계, 군벌집단, 셋째, 상업적 유동인구, 넷째, 관계망, 다섯째, 관계망을 중심으로 하는 대중사회를 만들어냈다고 했다.9) 이 같은 강호의 분화(分化)와 진화(進化)를 통해 친구 사귀기, 인맥 만들기에 중국인들이 얼마나 큰 관심과 애착을 가져 왔는가를 파악해 볼 수 있다.

　　외국인들이 중국을 이해하고 또한 그 목적이 정치적이든, 상업적이든 중국인들과 교제 내지 교류하기 위해 반드시 알아야 할 것이 바로 관계(關係)이다. 중국인들이 친구 사귀기, 인맥 만들기에 얼마나 큰 관심을 가지고 노력하는가는 대한 관계(關係)라는 말을 통해 구체적으로 나타난다. 중국인들은 이러한 시스템을 넓은 의미에서 관계 즉 '꽌시'(關係라는 용어를 중국어 발음으로 꽌시라고 함)부르기도 한다. 쉽게 말해서, 중국인들의 친구 사귀기를 위한 본능적 습성이 절대적 문화로 정착된 것이 바로 관계, 즉 꽌시인 것이다. 중국에서는 꽌시 없이는 아무 일도 할 수 없다는 이야기는 공연한 말이 절대 아니다. 꽌시가 있어야만 일을 성사시키거나 성사시킬 가능성이 조금이라도 존재한다는

---

9) 于陽 지음, 서아담 옮김, 『江湖 中國』, 학고재, 2012, 49~51쪽 참조.

것이다. 꽌시의 본질은 교환, 즉 상호 주고받기이다. 꽌시는 순수한 정에 따라 맺어지는 행동의 표현이 아닌, 상호교환적 등가성이 전제가 되어 이루어진 행위이다. 꽌시를 한국의 의미에서 본다면, 인맥(관계)이라고 할 수 있는데, 한국에서는 인맥을 형성하는 데 있어 혈연, 지연, 학연 등이 가장 큰 역할을 차지하지만, 중국의 꽌시는 혈연, 학연, 지연의 영향이 아주 없는 것은 아니지만, 신분계층, 사회적 울타리, 실력 등이 더 큰 영향을 미쳐 형성된다고 한다. 그렇기 때문에 꽌시는 이중 삼중의 관계로 엮이는 수평적인 상호작용의 영향이 강하고 영역이 넓으며, 지속적으로 상부상조하는 차이를 보인다고 했다.10)

중국인들에게 있어서 '꽌시'는 이제 단순히 개인과 개인의 관계를 규정짓는 것에서 머물러 있지 않고, 국가 경영이나 사회시스템의 작동 원리 그 자체가 되었다고 해도 틀린 말이 아니다. 꽌시는 인맥과 인맥집단으로 크게 진화하였고, 인맥과 그 인맥집단에 의해서 움직이는 시스템은 결국에 있어서 중국이라는 거대국가를 세계에서 가장 큰 부정 비리 부패 집단으로 만들어냈다. 중화인민공화국 정부는 수천 년 간 중국인의 발목을 잡았던 관료주의와 부정부패를 없애려고 노력하였으나 절대 성공할 수 없었던 것은 꽌시에 의해 움직이는 사회의 기저를 바꾸지 못했기 때문이니, 중국 사회를 움직인 꽌시의 절대적 영향을 느낄 수 있다.

중국인들의 친구 사귀기, 인맥 만들기는 단순히 자신들의 집안을 지키고 생명을 보호하는 차원을 넘어, 자신들만의 이익단체, 사회단체, 정치단체를 만들어냈다. 중국인들의 친구 사귀기, 인맥 만들기는 그 규모와 내용의 폭이 넓어지면서 방(幫), 당(黨), 단(團)이라는 이름으로 같은 부류(部類)의 사람들끼리의 결합 또는 결사(結社)의 형태로 귀결되어 나타나기도 했다. 방(幫)에는 동향(同鄕)이나 동업자들의 조합 혹은 그 단체를 말하는 것과, 비밀결사로서의 것 등 두 가지가 있다. 전자는 상공인(商工人) 동업조합에 해당하는 것으로, 동향인이 조직할 경우에는 산서방(山西幫)·천장방(泉漳幫) 등으로 각기 출신지명을 붙여 부르는 것이 상례이다. 방에는 방규(幫規)·행규(行規)가 있어 그 준수는

---

10) 첸란, 『중국인의 심리코드』, 청년정신, 2014, 132쪽.

극히 엄격하였으며, 동료 간의 친목·관혼상제·부조(扶助)의 3요소를 갖추었으며, 그 사무소를 공소(公所)·회관(會館)이라고 하였다. 비밀결사로서의 방(幇)에는 청방(靑幇)·홍방(紅幇) 등이 있었는데, 방은 진회와 발전을 거듭하여 공산당의 수준과 맞먹는, 다시 말해 작은 공산당이라 불려도 손색이 없을 정도로 오늘날 중국을 지배하는 핵심세력이 되었다.

현재 중국을 지배하는 공산당에는 소위 3대 정파가 있었다. 이들 정파(政派)에는 혁명 원로 자제들이 모인 태자당(太子黨), 상하이 출신 인사들의 세력인 상하이방(上海幇), 공산주의청년단을 거쳐 성장해 권부에 진입한 공청단(共靑團)파 등이 있다. 현재 중국의 최고지도자인 시진핑(習近平) 주석이 속한 태자당(太子黨)은 중국(中國) 공산당 원로 간부들의 자제로, 이들은 부모 세대가 혁명을 통해 중화인민공화국을 세웠다는 점에서 당에 대한 주인의식이 강하다. 그리고 장쩌민(江澤民) 전 주석 집권기에 형성된 상하이방은 상하이 관료 출신들로 이뤄져 있으며, 시장경제를 발전시킨 공이 크다는 평가를 받고 있다. 공청단파(共靑團派, 중국 공산당청년단 세력)는 후진타오(胡錦濤) 전 주석 집권 이후 중앙과 지방정부의 요직에 대거 진출하며 세력을 키운 비공식 계파이다. 이들은 상하이방이나 태자당과 달리 소수를 제외하고는 고위간부의 자제나 기타 화려한 배경이 없이 대부분 평민 출신들로 이루어져 있다. 현재 공청단파의 주요 인물로는 리커창(李克强) 국무원 총리를 들 수 있다.

이중톈(易中天)이라는 사람은 중국인들이 친구 사귀기 인맥 만들기와 관련해 다음과 같이 평가한 바 있다. 그는 중국인들의 그런 행동에 대한 이유와 원인이 어디에 있었던 간에 인맥 만들기에 너무 열성이었던 탓에, 중국은 울타리 사회가 되었다고 했다. 그는 "전통적 중국 사회는 엄격한 의미에서 개인은 없고, 국가도 없으며, 많은 울타리(동업 조직과 향우회, 가족, 가정)만 있을 뿐이다. 세상이 태평할 때, 이 울타리들은 중앙정부와 결합해서 동심원을 이룬다. 세상이 어지러워지고 중앙정부가 통제를 잃으면 미안하게도 이 크고 작은 울타리들은 즉각 스스로 체계를 이루어 군웅할거 하거나 화해하거나 하나씩 기회를 틈타 풍파를 일으키고, 혼란을 틈타 한몫 보려한다.[11] 이중톈의 이 같은 평가는 친구 사귀기, 인맥 만들기의 결과가 중국 사회를 어떻게 만들어 놓았으며, 그 결과 중국이 어떻게 운영되고 있는가를 시사(示唆)하고 있다.

무슨 일만 생기면, 법과 규정, 제도, 그리고 상식적인 논리에 의해서 해결하기 보다는 문제와 관련된 힘 있는 사람을 찾아 해결하려는 습성과 본능만이 존재하다 보니 중국은 철저한 인맥 울타리 사회가 되었다. 따라서 중국 사회에서는 인맥의 울타리 없는 개인은 능력만을 가지고 성공 발전한다는 것은 상상하기 어려운 일이 되었고, 그 결과 중국은 인맥의 울타리만을 강조하다 보니 지극히 폐쇄적이고 배타적인 사회가 된 것처럼 보인다.

오늘날 중국의 모습은 인맥 중심의 사회이다 보니, 법치보다 인치가 우선할 수밖에 없게 되었고, 인치가 우선하는 사회이다 보니 아직도 전근대적이고 후진적인 사회의 티를 벗어나지 못하고 있다. 특히 외국의 투자자 내지 기업가들이 중국에서 사업을 할 경우 인맥의 울타리를 잘 넘어야 만이 성공할 수 있다는 것은 불문가지(不問可知)의 일이다.

---

11) 이중톈 지음, 박경숙 옮김, 『이중톈 중국을 말하다』, 은행나무, 2008, 461쪽.

중국의 얼굴, 중국인의 생각

방(方; 네모)과 원(圓; 둥금)

양극화한 중국인들의 사고방식

1. 중국인들의 방형적 삶과 사상, 그리고 행동
2. 중국인들의 원형적 사고의 남용과 오용

방(方; 네모)과 원(圓; 둥금)

양극화한 중국인들의 사고방식

1. 중국인들의 방형적 삶과 사상, 그리고 행동

고대의 중국인들은 하늘은 둥글고 땅은 네모지다고 생각했다. 중국인들은 하늘과 땅에 대해 그렇게 생각하고 행동했기 때문이었는지, 그들의 삶의 양태(樣態)와 사고방식, 행동양식 등을 볼 때, 둥글고(圓)과 네모난(方) 것이라는 두 가지 성격이 공통적으로 나타나 있음을 볼 수 있다. 그들은 땅은 네모지다고 생각했기 때문에 그런지 땅위에서는 네모의 틀, 네모의 양식에 맞춰 행동하고 살아가면서도, 한편으로는 하늘은 둥글다고 생각했기 때문인지 둥근 하늘을 쳐다보며 둥글둥글하게 생각하는 등, 자의적(恣意的)이고 주관적으로 사유하며 생활하였다.

춘추전국시대부터 형성되기 시작한 중국의 사상체계는 크게 두 개의 줄기를 형성하며 발전하였다. 그 가운데 하나가 유가사상을 중심으로 하는 일종의 땅 위에서의 질서 내지 인간의 질서였는데, 이것이 바로 방형(方形)에 해당되는 것이라고 할 수 있다. 그리고 또 다른 하나는 불교와 노장사상, 음양오행(陰陽五行)을 중심으로 하는 하늘에서의 질서 및 자연의 질서였는데, 이것이 바

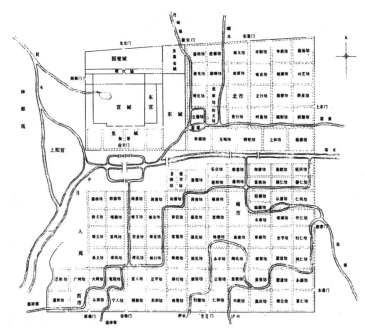

| **중국 뤄양성 평면도** | 정사각형의 모습을 띠고 있는 중국의 전통도시 뤄양성(洛陽城)의 평면도 모습인데, 흡사 바둑판의 모양을 연상시킨다. 옛부터 중국인들은 이 같은 사각(方形)의 성안에서 사각의 구획을 만들고, 그 안에 사각의 집을 짓고 살아 왔다

로 원형적(圓形的) 사상체계와 깊은 관계가 있다고 할 수 있다. 이 같이 전혀 다른 두 개의 질서체계는 2000여 년이 넘는 오랜 세월에 걸쳐 중국인들 생각과 행동을 지배하며, 그들의 사고방식의 특질을 형성하였다.

중국인들은 땅은 네모지다고, 즉 방형이라고 생각해서 그랬는지 땅위에 있는 모든 것을 네모의 형태로 만들고자 하였다. 먼저 중국의 도시나 주택의 형태, 다시 말해, 도시와 주택의 평면을 자연조건이 허락하는 한, 거의 예외 없이 방형의 형태로 만들었다. 베이징(北京, 북경), 시안(西安, 서안), 뤄양(洛陽, 낙양), 카이펑(開封, 개봉), 난징(南京, 남경), 쑤저우(蘇州, 소주), 항저우(杭州, 항주) 등 이들 대도시들은 과거 고대에서 현대에 이르기까지 3000여 년에 가까운 오랜 기간 동안 중국 역대 왕조의 수도가 자리했던 지역들인데, 이들 도시들의 대부분은 방형의 평면으로 이루어져 있다. 방형의 평면으로 이루어진 도성 속에 건축된 역대 왕조의 궁성과 궁궐 등은 거의 예외 없이 사합(四合)의 형태,

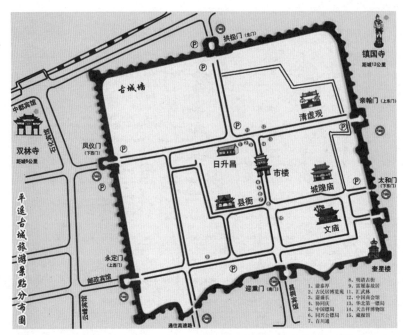

| 중국 핑야오성(平遥城) 도면 | 현재 과거 명청(明淸)시대 몇백 년 전의 주거 건축물이 그대로 살아 있다고 평가받는 도시 핑야오성의 평면도면이다. 뤄양성의 평면도와 거의 같은 사각의 형태를 띠고 있다.

사각의 형태를 취하고 있다. 뿐만 아니라, 농촌의 일부 가옥을 제외한 도시의 일반 백성들이 살던 가옥 또한 모두 사합, 즉 사각의 형태로 건축되어 있다.

중국인들은 고대사회에서부터 현재에 이르기까지 매우 오랜 세월 동안 사각형, 즉 방형이라고 하는 매우 경직되고도 정형화된 틀 속에서 살아 왔다. 중국인들은 왜 그렇게 방형을 선호하게 되었으며, 그런 틀 속에서 살게 되었는가에 대한 설명에 앞서 사각형, 즉 방형이 주는 의미와 성격에 대해 알아볼 필요가 있다. 방형, 즉 네모는 네 개의 변이 합체되어 만들어진 것으로 어느 한 변은 항상 어느 한 방향 내지 방위를 나타내게 되는데, 이 같은 기능으로 인해 네모는 보통 동서남북을 표시하는 형태로 사용되었다. 그런데 동서남북은 방향과 위치를 표시하는 것이기도 하지만, 방향과 위치는 사람 내지 사물이 처해 있는 상태를 말하는 것이기도 하다. 그렇기 때문에, 방형은 자연히 사람과 사물이 처해 있는 자리 내지 장소 등을 의미하는 것이 되고, 이와 더불어 자신의 위치, 자신의 자리라는 것은 서열과 등급적 질서를 표시하게 된다. 이렇게 볼 때, 중국인들은 엄격하고도 엄중한 방형의 문화, 즉 자신의 자리와 위치가 확고하게 정해져 있는 질서와 서열의 문화가 지배하는 물리적 환경에서 살아 왔다는 사실을 상정해 볼 수 있는 것이다. 사각의 형태는 수직화와 서열화를 속성으로 나타낸다. 이 같은 속성은 사각의 탁자회의를 통해 쉽게 드러난다. 정부조직이건 기업조직이건 공공조직이나 단체의 구성원들이 사각형의 탁자에서 회의할 때, 회의 참석자들의 지위와 서열이 분명히 드러난다.

그렇다면, 중국인들은 왜, 무슨 이유에서 방형의 건축물을 짓고 살아 왔는가에 대해 살펴볼 필요가 있다. 이에 대한 해답으로서 먼저 종법제도(宗法制度)와 유교사상 등을 거론해 볼 수 있다. 전장(前章)에서 종법제도에 관해 이미 언급하였지만 본장(本章)에서 재차 부연설명하고자 한다. 종법제도는 혈연적 유대관계를 이용하여 씨족 조직의 종족관계를 논리·체계화하는 가운데 만들어진 제도인데, 봉건제도는 이 같은 종법사상에 근거하여 만들어진 것이다. 종법(宗法)이란 혈통의 원근을 근거로 하여 적서(嫡庶), 친소(親疏)를 구분하는 법칙을 말하는 것으로 같은 조상을 가지고 있는 집안이 공동으로 준수하여야 하는 규칙내지 행동강령과 같은 것을 의미한다. 종법사상은 말 그대로 조상의 권위와 위신(威神)을 받들면서 이를 통해 왕실 내에서의 위계질서를 유지하고 아울러 제후 분봉(諸侯 分封), 논공(論功) 등을 차등적이고도 효율성 있게 시행하는데 목적이 이었다. 주(周)나라 이전 씨족 사회였던 상(商)나라는 조상숭배와 제사, 그리고 혈연 간의 유대와 결속, 위계질서 등을 위한 가족제도를 만들었다. 주나라는 상나라의 이 같은 가족제도를 수용하고, 이를 확대하며 체계화하여 주나라 종족의 조직과 운영제도, 그리고 사회의 최고 규범에 관한 규약을 만들었는데, 이것이 본격적인 종법제도의 시작이었던 것이다. 종법제도의 기본 원칙은 대종(大宗)과 소종(小宗)의 구별로부터 작동한다. 종(宗)은 그 내부에 다수의 족(族)으로 구성되었으며, 그 혈통에 따라 대종(大宗)과 소종(小宗)으로 구분되었는데, 적장자손(嫡長子孫)은 대종이 되고, 그 나머지 자손은 소종이 되는 것이었다. 주나라의 왕은 적장자(嫡長子)로서 하늘의 아들인 천자의 지위를 가지고 있었으며, 그 왕위는 천자의 적장자가 세습하였는데, 이를 두고 주나라의 대종이라 불렀다. 그 나머지 아들들은 제후로 분봉(分封)하였으므로, 이를 두고 소종이라고 하였다. 제후의 자리 또한 적장자가 세습하였는데, 제후국의 장자는 제후로서 대종이 되는 것이며, 나머지 아들들은 경대부(卿大夫)에 분봉되었으므로 제후와 비교해 말한다면, 소종이 되는 것이다.

또한 대종과 소종 관계는 엄격하게 구분되었기에 각자의 권리와 의무가 분명하였다. 대종은 소종을 완벽하게 지배할 수 있는 권리와 권한을 가지고 있었지만, 소종은 대종에 대하여 각종 의무를 다하지 않으면 안 되었다. 아울러 조상을 받들어야 하는 것이 기본 신조인데도 불구하고 대종만이 제사를 올릴 수 있고, 소종은 그저 참여하기만 하였다. 특히, 적서(嫡庶)의 구별이 엄격하여 서자(庶子)는 조상의 제사에 참여할 수 없었다. 대종을 제외한 다른 족인은 소종이 되어 종주의 권위와 지시에 절대 복종해야 했으며, 조상 제삿날에는 종주에게 물심양면으로 협조하고, 전쟁 시에는 종주의 통솔 아래 출전하였다. 이것이 서주시대에서 시작된 종법제도의 요체였는데, 이후 여러 왕조를 거치면서 종법제도는 확고부동한 정치 사회의 최고 규범이 되었다.

종법제도는 통치자들의 세습통치를 공고히 하며, 귀족계급의 지배를 정당화하고 이를 보호하는 역할을 하였다. 그 결과 종법제도는 중국인들의 위계질서에 대한 관념 내지는 그 정신을 심화시키는 데 있어 절대적인 역할을 하였는데, 궁성, 궁궐은 물론이려니와 도성의 일반 가옥인 사합원(四合院)과 같은 방형의 건축물은 종법제도가 지향하는 바를 그대로 표현하고 있다. 종법제도와 더불어 천명사상은 중국인들에게 위계질서에 대한 확고부동한 의식을 심어 주었다. 전장에서 이미 살펴본 바와 같이, 백성들에게 있어 나라의 최고 통치자는 하늘의 권위를 그대로 위임받은 존재라는 논리는 고대에서 근대에 이르기까지 역대 모든 왕조들이 신봉하였던 철칙이었다. 이 같은 위임의 논리를 처음으로 체계화한 사람들이 바로 주나라 왕실의 사람들이었는데, 이들은 자신들이 하늘의 아들임을 자처하면서 하늘의 권위를 받아 백성들을 통치한다고 생각하며 천명사상이라는 논리를 만들었다. 전장에서 언급한 바와 같이, 왕 또는 황제를 정점으로 한 천(天) - 천명(天命) - 천자(天子) - 천하(天下)의 통치사상이 수립되고 이에 걸 맞는 수직적인 통치시스템이 바로 천명사상의 논리였는데, 천명사상과 그 논리는 후대로 내려가면서 절대 왕정의 통치논리로 이어졌다. 제왕은 하늘의 명을 받은 최고 통치자로 자처했고, 또한 자신이 지배하는 모든 사람들에 의해 하늘과 같은 존재 내지는 하늘의 대리자로 인식된 결과, 천하의 모든 것은 하늘과 같은 통치자 제왕과 땅과 같은 피통치자 백성들과의 관계에서 이루어진다는 절대 명제가 성립되었던 것이다.

중국의 사회는 국교화된 유교에 의해 보다 완전한 방형사회(方形社會)의 모습을 갖추기 시작했다. 한나라 무제 때에 이르러 유교는 국교가 되었는데, 유교가 국교로 수용되면서 기존의 종법제도와 천명사상 등은 유가들에 의해 한층 더 진화 발전되었다. 뿐만 아니라, 국교화된 유교는 중국의 정치 사회시스템을 개조하면서 사회를 철저한 관료사회로 만들어 놓았다. 관료사회가 된다는 것은 수직화의 가속, 서열제, 등급제의 고착화를 의미하는 것이었다. 유교의 정치 사회적 역할과 함께 역대 제왕조(帝王朝)와의 관계에 대해서는 이미 본서 제3장 "유교의 역할"에서 논의하였지만, 유교와 중국 사회의 방형화와의 관계에 대해 본장에서 다시 한 번 부연(敷衍)하고자 한다.

유교의 국시(國是) 내지 국교화는 유교교육과 관료의 배출이라고 하는 관료계급 사회의 정착으로 이어졌는데, 관료계급 사회의 정착은 신분의 서열화·등급화를 촉진하고 이를 확고하게 하는 계기를 만들었다. 중국의 고대 사회에서는 그 신분층이 천자(天子)·제후(諸侯)·대부(大夫)·사(士)·서민 등 5계급으로 구분되어 있었다. 이 중 天子와 제후는 황제 및 왕을 뜻하여 이들 군주를 제외하면 대부(大夫)와 사(士)가 지배계급이었으며, 피지배자인 서민과는 철저하게 구분되는 계층이었다. 이는 일종의 종법의 재현, 종법제도의 응용된 형태라고 할 수 있는 것이었지만, 제왕의 지배력을 확고하게 정립하고 강화하기 위한 목적에서, 그리고 관료화의 진행과정에서 자연스럽게 체계화되었다고 할 수 있다. 대부와 사를 중심으로 하는 관료사회에서 지식인들은 오직 관리가 되어 입신양명하기 위해 모든 것을 다 바쳐서 공부했다. 관료가 되면 자신이 신분이 수직 상승되어 욕구충족을 할 수 있었기 때문이었다. 신분이 수직 상승된 존재로서의 관리는 제왕을 받들고 대리하면서, 정치는 물론 사회의 각 분야를 움직이며 절대적인 영향을 미칠 수 있었다. 중국의 관리는 황제의 명령에 절대 복종해야 했으며, 황제의 명령을 받은 관리의 행위는 황제의 그 것과 같은 것으로 간주되기도 했다.

전장에서 이미 언급하였듯이, 유교를 국시(國是)로, 국가의 통치 이념으로 만드는데 큰 역할을 한 사람은 한(漢)나라의 거유(巨儒)로 평가 받았던 동중서(董仲舒)였다. 동중서는 교육과 정치시스템 두 가지 방향에서 유교의 이념을 실천하고자 하였다. 사실, 차등화 서열화는 공맹(孔孟)에 의해 정립된 유교 사상의 핵심적 요소 가운데 하나라고 할 수 있는데, 이러한 사상은 한대의 유학자 동중서(董仲舒)의 건의로 이루어진 관학화(官學化)의 과정을 통해 유교정치의 주요 기강으로 확고하게 성립하였다. 그는 공맹의 교리에 입각하여 춘추번로(春秋繁露)라는 책을 집필하였다. 여기서 그는 삼강오상설(三綱五常說)을 논하였는데, 이것이 오늘날까지도 중국 사회의 기본적 윤리로 존중되어 왔다. 유가 도덕의 기본이 되는 세 가지 강령과 사람이 항상 행해야 할 다섯 가지 실천덕목을 삼강오륜(三綱五倫)이라고 한다. 삼강은 통치기준에 입각한 윤리로서 당시의 전제 군주권, 가부장적 부권, 남존여비에 입각한 남편의 우위적 권위 등을 반영하는 절대적이고 일방적인 윤리의 성격을 지녔다. 오륜도 삼강과 마찬가지로 상하의 수직관계적 질서의 확립과 봉건적 신분질서를 유지하고자 하는 지배층을 위해 통치이념으로서의 역할을 수행했다. 그 결과 부자·군신·부부·장유(父子·君臣·夫婦·長幼)의 상명하복(上命下服) 관계는 절대적인 것으로 정립되었다. 이처럼 유교의 실천윤리들은 신분체제, 등급체제, 서열체제를 유지하는 데 크게 기여하였으며, 그 영향은 오늘날까지도 남아 있다.

전장에서 언급한 바와 같이, 유교에서는 정치를 명실상부하게 운영하기 위해 정명사상(正名思想)을 제시하였다. "정치는 바르게 하는 것(政者 正也)"이라고 했듯이 정명(正名)이란 명분과 사실이 일치함을 말한다. 따라서 정명이란 각자의 지위를 바르게 한다는 것으로, "임금(君)은 임금답고, 신하(臣)는 신하다우며, 부모(父)는 부모답고, 자식(子)은 자식다워야 한다."는 논리를 만들었다. 정명사상은 각자 자신의 위치와 역할이 있으며 이를 준수해야 할 의무가 있다는 논리로 해석되고 있다. 공자의 정명론(正名論)은 일반적으로 군(君)·신(臣)·부(父)·자(子) 등 신분질서를 지칭하는 이름에 한정하여, 그 이름에 걸 맞는 각 주체의 역할과 행위가 실현되어야 함을 강조하는 것으로 해석되었다. 유가에서 정해 놓은 군(君), 신(臣), 부(父), 자(子), 남(男), 녀(女) 간의 사회질서에 따라 중국인들은 항상 자신의 사회적 신분과 등급을 유지해야 했으며, 이를 거부하게 되면 반역하는 것이었고, 그렇게 되면 자칫 죽음을 맞이할 수 있었다. 공자의 정명사상은 사회 구성원 각자가 자기의 명분에 해당하는 의무와 덕을 실현함으로써 예(禮)의 올바른 질서가 이루어지는 정명의 사회가 된다는 것을 이야기 하는 것이지만, 한편으로는 주어진 자신의 사회적 위치와 직분에 만족해야 한다는 신분 고착론(固着論)과 직결될 수 있는 논리였다.

신분 고착론은 서열화 차별화를 법제화하고 합리화하기 위한 하나의 방편이 될 수 있었다. 결론적으로 말해서, 서열화·차별화는 유교의 사상과 유교의 정치 사회제도가 중국 땅에 정착화 되면서 만들어진 하나의 부산물로 인식되어야 한다. 차별화·서열화는 종법제도의 영향이라고 볼 수도 있지만, 종법제도 또한 천명사상과 함께 유교 사상의 근간을 형성하는 핵심요소이었음을 고려해 볼 때, 서열화·차별화는 유교사상, 유교문화의 유산이라고 보는 것이 적확하다.

이처럼 중국은 종법제도, 천명사상, 그리고 유교의 가르침과 사상 등으로 인해 철저하게 수직화된 방형사회가 되었고, 중국인들은 이 같은 방형의 사회 속에서 2천여 년을 견디며 살아 왔던 것이다. 방형사회의 형성은 앞서 언급한 바와 같이, 유학의 관학화 과정이 만들어 놓은 관본위 사회가 방형사회의 표본이 될 수 있다. 스위즈(石毓智)라는 사람은 관본위 사회인 중국의 방형사회의 모습을 이렇게 설명했다. "관본위 사회인 중국에서는 집 밖에만 나서면, 바로 위계가 분명한 관료사회로 들어간다. 아랫사람은 윗사람에게 복종하는 사회를 말한다. 고대에서는 옷조차 마음대로 입을 수 없어서 관원은 등급에 따라 어떤 색깔의 옷을 입어야 하는지 엄격하게 규정되어 있었다. 백성들은 면옷만 입을 수 있었다. 그러다 보니 옷차림만으로도 그 사람의 신분을 알 수 있었다. 긴 세월이 흐르는 동안 사람들이 이런 계급현상을 아주 자연스럽게 받아들였다."[1]고 했다. 이러한 설명을 통해 방형사회의 외형적 모습과 함께 관찰할 수 있지만, 한편으로는 방형사회의 본질이 무엇인가를 파악해 볼 수 있다.

| **중국의 전통가옥** | 모든 가옥들이 크든 작든 사각(방형)의 형태로 지어져 있음을 짐작할 수 있다.

그런데, 오늘날의 중국인들은 여전히 이 같은 방형사회 속에서 살아가고 있다. 수직적이고 방형적인 중국의 사회체제는 왕조의 소멸로 끝난 것이 아니라는 것이다. 이미 100여 년 전에 마지막 왕조 청나라는 사라졌지만, 왕조시대에 존재했던 중국의 방형사회의 모습은 현재에 이르러서도 지속되고 있다. 방형사회의 모습과 함께 방형적 사회질서는 현재 중국 공산주의 통치체제를 통해 그대로 존속되고 있다는 것이다.

현재 중국을 지배하고 있는 중국 공산당은 하나의 국가기관이 아닌, 국가보다 우위에 있는 과거 중국의 절대 왕조와 같은 존재라고 할 수 있다. 중국의 군대는 국가가 아닌 당의 군대이며, 당은 국가보다 우선한다. 일당 독재체제의 주역인 중국 공산당은 국가의 중요한 정치, 경제, 사회 문화의 모든 가구를 장악하고, 국가 운영의 모든 사항을 결정하며 집행한다. 공산당은 약 8,000만 명 이상의 당원으로 구성되어 있는데, 이들 가운데 당성(黨性)이 강하고 유능하다고 인정받아 천거된 소수의 당원이 과거 왕조의 왕과 관료처럼 국가운영

---

1) 石毓智 지음, 박지민 옮김, 『中國人的羅輯』, 애플북스, 2016, 216쪽.

| **자금성 전경** | 중국 베이징 중심부에 위치한 궁궐로, 현존하는 궁궐로는 세계 최대 규모를 자랑한다. 1421년 명나라의 영락제(永樂帝)가 처음 거주하기 시작해 1924년 선통제(宣統帝)가 여기서 쫓겨날 때까지 5백 년 동안 명나라 · 청나라 두 왕조 24명의 황제가 이 곳에서 중국을 통치했다고 하는데, 방형(方形)의 모습이 너무나 정교하고 정확하다.

의 특권과 전권을 가지고 중국을 통치하고 있다. 중국은 건국이후 현재에 이르기까지 민주주의 제도를 실행한 적이 없었고, 그렇기 때문에 지도자를 뽑는 선거가 한 번도 실시되지 않았다. 정치적 자유와 선거가 없어 대표를 선출하는 일이 없기 때문에, 그들은 과거 왕과 귀족, 고위 관료와 같은 역할을 하고 있을 뿐, 공산당의 지도자 내지 고급 당원과 국민들 사이에 있어 수평적 관계는 절대 존재하지 않는다. 계급과 차별을 타파하고 노동자, 농민 등을 중심으로 한 평등사회를 구현하겠다는 공산집단이 그것과는 정반대로 자신들을 중심으로 하는 철저한 계급사회를 만들었던 것이다.

거듭 말해서, 종법제도와 유교사상, 유교적 정치제도가 만들어냈던 통치 시스템은 중국 사회를 철저한 방형사회로 만들었고, 그런 방형사회에서 중국인들은 2천여 년 넘게 살아 왔다. 중국인들은 수직적 질서, 서열제도, 등급체제로 특징지워지는 방형사회에 너무 익숙했기 때문에, 공산주의라고 하는 20세기 새로운 수직적 방형사회에 쉽게 적응할 수 있었는지 모른다. 2천여 년이 넘는 오랜 세월 동안 방형적 환경에서 살았기 때문에, 중국인들은 방형사회에 대한 특별한 거부감이 없어서인지, 다시 말해 방형사회에 너무 익숙했던 탓인지 공산주의라는 새로운 방형적 구조를 거부하지도 않았고, 또한 적응하지 못하는 일도 없었다. 그렇기 때문에 중국의 공산주의는 소련을 위시한 다른 국

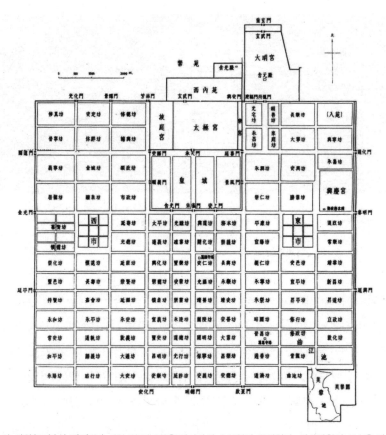

| 중국의 서안(西安)성 평면도 | 시안성(西安城)은 당나라의 수도였던 곳이었다. 정사각형의 모습을 띠고 있는 시안성(西安城)의 평면도이다. 자로 잰 듯이 만들어진 사각형의 성 안의 땅을 다시 수십 개의 사각형으로 구획한 후 그 곳에 다시 사각형의 관공서와 가옥 등을 지었다. 중국인들의 삶이 방형과 불가분의 관계에 있다는 것을 단적으로 증명해 주는 그림이다.

가의 공산주의가 소멸된 현재에 이르기까지 지속되고 있는지도 모른다. 수직적이고 방형적인 통치문화에 너무 익숙한 중국인들이 21세기 현재에 이르기까지도 이와 흡사한 공산주의 체제를 무리 없이 기꺼이 수용할 수 있었다는 것이다.

앞서 말한 바와 같이, 종법사상, 천명사상에서 파생된 수직적 질서, 유교의 정치사상과 제도가 만들었던 신분제, 서열제, 각종 등급체제 등은 중국인 자신들이 살아 왔던 주거공간에 고스란히 반영되었다. 그것이 바로 정제화(整齊化)돤 방형의 도성(都城), 방형의 궁궐, 그리고 일반 가옥 사합원(四合院)이었던 것이다. 유교에서 가장 이상적인 정치 사회제도로 간주하고 있는 주(周)나라의 문물과 주(周) 왕실의 관직 제도 및 전국시대(戰國時代) 각국의 제도를 기록한 『주례(周禮)』라는 책이 있다. 이 책의 일부에 「고공기(考工記)」라는 내용의 기술서가 등장하는데, 도성(都城)과 궁궐(宮闕)은 어떻게 건설되어야 하는가에 대한 사실이 잘 서술되어 있다. 거의 정사각형에 가까운 모습을 띠고 있는 도성은 하늘 아래 땅의 모습, 즉 천하의 모습을 집약하였고, 그 도성의 한 가운데 위치한 궁전은 천자를 천하의 중심으로 간주하는 중국 고유의 지배질서의 논리와 정치 사회 규범이 지향하는 바를 그대로 반영하고 있음을 볼 수 있다.

「고공기(考工記)」에 그려진 천자의 도성은 도성 한 가운데에 왕궁을 만들고, 왕궁의 동쪽에는 종묘, 서쪽에는 사직단을 설치하며, 전면에는 정부관서, 후면에는 시장을 배치하도록 되어있다. 그리고 사방을 성으로 둘러싸고 각 면에는 3개의 문을 설치하고 성 안에는 동서방향과 남북방향으로 각각 9개씩의 간선도로를 만들도록 되어 있다. 중국 역대 황조(皇朝)의 도성에서부터 궁전과 사원, 대소신료(大小臣僚)들의 저택, 일반 백성들의 주택에 이르기까지 중국의 오랜 역사 속에서 등장한 주요 건축물들은 고공기의 지침을 그대로 수용하여 지어졌다고 보아도 무방하다.

북경과 같은 대도시에 살았던 일반 중국인들의 주거형태를 사합원이라고 부르는데, 이 같은 사합원은 궁성의 축소판이라고 해도 크게 틀린 말이 아니다. 북방의 대표적 민간 사옥인 사합원(四合院)은 여러 세대가 한 공간에 거주하는 대가족에 적합한 형태의 공간이라고 할 수 있다. 사합원의 사자(四字)는 동서남북 사방(東西南北 四方)을 말하는 것이고 합자(合字)는 사방이 합쳐 모인다는 뜻을 의미한다. 후자오량(胡兆量)이라는 사람은 사합원에 대해 "사자(四字)는 동남서북 사방의 방문과 창이 모두 중앙의 안 뜰을 향하고 있음을 의미하고, 합자는 중앙의 정원이 주변의 건물과 잘 결합하여 전체적인 조화를 이루고 있고, 정원의 대문을 닫으면 세상과 다툼 없이 평화롭다는 뜻을 담고 있다."고[2] 사합원의 가치를 평가하였지만, 이 같은 평가는 사합원이 철제하게

---

2) 후자오량 지음, 김태성 옮김, 『중국의 문화지리를 읽는다』, 휴머니스트, 2009, 335쪽.

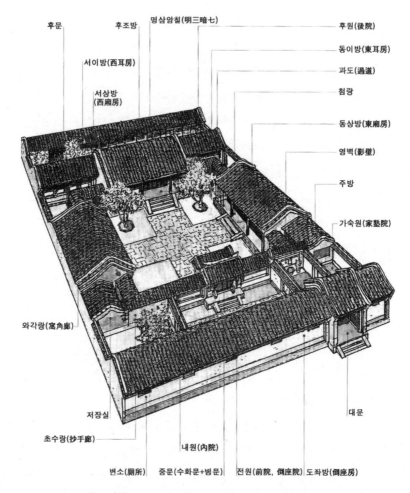

| 북경 사합원(四合院) 공간이용도 : 중국의 전통적인 주택 | 사합방(四合房)이라고도 4각의 중정(中處)을 둘러 싸고 사방에 박공지붕, 장방형 평면의 건물이 배치됨. 북을 정방, 동서를 각각 동상방, 서상방, 남을 문방이라 함. 북경 등에서는 가로에 면한 대문 안에 외정(外庭)이 있고 이문(두 번째의 문)을 지나 내정(內底)에 들어가도록 되어 수화문(垂花門)을 이용한다. 정방(正房)에는 주인이 기거하고 상방에는 아이들과 기타 가족이 산다. 북쪽 안에 있는 건물을 후조방이라 하는데, 이것이 전방이 되는 경우에는 앞면의 건물들은 그냥 통과하는 곳이 된다. 문방은 객청과 잡사, 사용인의 거처가 된다. 사합원은 유교적이면서 방형적인 삶을 구현했던 대표적 건축물이다.

규격화되고 정제화된 주택이었다는 사실을 강조하는 것으로 볼 수 있다.

사합원의 구조에 대해 살펴보면, 집안에서 가장 중요한 건물인 조상의 사당은 남향의 건물 한 가운데에 두었고, 중앙의 뜰을 중심으로 전후좌우에 건물을 지어 중앙의 뜰을 집안의 중심으로 삼았다. 이 같은 건물의 배치는 나라일 경우에는 황제가 정점(頂點)인 것이고, 한 집안의 경우에는 그 집안의 조상이 정점이 되는 것이다. 일반주거 공간에도 엄격한 서열구조의 방식에 따라 조부모 세대와 부모세대, 자녀세대의 주거 공간이 분명하게 나뉘어 있고, 존비(尊卑)에 따라 차등도 철저하게 매겨졌다.

21세기에 들어 와서도 방형사회의 틀 속에 갇혀 살고 있는 중국인들의 성격은 수동성, 모방, 타율, 상명하복, 경직(硬直) 등 다양한 어휘로 특징지워질 수 있다. 수직화를 특징으로 하는 방형사회는 철저하게 규격화된 사회이면서, 보기에 따라서는 전제정치체제(專制政治體制)의 사회와 흡사하다고 해도 틀인 말이 아니다. 따라서 이러한 사회에서 자율과 창조, 능동성 등을 기대한다는 것은 매우 어려운 일이다. 규격화된 틀 속에서 일방적인 타율과 상명하복의 풍토에 젖어있다 보니 창조력이 부족하고, 창조력이 부족하다 보니, 남들과 다른 생각 내지 아이디어를 내는 것이 매우 어려운 일이 되었다는 것이다. 김하중은 전제정치의 지속이라는 역사적 경험은 중국인들로 하여금 절대적인 상명하복과 자신의 의견을 강하게 주장하지 않는 소극성, 그리고 항상 신중하게 의사표시를 하는 기질을 형성하게 만들었다. 이는 절대적인 권한을 가지고 있는 사람을 거역함으로써 생존해나가려는 본능적 기질이었다고 했다[3]고 함으로써 방형사회라고 하는 중국 사회의 성격이 어떠하다는 것을 예시(例示)하였다. 스위즈(石毓智)는 "중국을 비롯한 세계 각지에 흩어져 살고 있는 많은 중국인들은 보편적으로 지위가 옳고 그름을 결정한다는 가치관을 갖고 있다. 유교문화는 질서를 강조한다. 이 질서를 유지하기 위해 중국인은 가혹한 대가를 치렀다. 즉 수많은 사람들이 독립적인 사고를 스스로 포기하거나 강권에 의해 빼앗기고 만다. 어떤 사건이나 문제를 만날 때, 중국인은 문제 자체의 옳고 그름을 따지기 보다는 당사자 혹은 상대방의 지위, 나이, 성별을 보고 판단해 버린다. 자신감이나 자아의식이 부족하다 보니 언제든 권위에 복종할 준비가 되어있다. 이 같은 중국인의 특성으로 말미암아 사회가 전반적으로 활력을 잃어버렸다."고[4] 했다. 유교문화가 만들어 놓은 방형사회의 폐단과 문제로 인해

---

3) 김하중 지음, 『김하중의 중국 이야기』, 비전과 리더십, 2013, 64쪽.
4) 石毓智 지음, 박지민 옮김, 『中國人的羅輯』, 애플북스, 2016, 132~133쪽 참조.

그 사회를 살아갔던 사람들의 성격과 행동이 어떻게 되었는가를 간단하고도 정확하게 설명하고 있다.

중국인들은 적어도 2천여 년 이상 이 같은 정제화된 방형사회 속에서 살아 온 사람들이다. 그렇기 때문인지, 세계 최고(最古)의 역사와 문명뿐만 아니라, 세계 최대 인구를 자랑하는 중국인들은 이 같은 이력(履歷)에 버금가는 능력을 발휘하지 못하고 있다. 세계에서 가장 역사와 엄청난 문명과 문화유산을 가진 데다가 세계 최대의 인구를 가진 나라가 경제, 과학, 문학, 예술 등에 있어 세계를 리드해 가는 인재를 배출해내지 못하고 있다는 것이다. 이런 결과가 만들어진 원인 내지 배경을 논한다면 여러 가지 사실이 거론될 수 있겠지만, 대다수의 중국인들이 방형사회 속에서 2천 년 넘게 살아 왔다는 사실도 하나의 언급될 수 있을 것이다.

2. 중국인들의 원형적 사고의 남용과 오용

엄격한 네모의 틀 속에서 2천 년을 살아 왔던 중국인들은 네모에 대한 반감 내지 그것에 대한 환멸감 같은 것이 있었기 때문이었던지, 그들은 마음에 있어서 만큼은 매우 둥글게 움직이려고 하였다. 방형적(方形的) 삶이 음(陰)이라고 한다면, 원형적(圓形的) 삶은 양(陽)으로 취급될 수 있을 것이다. 중국인들은 항상 음양적(陰陽的) 사고를 한다고 하는데, 중국인들은 방형의 환경에서 음(陰)의 삶을 살아 왔지만, 생각하고 사고(思考)하는 데 있어서 만큼은 가급적 원형적, 즉 양적(陽的)으로 했다는 것이다. 다시 말해, 중국인들의 삶은 철저한 방형의 틀 속에서 움직였지만, 그들의 마음과 생각만큼은 세상 삼라만상(森羅萬象)의 움직임의 원리 즉, 순환의 원리인 원형(圓形)의 틀 속에서 움직이고 싶어 했던 것으로 풀이해 볼 수 있다. 앞서 이야기한 바와 같이, 중국인들은 하늘은 둥글다고 보았다. 그렇다면 원형적 사고란 무엇일까? 원형적 사고에 앞서 원형의 의미에 대해 살펴보자.

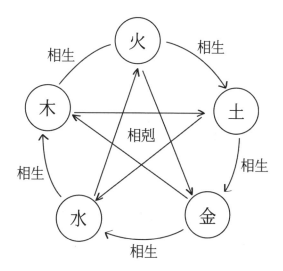

| 오행상생도(五行相生圖) | 목 화 토 금 수 등 오행(五行)이 어떻게 순환하고 있는가를 설명한 그림이다. 오행의 순환은 말 그대로 원형의 형식으로 이루어지고 있다. 이 같은 원형의 형식은 중국인들의 사고방식에 큰 영향을 주었다.

    평면상에서 하나의 정점에서 일정한 거리에 있는 점 전체가 만드는 도형을 원이라고 한다. 원은 상징적으로는 한정된 우주적 공간, 생명, 순환, 중심 등을 의미한다. 순환하는 원은 모든 움직임을 나타내며, 통합과 분할, 재통합, 진화와 퇴화, 성장과 퇴행, 생(生)과 사(死)의 과정 등 영원한 시간의 상징으로서 알려져 있다. 불교의 윤회설 또한 원형적 움직임 그 자체라고 할 수 있다. 그런데 원형은 음양오행의 형식으로 설명될 수 있다. 음양오행설은 세상의 삼라만상, 인간사 등에 관한 모든 현상을 음과 양, 그리고 이 두 원리의 소멸과 성장, 오행(五行)의 순환 등으로 설명하려는 논리인데, 음양오행의 관념이 고대 중국인들은 물론 현대의 중국인들의 사유와 사고방식에 미친 영향은 절대적이고 광범위하다고 말할 수 있다.

    중국인들은 자연은 순환하며 순환하기 때문에 둥글다고 보았듯이, 천하의 삼라만상 또한 모두 음과 양으로 이루어져 돌고 있다고 보았다. 『역경(易經)』 계사(繫辭)편에 "일음일양 그것이 도이다(一陰一陽之謂道)"라고 했다. 이는 어떤 것은 음이고, 또 어떤 것은 양이고, 한번은 음이 되고, 한 번은 양이 되는 것이 천하의 이치, 세상의 원리라는 뜻인데, 이 같이 펼쳐지는 균형의 원리를 두고 중국인들은 도(道)라고 불렀다. 도(道)는 구체적인 사물이 아니지만, 도(道)가 있기 때문에 모든 사물과 온 세상은 자신의 모습으로 존재할 수 있다고 생각했다. 그런데 이들의 논리에 따르면, 음양은 오행을 낳는다고 했다. 오행(五行)은 수(水), 화(火), 목(木), 금(金), 토(土) 등을 말한다. 오행은 음양과 마찬가지로 구체적으로 사물을 말하는 것이라기보다는 그 사물의 존재의미와 가치를 상징하는 것이고, 그 원리는 이들 다섯 가지 사물, 즉 오행 간의 관계와 상호작용에 초점이 맞춰져 있다. 오행은 서로를 낳고 또 도와주는 즉 상생(相生)을 이루는 동시에, 서로를 억누르며 방해하는 상극(相剋)의 관계를 이루고 있다. 수(물)는 식물의 자양분이 되어 목(나무)을 낳고, 목은 연료로 소비되어 화(불)를 만들어 주며, 화는 사물을 태워 재를 남겨 토(흙)에게 도움을 주고, 토는 금(쇠)을 낳으며, 쇠의 성장을 도와준다는 것이다. 한마디로 말해서, 세상의 모든 사물, 모든 일에는 순환의 이치가 존재한다는 것이 오행의 논리인 것이다.

위의 도식(圖式)은 오행상생설(五行相生說, 원으로 표시된 부분)이라고 불리는데 오행의 원리를 도식화한 것이다. 그리고 화살표로 표시된 부분은 오행상승설(五行相勝), 내지 오행상극(五行相剋)이라고 한다. 목은 금에게 지고, 금은 화에게 지며, 화는 수에게, 수는 토에게 지며, 다시 토는 목에게 지므로 순서는 목·금·화·수·토의 배열로 이루어진다. 이 논리는 물질세계를 이루는 각 요소 간에 끊임없는 갈등을 나타내고 있음을 말하고 있다. 거듭 말해서, 세상사 모든 것은 순환 원형의 이치로 구성되어 있다는 것이 음양오행 사상의 핵심인 것이다.

앞서 말한 바와 같이, 중국인들은 하늘이 둥글다고 생각했는데, 하늘이 둥글다고 생각한 것은 자연이 둥글다고 믿었다는 것과 같은 것이다. 사실, 자연은 원형의 이치를 기반으로 하고 있다. 크게는 모든 천체의 원운동으로부터 작게는 원자와 소립자에 이르기까지 그 어느 것 하나 순환하지 않는 존재는 없다. 사시순환(四時循環)·인간의 생로병사와 흥망성쇠·인과보응·우주의 성주괴공(成住壞空)5)의 이치 등이 모두 순환의 법칙을 따르고 있다. 이 순환의

---

5) 불교의 시간관인 사겁(四劫)으로, 성겁(成劫)·주겁(住劫)·괴겁(壞劫)·공겁(空劫)을 줄여서 말할 때 쓰는 말. 불교에서 우주가 시간적으로 무한하여 무시무종(無始無終)인 가운데 생성 소멸 변화하는 것을 설명하는 개념으로 사겁(四劫)을 뜻하며, 그것을 줄여서 성주괴공이라

원리는 만유의 존재법칙과 존재양상의 가장 근원적인 이치라고 볼 수 있다. 이렇게 볼 때, 원형이 주는 가장 큰 의미와 특징은 바로 순환에 있다고 할 것이다.

방형은 맺고 끊음이 확실하고 분명함과 확실함을 추구하며, 또한 하나의 답을 구하기 때문에 일변적(一邊的)이다. 원형에는 시작과 끝이 없고, 따라서 맺고 끊음이 존재하지 않는다. 또한 하나의 답만이 있어야 하는 것과 같은 분명성과 확실함을 추구하지 않기 때문에, 답을 찾는다면 하나의 답이 아닌 여러 개의 답이 나올 수도 있고, 따라서 그 결과 일변(一邊)이 아닌 다변(多邊)의 성격을 띠게 된다. 원형적 사고란 바로 이와 같은 원형의 특징을 모방하거나 이를 이용하는 사유방식을 의미한다. 그렇기 때문에 원형적 사고를 오용하면 맺고 끊는 분명한 태도나 정확성을 추구하기 어렵게 된다. 또한 하나의 답이 아닌 여러 개의 답이 나올 수도 있는 데다가 분명함과 정확성을 추구하지 않기 때문에 매사가 애매모호해 질 수 있는 단점이 발생할 수 있다. 이와 아울러 객관성의 결여로 인해 원형적 성격은 항상 자의적이고 주관적으로 흐르기 쉽다는 맹점이 나타나기도 한다.

원형의 특징적 성격에 관한 한 가지 예를 들어 보자. 조선시대 말기, 소위 동학 농민혁명이라는 것이 일어났을 때, 이를 주도한 사람들은 농민들을 모으고 규합하기 위해 연락할 때, 사발통문(沙鉢通文)이라는 형식을 이용한 적이 있다. 통문이란 어떤 일이 있을 때 사람을 모으기 위하여 알리는 고지문(告知文)을 말한다. 이러한 사발통문은 조선 후기 사회가 극도로 어지럽고 혼란스러울 때, 많이 이용되었다고 한다. 특히 19세기 후반 농민항쟁이 거세지고 관가에 저항하기 위해 사람을 모을 때, 각 마을마다 통문을 돌려 사람을 모았으며, 서원과 향교에서도 사람을 불러 모을 때 이를 돌렸다고 한다. 참여자의 이름을 순서대로 적지 않고 원 주위에다 적었기 때문에 주모자가 누구이고, 또 책임자가 누구인지 일체 드러나지 않았다는 이점이 있었다고 하는데, 사람들은 원형이 주는 불분명, 애매모호함을 십분 이용하기 위해, 사발통문을 사용하였

고 한다.

던 것이다.

상술한 바와 같이, 원형성은 상하 좌우 등 위치의 개념을 두기 어렵기 때문에, 이로 인해 발생하는 불분명성, 다변성, 애매모호한 성격 등을 함유하기 마련인데, 원형이 주는 이 같은 특징은 사용하기에 따라 장점으로 작용할 수 있지만, 대개의 경우 부정적 의미로 사용되는 것이 보편적이고 일반적이었다고 할 수 있다. 중국인들은 정형화된 사회질서, 엄격한 규율, 철저한 위계질서로 이루어진 방형적 삶의 양식을 살아 온 것과는 대조적으로 자기들 편리한 대로의 원형적인 사고를 하는 모습을 보여 왔다. 그들은 무쇠로 만든 방형의 틀, 즉 철벽과 같은 방형의 사회구조 속에서 탈출하기 위해 원형적 사고를 하고 싶었을지도 모른다.

중국인들은 자신들의 주관과 이기적 방식에 따라 원형적 사고를 남용하면서 자의적으로 사용하여 왔다고 해도 과언이 아니다. 자신들과 아무 관계가 없거나 또는 관계가 있을 경우, 또는 자신들에게 상황이 매우 유리하게 전개될 때, 중국인들은 원형적 사고를 과감하게 펼쳐 낸다. 중국인들의 원형적 사고는 철저하게 이기적인 사고 및 행동과 결부되어 나타나는데, 부정확함, 대충대충 주의, 연상(聯想) 작용, 임기응변적 사고와 행동 등으로 요약될 수 있다.

중국인들의 대충주의는 그들의 언어 속에서 쉽게 나타난다. 그들은 매사 두루뭉술하게, 또는 애매모호하게 표현하는 것을 좋아 한다. 중국인들은 대화할 때, 상대방에게 자신의 뜻을 의도적으로 분명하게 전달하려고 하지 않는다. 또는 상대방이 자신의 말을 하나의 뜻이 아닌 여러 가지로 뜻으로 해석하여 받아들이게 함으로써 이후 이익을 얻거나 손해를 피하고자 하는 의도를 드러낸다. 그 대표적인 예로 환행(還行, 중국어로 하이씽이라 말하고, "그런대로 괜찮다"는 뜻으로 쓰임)이라는 말이 있는데, 이 말은 중국인들이 피상적(皮相的)인 감정을 표현할 때 주로 사용하는 말이다. 사실 이 말은 그런대로 좋다는 감정을 표현할 때 쓰이기도 하지만, 말하는 사람이 별다른 감정 없이 쓰는 빈 말 수준의 용어로 쓰이기도 한다. 그런데, 하이씽이 좋다는 뜻으로 사용된다고 할지라도 듣는 사람의 입장에서는 애매하면서도 여러 가지 의미로 해석하게 할 수 있는 여지를 갖게 한다.

그들은 수편(隨便 = 아무거나 마음대로 중국어로 쑤이삐앤이라고 발음한다)이
라는 말을 즐겨 사용한다. 이 말은 중국인들은 "아무거나 좋을 대로"라는 표현
을 하기 위해 쓰는 말인데, 정확하게 무엇을 지적함이 없이 무엇이든 다 좋다
는 뜻의 표시와 적당히 되는 대로를 표현하는 데 주로 사용되고 있다. 쑤이삐
앤은 선택하기 어렵거나 판단이 잘 서지 않을 때, 평범하게 쓰일 수 있는 말이
지만, 자신의 생각과 뜻을 감춘 채, 판단과 결정을 상대방에게 넘기는 역할을
하는 등, 이중적이고도 회색적인 언사(言辭)가 요구될 때, 쓰이고 있다. 한마디
로 이야기해서, 화자인 자신이 직접 말하지 않고, 에둘러 말함으로써 자신의
이익을 도모하거나 자신이 입을 피해를 미연에 방지하겠다는 의도에서 그런
표현을 빈번하게 사용하는 것으로 나타나고 있다. 중국인들은 "다 괜찮다."고
하는 뜻을 표현할 때, 도가이(都可以, 중국어로 떠우커이 러고 발음한다)라는 말을
사용한다. 떠우커이 역시 선택과 결정을 요구받을 때, "다 괜찮다"고 이야기함
으로써, 자신의 선택과 결정을 제대로 이야기하지 않는다. '떠우커이'는 선택
과 결정은 말하는 사람이 해야 하지만, 선택과 결정을 유보한 채, 그것을 상대
방의 몫으로 돌리는 역할을 한다. 자신이 답(答을) 내지 않고, 답을 여러 개 만
들어서 상대방의 판단에 넘기는 매우 소극적이고 모호한 행동의 표현인 것
이다.

상술한 바와 같이, 중국인들은 부정확하거나 애매모호한 언사(言辭)를 추
구하여 이익을 도모하기도 하고, 훗날 있을지도 모를 불이익의 발생 가능성을
회피하고자 한다. 정확하고 분명한 자신의 뜻을 이야기하지 않음으로써 상대
방에게 여러 가지로 생각하게 할 수 있는 해석의 여지를 남겨 놓는다. 이러한
용어를 즐겨 쓰는 중국인들의 화술 태도는 화자 자신의 뜻을 정확하게 이야기
하지 않거나, 또는 의도를 이야기한다고 할지라도 그 뜻을 하나가 아닌 여러
개로 만들어 놓음으로써 이후 있을지도 모를 또는 맞닥뜨리게 될 수 있는 곤
난(困難) 내지 불편함에서 벗어나고자 하는 의도에서 비롯된 것으로 원형적 사
고를 철저하게 활용했던 하나의 예가 될 수 있다.

원형적 사고의 핵심은 생각을 두루두루 돌리며 지나칠 정도로 연상작용
(聯想作用)을 하는 것이다. 중국인들이 하는 연상작용의 대표적인 것이 바로 숫

자 놀음이다. 4자(四字)는 죽을 사자(死字)를 연상시키기 때문에 철저하게 회피한다. 먼저 동음에 의한 흉한 숫자로 4(四, 중국어로는 쓰라고 읽는다)의 발음이 중국어로 "죽다" 사(死)(중국어 발음 쓰)와 같아서, 4월에는 혼인이나 각종 행사를 꺼린다든지, 혼례나 돌잔치 등에 축의금을 보낼 경우에도 4단위의 액수를 가급적 피한다. 한국도 이 같은 사고(思考)의 영향을 받아서인지 4자를 가급적 회피한다. 일반 고층건물이나 병원 건물인 경우 4층을 없애 버린다든지, 아니면 F층으로 처리하는 것이 그 예가 된다. 이와 반대로 중국인들이 극히 좋아하는 숫자도 있다. 숫자 8(八 중국어 발음은 빠)은 "돈을 번다, 재물이 번성하다" 등의 의미를 나타내는 발재(發財)의 발(發 중국어로 파fa)의 발음과 유사한데, 이런 이유에서 사람들이 좋은 날을 잡을 때, 8이 들어가는 날을 선택하거나 행사 등의 축의금을 8단위로 시작하는 금액을 보내주는 경우가 많다. 중국정부는 2008년 북경올림픽을 개최하면서, 올림픽 개최 시작 선언을 8월 8일, 오후 8시 8분에 시작하였는데, 이를 통해 중국인의 8자에 대한 집착과 사랑이 얼마나 지독한 것인가를 짐작할 수 있다. 또한 長壽를 뜻하는 숫자 9(九, 중국어 발음은 지우)는 "오래지속되다, 오래가다"의 뜻을 가진 한자 구(久, 중국어로 지우)와 발음이 같아서, "생명, 목숨이 오래가다"의 의미를 부여하여, 장수를 나타내는 뜻으로 사용하고 있다. 이러한 연상작용은 숫자 놀음과 흥미에 국한되어 있으면 큰 문제가 될 수 없다. 그러나 역사적 사회적 논증문제와 관련해서 연상작용이 남용되면 엄청난 조작과 날조가 발생할 수 있다. 중국인들이 영토 확장을 확고히 하기 위해 얼마 전까지 벌여 왔던 각종 공정작업에서 이 같은 연상작용은 큰 역할을 했을지도 모른다.

중국인들은 문성(文聖), 문신(文神)이라고 칭하며, 문(文)을 대표하는 성인(聖人)으로 공자를 일컫고, 무(武)를 대표하는 성인으로서 관우(關羽)를 꼽으며 그를 무성(武聖) 또는 무신(武神)이라고 부른다. 관우가 무의 신으로 받들어지는 것은 당연하지만, 한편으로 재신(財神)으로 등장하고 있음에 주목할 필요가 있다. 위대한 장수로서 재물과 하등관계가 없어 보이는 관우가 재물의 신으로 다시 등장한 것이다. 관우의 고향은 오늘날 산시성 윈청(陝西省 運城)이라는 곳 부근이라고 한다. 그런데 그 곳에는 내륙이지만 염지(鹽池)가 있다고 했다. 소금이 풍부했던 섬서성은 실크로드의 시작점이어서 그런지 예부터 상업이 발달했고, 상인이 많이 배출되었던 곳이다. 이들을 일컬어 진상(晉商)이라고 했는데, 이들의 수호신으로 관우가 등장하였던 것이다. 이들 상인들은 항상 산적이나 강도 등의 약탈위험에 노출되어 있었고, 그들은 생명의 보호와 안전을 위해 무신 관우를 항상 숭앙(崇仰)하며 그에게 안전을 기도하였다. 그런데 관우를 숭앙한 이들 상인들 가운데, 많은 사람들이 부자가 되었고, 그 결과 관우는 이들을 부자로 만들어 주었다고 인정되어 재신이 된 것이다. 이 같은 사실은 중국인들이 사고에 있어 얼마나 연상에 능한가를 보여주는 부분이다. 전장(前章)에서 언급하였듯이, 오늘날 동남아 해상에서 벌어지는 소위 구단선 분쟁으로 일컬어지는 해양 영유권 분쟁은 중국인들이 드러내는 원형적 사고의 일면을 보여주는 중요한 예가 될 수 있다. 중국은 동남아 해상에 퍼져 있는 무수한 암초 바위들과 그 해상에 대한 영유권을 주장하고 있는데, 국제해양법 내지 국제적으로 통할 수 있는 상식적이고 보편적인 논리가 아닌, 그 지역이 과거 자신들의 상선(商船)이 지나다녔던 뱃길이었다는 말로써 자신들의 영토라고 주장하고 있다. 이 같이 터무니없는 주장이 나올 수 있는 것은 바로 중국인 특유의 연상작용이 뒷받침하고 있을지 모른다.

　　적당주의, 부정확함, 대충주의에 빠져 습성이 되어 버린 어느 한 중국인의 삶이 한편의 소설을 통해 적나라하게 나타나고 있다. 후스(胡適, 1891~1962)라고 하는 사람이 쓴 『차부뚜어 선생전(差不多先生傳)』이라는 단편소설이 있는데, '차부뚜어 선생전(差不多先生傳)'은 위험할 정도로 흐리멍텅하고 부정확할 뿐만 아니라, 터무니없는 임기응변적 사고방식을 갖고 있는 주인공의 언행을 통해 원형적 사고방식에 젖어 있는 중국인들의 보편적 성격과 습성을 과감하게 질타(叱咤)하였다. 중국어로 차부뚜어(差不多)란 '별 차이가 없다'라는 말로서 '엇비슷하다'는 뜻을 나타낼 때 주로 사용된다. 주인공 차부뚜어 선생은 황설탕이나 백설탕은 설탕이라는 점에서 차이가 없다고 여기고, '산시(陝西. 섬서)성'과 '산시(山西. 신서)성'은 발음이 같기 때문에 아무 차이가 없다고 생각하는 사람이다. 그는 또 "두부나 빵이나 다 먹는 것이기 때문에, 같다고 우기는 사람이다. 십자(十字)를 종종 천자(千字)로 쓰기도 하고, 또는 천자(千字)를 종종 십자(十字)로 바꿔 쓰기도 했다. 그러면서 주인공은 천(千)자는 십(十)자에 비해 겨우 획 하나만 더 있을 뿐인데 뭐가 크게 달라진 게 있느냐고 말한다. 또한 그는 8시 30분에 떠나나 8시 32분에 떠나나 별 차이가 없는 거 아니냐 라고 말했다. 어느 날, 그가 갑자기 병이 들자, 그는 가족에게 동가(東街)에 있는 왕(汪) 의원을 급히 불러 오라고 하였다. 그의 가족은 허둥지둥 나섰으나 갑자기 동가의 왕 의원을 찾아낼 수 없어, 결국에는 서가(西街)의 수의사인 왕(王) 의원을 불러왔다. 차부뚜어 선생은 병석에 누워서 사람을 잘못 데려왔다는 것을 알았으나 병은 위급했고, 몸이 아파 괴로워 더 이상 지체할 수가 없었다. 그는 말했다. "왕(王) 의원이나 왕(汪) 의원이나 의원임에는 별 차이 없으니 그냥 진맥을 받도록 하지 뭐." 그리고 자신의 목숨이 점점 희미해져간다는 것을 알면서 그는 또 다시 "산 자와 죽은 자 모두 차부뚜어 하다." "생사(生死)가 글자 한 자 차이인데 멀 그리 슬퍼해야 하나." "모든 일이 차부뚜어 한 것이 좋은데, 뭐 하러 그리도 심각하게 사느냐"라는 말을 남기고 숨을 거뒀다. 그가 죽은 이후 사람들은 그가 일생을 심각하게 고민하며 살지 않았고, 적당한 덕행도 쌓으면서 살았다는 것을 기리며, 그를 원통대사로 칭하고 그가 살아온 방식을 따르기로 했다는 것이 이 작품의 줄거리이다.

이 작품은 겉보기에는 중국인들의 삶을 풍자한 하나의 픽션에 불과하지만, 실제로는 중국인의 사고방식과 행동을 있는 그대로 정확하게 묘파(描破)한 일종의 기록물과 같은 것으로 보아야 한다. 작품에서 묘사한 것은 차부뚜어 선생 한 사람의 행동이지만, 차부뚜어 선생은 대다수 중국인들의 생각을 대변하며 상징하는 존재였기 때문에, 그의 모습은 중국인들 모두의 사고방식과 행동을 그대로 집약하여 나타낸다고 해도 틀리지 않다. 게다가 작품에서 묘사된 차부뚜어 선생의 언행은 현재 중국인들의 모습 속에서 상당부분 재현되고 있다고 보아도 지나친 말이 아니다. 중국에서 진출하여 사업을 하는 외국의 기업인들은 때에 따라 차부뚜어 선생과 같이 말하며 행동하는 관계 고위관료나 관계 공무원들을 여러 번 상대했던 경험을 가지고 있을지도 모른다. 작품의 결말부분에서 중국인들은 차부뚜어 선생의 이러한 인품을 높이 평가하여 너나 할 것 없이 그를 닮아갔고, 중국은 이로 인해서 결국 게으름뱅이 나라가 되었다고 한 것은 매우 함축적인 의미를 담고 있다. 차부뚜어 선생의 언행은 모두 원형적 사고의 폐단에서 시작하고 있다. 원형적 사고를 남용하거나 오용하면 생기게 되는 폐단을 차부뚜어 선생은 자신의 언행으로써 증명하고 있는데, 문제는 차부뚜어 선생은 실제 대다수 중국인들의 사고방식과 행동을 대변하고 있다는 데에 있다. 작품에서는 바로 이러한 사실이 강조되고 있는 것이다.

중국인들의 원형적 사고는 중국에게 실질적인 이익을 가져다주기도 했다. 공산주의를 중국적 공산주의로 변환시키는 데 있어 크게 기여하였다는 것이다. 공산주의 종주국 소련과 주변의 여러 공산주의 국가가 공산주의를 포기하며 새로운 국가로 나갈 때, 중국의 공산주의만이 붕괴되지 않을 뿐만 아니라, 오히려 그 권력을 더욱 공고히 하며 발전해 왔다. 중국의 공산주의 이렇게 될 수 있었던 까닭은 공산주의가 중국인 자신들만의 공산주의로 바뀌었기 때문이었다. 중국식 공산주란 한 마디로 말해 원형적 사고방식이 적용되어 탈바꿈한 공산주의라고 할 수 있다.

중국 공산당의 변신은 중국인들이 임기응변에 얼마나 능한가를 보여주는 좋은 예가 될 수 있다. 사전적, 역사적, 이론적 의미의 관점에서 볼 때, 현재 중국을 제대로 된 공산주의 국가로 보는 나라는 하나도 없다. 중국은 전제주의 성격을 가진 일당 독재국가일 뿐이다. 마오쩌둥(毛澤東)이 죽고 권좌에 오른 떵샤오핑(鄧小平)은 공산주의 통치이념은 그대로 둔 채, 흑묘백묘론(黑猫白猫論)을 내세우며 과감하게 자본주의 논리를 채택하였고, 그 덕분에 중국의 경제가 크게 발전하며 경제대국의 반열에 오르는 기반을 만들 수 있었다. 공산주의 방식으로는 경제발전은 고사하고 하루 세끼 먹고 사는 것조차 어렵다는 것을 깨닫게 된 떵샤오핑은 흑묘백묘론을 내세우며 과감하게 자본주의 방식을 채택하였다. 흑묘백묘론은 사실상 천민자본주의적 논리와 직결될 정도로 많은 문제를 내포하는 것인데 아이러니하게도 이러한 천민자본주의적 논리가 자본주의와 상극인 공산주의를 살려 놓았던 것이다. 이러한 일련의 과정은 중국 공산주의자들이 얼마나 이중적이며 또한 얼마나 임기응변적인가를 보여주는 부분이다. 중국의 공산당이 바뀌지 않은 것은 대략 세 가지이다. 첫째 당의 명칭이 그대로 공산당이라는 것과 둘째, (극)소수의 인원이 당권을 장악하고 자신들의 의지대로 국가를 통치해 나간다는 것, 그리고 셋째, 마르크스와 마오쩌둥의 공산주의 지도이념을 실천하지 않고 앵무새처럼 말로만 떠드는 것이다. 중국인들은 공산당이라는 이름만 그대로 있고, 이와 아울러 공산당에 의한 일당독재(一黨獨裁)로서 나라를 통치하기만 하면, 공산주의 국가라고 간주했기 때문인지, 자신들은 공산주의 국가로서 공산주의 이념과 정책을 올바르게 시행하고 있다고 생각하고 있다. 이렇게 변신하며 바뀌어진 중국 공산주의의 본 모습을 통해 원형적 사고를 하는 데 너무 능숙한 중국인들의 전형적인 태도를 읽을 수 있다.

중국은 세계에서 둘째가라면 서러울 정도로 짝퉁 천국으로 유명한 나라이다. 중국은 티셔츠에서 자동차에 이르기까지 짝퉁 물건을 만들 정도로 매우 다양한 품목의 짝퉁을 생산해낸다. 시계와 핸드백 등, 고가 유명 명품은 물론이려니와 전자, 통신, 자동차, 석유, 식품 거의 모든 부분에 걸쳐 예외가 없을 정도로 광범위하게 짝퉁을 생산해내고 있다. 짝퉁 생산은 산업화가 늦고 문명화가 뒤쳐진 나라에서 편법적으로 활용되는 것이기도 하다. 중국은 그럴 것같지 않지만, 남다를 정도로 짝퉁을 좋아하고 또 그것을 산업적 차원에서 대량생산 판매하는 나라이다. 중국이 이러한 행동을 벌이는 데에는 몇 가지 이유가 있다. 첫째, 수단과 방법을 가리지 않고 무조건 돈을 벌겠다는 중국인들의 추악한 상술 심리가 작용하였고 둘째, 중국에는 과거부터 문화적 차원에서 모조품을 제작하는 전통이 있었기 때문에 짝퉁을 만든다는 것이 그렇게 문제가 된다거나 어려운 일이 아니라는 관념이 상존해 왔고 셋째, 이와 함께 중국인들의 원형적 사고가 크게 작용하였다는 사실 등을 그 이유로 거론해 볼 수 있다.

원형적 사고는 중국인들이 왜 짝퉁을 좋아하고 또한 짝퉁 만드는 일에 왜 그렇게 열정적인가를 비교적 정확하게 설명해준다. 짝퉁을 좋아하는 심리와 진품은 못 갖더라도 짝퉁이라도 소유하겠다는 사람들의 마음은 일차적으로 허영과 과시욕에 기인하는 것이지만, 이 같은 심리도 사실은 원형적 사고의 일환으로 볼 수 있다. 그런데, 이 같은 심리는 중국인들에게 국한된 것은 아니다.

그러나 이 같은 현상이 대규모적이고 보편적이라면 이는 원형적 사고가 지배하는 집단적 또는 국민적 성격과 관련이 있는 것으로 볼 수 있다. 중국인들의 짝퉁 애호는 겉모양만 같고, 기능만 비슷하다면 모든 것이 같다고 하는 차부뚜어 정신(差不多 精神)의 발로(發露)에서 시작되었다고 보는 것이 정확하다.

　중국인들 가운데에 짝퉁을 만들어 파는 것이 지적재산권의 침해나 도용(盜用)이 된다는 것을 의식하는 사람은 거의 없고, 더 나아가 이러한 행동을 부끄럽게 생각하는 사람도 없다. 프랑스 명품 루이뷔통 가방을 예를 들어 본다면, 차부뚜어 정신을 가진 중국인들은 프랑스 사람들이 정품을 만들어 판매하는 것과 자신들이 짝퉁을 만들어 파는 것은 실제로 같은 물건을 만들어 판매하는 것이라고 생각하고 있다. 따라서 그들은 실제 정품과 자신들이 모방하여 만들어 낸 물건은 조금도 다르지 않다고 생각한다. 만들어 파는 사람들만 다를 뿐 그들은 이에 대해 어떤 문제의식도 느끼지 않는다.

　자신의 조상들이 그랬던 것처럼, 오늘 날의 중국인들은 자신들이 갖지 못한 주변의 우수한 문화양식과 호감을 주는 문물 등을 무조건 수용한 후, 이를 자신의 것으로 만들어 사용하는데 익숙하다. 그러니까 진품을 흉내 내서 모조품을 만드는 것은 자신들의 마음이고, 선택사항일 뿐이라는 것이다. 이는 다시 말해, 짝퉁이라고 할지라도 자신들의 재료를 가지고 자신들이 만들었으면 자신들의 물건이라고 생각하는 것과 같다는 주장이다. 중국인들의 원형적 사고는 철저한 자기중심주의 내지 이기주의를 기반으로 하고 있음은 물론이다. 자기의 생각과 기준에 맞춰 자의적으로 해석하고 판단한 것이 바로 원형적 사고의 바탕이자 본질이 되는 것임에 유념할 필요가 있다. 중국인들의 원형적 사고는 "내 안에 들어오면 모두 내 것"이라는 사유적(思惟的) 논리와 다르지 않다. 이러한 논리는 외부세계의 문물을 어떻게 받아들여 왔는가라는 중국인들의 수용태도를 압축하여 설명해 줄 뿐만 아니라, 수용태도의 방법 또한 원형적 사고의 결과임을 보여 주는 것이라고 할 수 있다.

중국의 얼굴, 중국인의 생각

흑(黑)과 백(白), 그리고 회색(灰色)

중국인들의 삶의 양태와 행동

흑(黑)과 백(白), 그리고 회색(灰色)

중국인들의 삶의 양태와 행동

1. 흑과 백, 그리고 중국인 삶의 양태와 행동

바둑이라는 게임이 세상에서 처음 시작된 곳은 중국이라고 한다. 그렇기 때문인지, 중국과 중국인들은 바둑이라는 게임의 성격과 특징을 많이 공유하며 활용하고 있는 것 같다. 중국의 국가 지도자들이 정치 외교상에 있어 바둑의 기법을 잘 활용하고 있다. 손자병법이나 위기십결로 알려진 바둑의 전략은 중국인들의 삶 속에 녹아 있고, 이것이 권력을 쥔 권력을 쥔 중국엘리트들의 대외전략으로 표면화 된 것이다.[1] 바둑과 유사한 것은 중국의 대내외 전략만이 아니다. 중국의 일부 구조물들의 외형적 모습이 바둑의 그것과 많이 닮아 있음을 느낄 수 있다.

바둑은 흑돌과 백돌을 바둑판 위에 번갈아 두며 '집'을 많이 짓도록 경쟁하는 게임이다. 흑과 백을 잡은 두 사람이 흑과 백의 돌을 하나씩 바둑판에 번갈아 두면서 상대방을 에워싸며 집을 많이 차지하며 다투는 놀이인데, 흑과 백이 상대를 제압하기 위해 모든 수를 벌이며 치열한 싸움을 전개한다. 외형

---

1) 오일만 지음, 『세계의 운명을 바꿀 중국의 10년』, 나남, 2011, 95쪽.

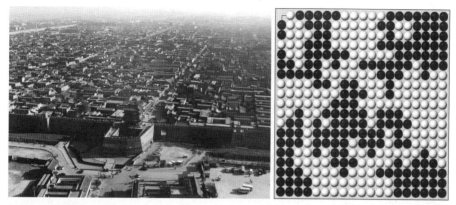

| 핑야오(平遙)성의 항공사진(왼쪽)과 바둑판의 모습(오른쪽)| 중국에 남아 있는 고성(古城) 가운데 하나인 핑야오성을 공중 촬영한 모습인데, 성 안에 성냥갑처럼 빼곡히 세워진 건축물들의 모습이 흡사 바둑판 위에 꽉 찬 흑백 돌의 모습을 연상시킨다. 왼쪽 바둑판 위에 꽉 차게 놓이어진 흑백 바둑돌의 모습과 비교된다.

적으로 볼 때, 바둑은 흑과 백 싸움이기 때문에, 黑과 白이라는 간단한 논리가 작용하는 것처럼 보여도 이루 헤아릴 수 없는 다양한 수가 움직이는 권모술수 형태의 게임이다. 그런데 바둑의 입문에서 집짓기 바둑이라는 것이 있는데, 이는 승부수 공격보다는 온건하게 실리를 얻어 가면서 집의 수효로 승부를 내는 바둑의 기법을 말한다.

먼저 흑돌과 백돌이 놓여 있는 바둑판은 중국의 전통 건축물이 지어져 있는 도시의 모습을 연상시키고 있어 관심을 끌고 있다. 중국의 전통 건축물을 보면, 바둑판에서 흑돌과 백돌이 서로 담장역할을 하면서 집을 지은 것과 같은 모습을 띠고 있는데, 이 같은 모습이 특히 관심의 대상이 된다는 것이다. 과거에 오늘날의 드론과 같은 항공촬영 무인비행기가 있어 대도시 항공촬영을 했더라면 그들은 모습이 흡사 바둑판의 그것과 비슷했다고 말했을 것이다.

과거 중국의 대도시들, 특히 수도 베이징을 중심으로 높고 길게 뻗어 있는 담장을 쉽게 발견할 수 있는데, 담장의 모습은 바둑판에서 집을 짓기 위해 돌을 늘어놓은 것과 매우 유사한 모습을 보여준다. 다시 말해, 중국의 전통 건축물 가운데, 이 같은 담장은 바둑에서 집을 지을 때 만들어져 일렬로 늘어선 바둑돌과 흡사한 모습을 보여주고 있다는 것이다. 베이징과 같은 대도시 건축물의 담장의 모습은 바둑판 위에 일렬로 늘어 선 바둑돌의 모습과 비교해

| **중국의 만리장성** | 만리장성 일부의 모습을 담은 사진이다. 만리장성은 몽고족 등 이적의 침입을 막기 위해 쌓은 방어용 성벽으로 알려져 있지만, 명나라 그 자체인 중화와 중화 밖의 이적들을 분명하게 구분함으로써 화이사상(華夷思想)을 구현하고자 했던 지상 최대의 건축물로 볼 수도 있다.

외형상의 유사점으로 끝나지 않는다. 과거 중국인들의 삶은 상대방을 제압하여 자신의 영역을 확보하기 위해 치열한 싸움을 벌이는 흑백 바둑돌의 모습과 흡사하다고 이야기할 수 있다. 흑백에 대해 언급한다면 두 개의 판이하게 다른 존재가 자연스럽게 대립 내지 대치(對峙)하는 형상을 만들어 내고 이를 통해 이분법적 논리와 함께 그 대상으로서 바둑을 제일 먼저 떠올리게 된다. 흑백돌이 움직이며 담을 쌓고 집을 만드는 바둑은 대립과 대치라고 하는 이분법적 논리로 만들어진 게임이기 때문이다.

바둑돌을 길게 늘어뜨려 담을 쌓은 듯한 모습은 북경과 같은 대도시 건축물의 담장에만 머물러 있지 않는다. 바둑돌이 길게 늘어서 담을 쌓은 듯한 모습은 중국의 그 유명한 만리장성의 형상을 떠 올리게 한다. 만리장성은 인류 최대의 토목공사라고 불리며 중국 역대 왕조들이 북방민족의 침입을 막기 위해서 세운 방어용 성벽이다. 본격적인 장성의 건축은 진시황 때부터 시작되었다고 할 수 있는데, 건축목적에는 외적의 침입에 대한 대비와 함께 북방 흉노족을 자신의 정치영역의 범위에 포함시킬 수 없다는 철저히 배타적인 의도가 포함되어 있다. 만리장성의 원형은 춘추전국시대와 진나라 때 북방 이족의 침입을 막기 위해 세워진 일종의 토성(土城)이었으나, 오늘날 쉽게 볼 수 있는 만리장성은 명대에 축조된 것이다. 길이에 있어 만리(萬里)가 넘는 소위 만리장성은 명대에 이르러 완성된 성벽이다. 명대의 만리장성도 몽고족 등을 위시한 북방 오랑캐 유목민들의 침입을 막기 위해 만든 것이지만, 중화(中華)인가 비중화(非中華)인가를 명확히 가르는 이분법적인 의미를 내포할 뿐만 아니라, 타자(他者)에 대해 배타적이고 경계하는 중국인들의 성격을 그대로 반영하고 있다. 만리장성은 군사적인 역할 이외에 문화적으로는 유목문화와 농경문화, 중원과 변방을 가르는 경계선의 역할도 했기 때문이다.

중국의 역대 왕조들이 만리장성에 들인 노력과 비용에 비해서 방어벽으로서 역할은 크지 않았다는 평가도 적지 않다. 하지만 그 실효성에 관계없이 오늘날 만리장성은 중국을 대표하는 명물이 되었다. 이와 아울러 중국인들은 만리장성은 공격이 아니라, 보호와 방어를 위해 만들어진 건축물이라는 사실을 항상 되풀이 해왔고, 세계 사람들 또한 그렇게 인식하고 있다. 그런데, 줄리아 로벨이라는 사람은 성벽건설의 목적 등과 관련해『The Great Wall CHINA AGAINST THE WORLD BC100－AD2000』이라는 책에서 중국인들은 성벽건설의 목적이 공격이 아니라 보호를 위해 세워진 것이므로 도덕적으로 우월한 입지를 차지한다는 데에 상당한 자부심을 가지고 있는 것 같지만, 실제로는 그렇지 않다고 했다. 도시나 농토 같은 영구적 정착지를 성벽으로 유목민 공격자들로부터 보호하는 성은 논란의 여지 없이 방어를 위해 지은 것이지만, 장성은 그렇지 않고, 일부지역은 영토포획용으로 보아고, 그것은 중국인들이 자기들과 생활방식이 다른 사람들을 감시하고 두둑한 수익을 안겨주는 교역로를 통제하기 위해 구상한 것으로 보인다는 것이다.[2] 줄리아 로벨의 이 같은 주장은 한족(漢族)의 중화(中華)와 이적(夷狄)의 비중화(非中華)를 명확히 구분하기 위한 것이며, 이 같은 의도를 통해 철저한 배타성과 함께 공격적 기능의

---

2) 줄리아 로벨 지음, 김병화 옮김, 『장성 중국사를 말하다(The Great Wall CHINA AGAINST THE WORLD BC100－AD2000)』, 웅진지식하우스, 2007, 35~36쪽 참조.

가능성도 내포되어 있다는 것을 암시하는 것으로 추정해 볼 수 있다.

만리장성이 암시하고 있듯이, 중국의 이웃 국가는 대화와 협상의 대상이 아니라, 항상 자신들이 통치 관리해야 하거나 경계해야 할 대상일 뿐이었다. 만리장성은 자신과 타자(他者)를 배타적으로 확실하게 구분하는 하나의 장치라고 보아도 무방하다. 그런데, 중국인들의 흑백을 구별하는 의도와 자신과 타자를 확실하게 금 그어 나누려는 의도는 중화와 비중화 또는 한족과 이적 오랑캐와의 관계에서 뿐만 아니라, 중국인들 즉 한족 자신들 사이에서도 그대로 나타나고 있다.

조선후기 실학파를 대표했던 학자 연암 박지원(燕巖 朴趾源)은 1780년(정조 4) 자신의 형인 박명원(朴明源)이 진하사 겸 사은사(進賀使兼謝恩使)가 되어 청나라에 갈 때 동행하였다. 형과 동행하는 가운데 요동(遼東)·요하(遼河)·북경(北京) 등지를 여행하면서 청나라의 문물과 그 곳 사람들의 생활양상 전반을 자세히 살피고, 그것을 자신의 기행문 『열하일기(熱河日記)』에 생생하게 기록하였다. 그는 『열하일기』에서 "3리마다 성(城)이요 5리마다 곽(廓, 성이나 요새 따위를 두른 울타리)이다."라고 했다. 연암이 본 것은 만리장성만이 아니었다. 연암이 말한 성이요 곽이라는 것은 북경에 이르기까지 가는 곳곳마다, 관공서가 있는 곳은 물론이려니와 민간 마을, 민가 등도 성과 같은 높은 담으로 둘러쳐 있다는 것을 말하는 것이었다. 연암 박지원이 두 눈으로 목격하였던 가는 곳마다 성과 같은 높은 담으로 둘러쳐 있는 모습은 중국인들의 삶의 형태를 대변하는 가장 중요한 요소 가운데 하나이다. 담장은 중국의 문화 또는 중국인들의 사고방식과 행동이 어떠하다는 것을 설명해 줄 수 있는 가장 중요한 자료 가운데 하나라는 것이다.

먼저 수도 북경을 보자. 북경은 한 가운데 놓여 있는 천안문을 중심으로 한 북경의 옛 중심지는 담장의 거리라고 해도 틀린 말이 아닐 정도로 온통 담장으로 둘러 싸여 있다. 평균 높이가 11미터에 붉은 색깔의 담으로 둘러싸인 자금성, 중국의 전 현직 최고 지도자, 즉 공산당의 최고급 간부들이 줄줄이 모여 사는 중남해(中南海)가 모두 그렇게 둘러 싸여 있음은 물론, 관공서, 각종 학교, 그리고 골목 길 옆에 늘어 서 있는 사합원(四合院)과 같은 일반 민간 주택

| 중국의 옛 골목 거리 | 중국 옛 도시의 골목거리에 불과한 사진이지만, 이를 통해 과거 중국인들은 공동체 사회 속에서 상호 어떤 관계를 유지하며 살았는가를 엿 볼 수 있다. 겉으로는 아닌 것 같아도 그들은 내적으로 항상 상호 경계하며 배타적 감정을 유지하고 있었다. 평범한 골목거리가 교도소 담장 거리를 연상시킬 정도로 높은 담이 설치되어 있고, 흔히 있어야 할 조그마한 창문조차 보기 어렵다.

들 모두 높은 담, 필요 이상으로 높게 쌓아 올려진 담으로 둘러 싸여 있다.

명나라 3대 황제인 영락제(永樂帝)는 수도를 이전 몽골의 수도였던 대도 (大都), 지금의 북경으로 옮긴다. 새로운 수도 북경에서 제일 먼저 건축된 것은 높이 10미터 둘레 길이 23km달하는 벽돌로 지어진 도시성곽이었고, 그 안에 는 여러 가지 형태의 건축물이 또한 높은 담장을 두른 채 지어졌다. 가장 대표적인 건축물이 자금성(紫禁城)이었고, 그 자금성 앞에 성벽으로 둘러싸인 거대한 붉은 정문이 있는데, 그 문은 천안문 광장과 궁궐을 구분해주는 경계선의 역할을 한다. 명나라 청나라 때의 북경의 모습을 보면, 북경 가장 안쪽에 자금성의 담장(궁성 담벽)이 있고, 그 담장 바깥에는 황성(皇城 황실의 일을 담당하며 물자를 공급하는 여러 가지 관청과 공방, 곡물창고 등이 있는 구역)의 담장, 그리고 그 바깥쪽에 북경의 성곽이 도시 전체를 감싸고 있다.

이중 삼중으로 담장을 쌓아 만든 요새인 자금성의 담장, 북경의 담장 가지고도 부족했던지 중국인들은 세계 최대, 최장의 담장인 만리장성을 완성하였다. 그러나 자금성과 만리장성은 목적에 걸 맞는 역할을 제대로 수행하지 못한 채, 지극히 폐쇄적인 담장문화를 상징하는 존재로서 남게 되었다. 중국 옛 전통 건축물들은 대부분 몇 개의 단독 건축물로 구성되어 있고 그렇게 지어진 건축물들은 회랑(回廊)으로 연결되어 있으며, 주위는 담으로 둘러 싸여 있다. 저택에는 저택을 둘러쌓은 담장이 있고, 묘당에는 묘당의 담장이 있으며, 관공서에는 관공서의 담장이 있는데, 결론적으로 말해서, 담장은 중국 건축양식에 있어 빼 놓을 수 없는 최우선적인 존재물이라고 할 수 있다.

따라서 전통적인 건축물이 많이 남아 있는 중국의 도시 길을 걷노라면 눈에 보이는 것은 담장이다. 특히 전통적 건축양식이 많이 남아 있는 도시를 유람하면 온통 담장이라는 것은 더욱 더 말할 나위 없이 느낄 것이다. 거듭 말해서, 연암 박지원이 자신의 형과 함께 북경에 이르기까지 그리고 북경에 도착해서 목격한 것은 바로 사람들이 옹기종기 모여 사는 곳 어디에서나 늘어선 높은 담장의 행렬이었던 것이다. 연암은 담장뿐만 아니라, 사합원도 보았겠지만, 사합원의 벽과 담장 외면에서 창문 하나라도 설치되어 있는 것을 보지 못했을 것이다. 그렇기 때문에 밖에서 볼 때, 사합원은 비록 작을지라도 어느 한 성채(城砦)의 성벽과 같은 느낌을 줄 수 있었으리라. 이러한 건축물은 자신의 것을 절대 보이고 싶어 하지 않는 사람들에게 딱 맞는 형태의 구조물이었다. 연암의 눈에는 이런 건축물에 사는 사람들은 높게 쌓아 올린 담장 안에서 자신들을 드러내 보이지 않은 채, 무언가를 도모하는 사람들처럼 보였을지도 모른다.

스위즈(石毓智)는 중국의 담장에 관해 다음과 같은 설명을 했다. "담장은 자신의 안전을 지켜주지만, 동시에 시야를 가리기도 한다. 오래전부터 중국인은 안전이 보장되지 않는 환경에서 살다 보니 자신을 보호하기 위해 높고 견고한 담을 쌓아 올렸다. 중국인에게는 담을 쌓아 올리기 좋아하는 특징이 있다. 고대 중국의 만리장성은 중국 전체의 담장이다. 이외에도 성마다 높게 둘러쳐진 성벽, 마을 마다 높이 쌓아 올린 담장, 집집마다 정원이 밖에서 보이지 않게 감싸 안은 담장 등이 있어 중국의 담장문화를 보여준다. 지금도 크고 작은 모습의 담장들이 학교, 기관, 거주지역을 둘러싸고 있다. 중국인은 외부인이 들어오지 못하도록 또 낯선 사람이 집 안을 들여다 볼 수 없도록 하기 위해 담장을 쌓았다. 그래서 중국의 담장은 견고하고 높은 데다가 안팎을 전혀 볼 수 없게 만들어졌다."[3] 이렇게 볼 때, 담장은 나름대로의 공격과 방어를 겸장(兼掌)하려고 했던 중국인들의 본능을 상징적으로 나타내는 곳이라는 사실이 자연스럽게 상정(想定)될 수 있다.

중국인들에게 사(私), 즉 자신의 의미는 오직 자신과 자신의 혈육, 자신의 가족만을 의미했다. 그들은 친소(親疎)의 감정이 너무 확실했기 때문에, 인정(人情)과 같은 것은 집안 식구, 즉 혈육에게만 적용하는 것이지, 집안의 담장을 넘어 남들에게까지 미치는 것이라고 생각하지 않았다. 이는 다른 사람과 자신들을 완전히 구분하는 심리를 넘어 남들로부터 자신을 지켜내고 이익을 도모해야 한다는 일종의 대비 내지 방비 심리를 만들어 냈다. 전장(前章)에서 이미 이야기 한 바와 같이, 숱한 전쟁과 내란, 빈번한 왕조의 교체 등으로 인한 사회 불안, 이민족과의 끊임없는 뒤섞임 등은 중국인들로 하여금 철저한 자기보호 본능을 갖게 했고, 그것은 다시 자신(자신의 가족은 자신의 범주에 포함됨)을 제외한 상대방 내지 타자에 대한 배타적(排他的) 적대감의 조성으로 이어졌다. 한마디로 말해서 상대방은 나와 철저하게 다른 타인이면서 적과 같은 존재였던 것이다. 그렇기 때문에, 높이 싸여 있는 담장은 나와 상대방, 즉 자아와 타자를 명확히 구분하기 위한 하나의 징표였을 뿐만 아니라, 때로는 상대방을 적대시까지 할 수 있다는 표시가 되었던 것이다.

---

3) 스위즈(石毓智) 지음, 박지민 옮김, 『중국, 엄청나게 가깝지만 놀라울 만큼 낯선(中國人的羅輯)』, 애플북스, 2016, 228쪽.

앞서 말했듯이, 중국인들이 자신과 타자와의 사이에 확고하게 선을 긋기 위해 공고하게 쌓아 놓은 담장의 모습과 사합원의 모습은 바둑판에서 집을 짓기 위해 늘어 선 바둑돌의 모습을 연상시킨다. 과거 중국인들의 삶의 현장은 바둑판 위에서 영역을 확보하고 집을 짓기 위해 싸움을 벌이는 흑돌, 백돌과 같은 것이었다고 해도 과장된 말이 아니다. 중국과 중국인들은 그것이 의식적이었든 무의식적이었든, 또는 원했든 원하지 않았든 바둑판에서 벌어지는 흑백 돌의 싸움전략과 그 모습을 그대로 모방하였다. 그렇기 때문에 자신과 자신의 가족들이 백이면 주변의 사람들은 흑이 되고, 그 반대로 그들이 백이라면 자신과 자신의 가족은 흑이 되는 것이었다. 나의 담장이 검은 색 돌로써 만들어졌다면, 상대방의 담장은 흰색 돌로 만들어진 것이고, 그와 반대로 나의 담장이 흰돌로 싸여진 것이라면 상대방의 담장은 검은 돌이 되는 것이었다. 그러나 그들은 이렇게 흑과 백을 분명히 구별하는 것처럼 보였지만, 아이러니 하게도 그들은 내적으로는 회색을 지향하고 있었다.

중국인들은 끊임없는 전쟁과 전란, 절대 군주제도와 철저한 신분위계질서 사회 속에서 가능한 자신을 숨기고 또 억제하는 데 있어 익숙한 모습을 보여 왔던 사람들이다. 자신을 숨기는 데 익숙해 있었기 때문인지, 이들은 자신의 마음도 숨기는 데 있어서도 익숙해 있었다. 이들의 몸은 검은색 또는 흰색 어느 한 쪽에 분명 들어가 있지만, 마음은 흰색이면 흰색, 검은색이면 검은색 어느 하나를 분명하게 드러낼 수 없었다. 그들은 때로는 검은색이어도 흰색을 드러냈고, 흰색이면서도 검은색을 드러낼 수밖에 없었지만, 그런 거짓을 오랜 기간 쉽게 할 수 없었다. 그 결과 그들은 검은색과 흰색의 중간 형태인 회색을 드러내는 것으로 자신들의 마음을 정리했다. 이들은 겉으로 지나칠 정도로 배타심·경계심을 드러냈기 때문인지, 마음 속으로는 배타심·경계심과 인정적(人情的) 융합의 중간적 위치에 있는 원형적 처세방법론을 만들어 냈다. 그것이 바로 회색적 행동이었다.

2.　흑과 백의 융합으로서의 회색

　　집단문화의 영향도 간과할 수 없겠지만, 절대왕조 속에서의 철저한 탄압과 빈번한 왕조의 교체 속에서 발생한 전쟁과 전란을 수도 없이 겪어야 했던 중국인들은 말 한마디, 행동 하나가 자신들의 목숨을 좌지우지 할 수 있음을 철저하게 느끼며 살아왔을 것이다. 게다가 시비를 정확하게 가리거나, 또는 자신과 상대방 또는 타자(他者)를 구분하며 적대시하는 이분법적 논리와 방법 가지고는 자신들의 삶을 제대로 유지해나가지 어렵다는 것을 느꼈을 것이다. 그 결과 그들은 회색적 사고, 회색적 행동을 선택하게 되었는데, 중국인들의 회색적 사고는 그들 특유의 원형적 사고와 일맥상통하며 공유되는 부분이 매우 크다고 할 수 있다.

　　중국인들의 회색적 사고는 그들의 화술(話術)에서 많이 나타난다. 중국인들은 그것이 사람이건 사물이건 관계없이, 그 대상에 대해 좋다, 나쁘다는 식으로 좀처럼 말하지 않는다. 비유해서 말한다면, 검지만 검다고 말하지 않고, 흰색이지만 희다고 이야기하지 않고, 그 중간색이 될 수 있는 회색이라고 말하는 것이다. 다시 말해 자신은 검고 상대방이 흴 경우, 자신은 검고 상대방은 희다고 절대 이야기하지 않았으며, 이와 반대로 자신이 희고 상대방이 검을 경우, 자신은 희고 상대방은 검다고 절대 말하지 않았다. 그러나 그들이 불가피하게 입을 열어야 할 경우, 회색을 이야기했는데, 일부 중국인들은 이렇게 말하는 것을 두고 중용(中庸)의 도를 실천했다고 이야기하곤 한다. 중국인들은 매우 특별한 경우를 제외하고는 원칙을 준수(遵守)려고 하지 않을 뿐만 아니라, 정직하게 있는 그대로 이야기하지 않는다. 예를 들어 검으면 검다 희면 희다고 말하고, 또 그렇게 있는 그대로 행동하면 불이익을 받거나, 경우에 따라서는 화(禍)를 당하기 쉽다는 생각을 하게 되는데, 이러한 생각이 화술의 밑바탕에 있다고 보아야 한다.

　　이 같은 회색적 속성으로 인해 중국인들은 자신의 감정이나 속을 쉽게 보이지 않고 은유와 우회, 그리고 애매모호한 화법을 택하며 직설적인 말을 피하는 데에 능숙해 있다. 마음이 드러나지 않아야 상대에게 휘둘리지 않는다는 것이 그들의 신념이다. 따라서 중국인들은 분명하게 표현하지 않는다. 정확하게 자기 자신의 생각이나 의지를 이야기하지 않고, 매사 에둘러 말한다. 따라서 언어의 표현만을 가지고 그들의 생각과 진심을 파악하기 매우 어렵다. 따라서 그들과 대화할 때, 그들의 이야기를 액면 그대로 받아들인다거나 직역해서 받아들이면, 경우에 따라서는 착오가 생길 수 있고, 낭패를 당할 수 있다. 한국을 포함한 많은 외국인들은 중국인들이 즐겨 쓰는 하오(好, 좋을 호)라는 단어를 액면 그대로 받아들이려고 한다. 그러나 하오는 좋다는 뜻이라기보다 아무 의미 없이 쓰는 상투어(常套語)에 불과하다. 하오라는 표현은 상대방에게 거부감을 주지 않고, 자기의 의도를 제대로 드러내지 않는 말 그대로 회색적인 용어에 불과하다. 또한 중국인들은 자신의 입장, 자신의 생각을 나타낼 때, 뿌(不 아닐 불 또는 부)라는 글자를 많이 사용하는 것을 볼 수 있다. "뿌(不)"라는 글자를 씀으로써 자신의 의사를 직접적으로 표현하지 않으면서도 이중부정을 통해 부정적 의미를 주지 않겠다는 뜻으로 해석된다. 그 대표적인 것으로 부춰(不錯 불착)이라는 낱말이 있다. 춰(錯, 한자어로 틀릴 착), 이 단어는 "잘못된, 틀렸다"는 뜻을 의미하는데, 부춰(不錯)라고 한다면 "틀리지 않은, 잘못되지 않은"으로 쓰여야 한다. 그러나 이 단어는 실제적으로 "맞다" "괜찮다" 또는 "훌륭하다"라는 의미로 쓰이고 있다. 앞에 부정어를 써서 모호하게 함으로써 검정색도 지우고 흰색도 지워버림으로써 회색을 만드는 놀라운 효과를 발휘하는 것이다. 부춰(不錯 불착)이외에, 부까이(不該, 한자어로 불해. ─하지 않아야 한다.) 뿌간(不敢 불감 감히 ─하지 못한다.) 등의 표현도 회색적 표현에 해당된다.

　한편으로는 이 같은 화술은 앞서 언급한 원형적 사고에서 기인하는 바가 크다고 할 수 있다. 중국인들은 사회 속에서 생활을 하면서 항상 상황이 닥칠 때마다, '말을 조심하라'는 생각을 떠 올리게 된다고 한다. 그래서 말을 할 때에는 항상 분수를 지키고 조심해야 하며, 아무리 흥분되고 화가 나는 경우라도 과도하게 표현하지 않으려고 한다. 그렇기 때문에, 그들은 겉으로 매우 진중한 모습을 자주 드러내 보인다. 이와 관련해 첸란은 중국인들은 "첫째 말실

수를 막고, 둘째 상대와의 갈등과 충돌을 피할 수 있다는 것, 셋째 상대방의 자존심을 상하게 하지 않고 체면을 상하게 하지 않고, 체면을 세워주기 위함 이다."[4]라고 했다. 이 같은 언술태도를 진중하고 신중한 것으로 미화할 수도 있지만, 실제적으로는 회색적 화술태도에 기인한 것으로 보아야 한다. 사회 구성원 사이에서 항상 발생 할 수 있는 충돌과 갈등을 줄여 외형적으로 원만 한 사회를 유지하는 데 도움이 될지 모르지만, 회색적 화술이 사회의 풍속과 국민적 습관이 되면 그 사회에서는 불행하게도 진실과 정직이 존재할 수 없다. 중국인들의 진중한 모습은 매사 사려 깊고 신중하게 움직이려는 차원에서 나 온 것이라기보다는 그것이 자신들에게 이익이 될 것인가, 손해가 되는가를 따 져보는데 시간이 걸리는 데서 나오는 태도로 이해해야 한다. 오랜 세월 누적 된 철저하게 자신의 이익을 지키기 위한 의지와 태도의 소산(所産)으로 보아야 한다는 것이다.

회색의 형태는 다양한 모습으로 나타난다. 기회만 되면 양다리 걸치기 전략 내지 이중적 행동이 그 가운데 중요한 부분을 차지한다. 자신들은 하나의 중국을 외부에 공포하고 또 상대방 국가에게 강요하지만, 정작 자신들은 이중 삼중 걸치기전략을 구사한다. 중국인들은 좋고 나쁨, 옳고 그름을 따지기 전에 자신 의 이익을 생각하며 주위의 상황을 살핀다. 자신에게 이익이 되면 그것이 좋은 것이고 옳은 것이며, 불이익이 되며 그것은 나쁜 것이고 잘못된 것이기 때문이 다. 이중적, 삼중적인 행동은 중국이 아닌 세상 어느 곳에서도 볼 수 있는 인간 사회의 보편적 행동이지만, 중국의 경우 그것이 때로는 국민적 성격으로 진화되 었고, 그 결과 그것은 중국적 풍속이 되고, 습관이 되었다. 이미 오래 전통과 역사를 가진 중국인들의 이중적 행동과 그런 행동이 풍속과 습관이 되어 회색의 의식, 회색의 철학으로 굳어진 하나의 예를 보자.

"중국인의 믿음에는 허와 실, 그리고 진과 퇴가 공존했다. 입으로는 공명 정대와 예의와 삼강오륜을 외쳤지만, 실제로 문제를 해결할 때에는 주판알을 튕기며 이익을 따지곤 했다. 중국에서는 임기응변에 강한 인재가 진정한 영웅

---

4) 첸란, 『중국인의 심리코드』, 청년정신, 2014, 70쪽.

호걸로 인정받는다. 역대 위대한 군주로 걸출한 대신으로 칭송받았던 인물들 모두가 그랬다. 그들은 한 손에는 도의를, 다른 한 손에는 이익을 움켜쥐고 자유자재로 활용하면서 공을 세워 이름을 날렸다. 중국에서 진정으로 유학을 신봉하는 자들은 학업에 매진중인 지식계층이나 도학자가 전부였다. 하지만 지식인도 학업을 마친 후 사회에 발을 들여 놓는 순간 더 이상 책벌레가 아닌 임기응변의 달인으로 변했다. 도학자들은 더했다. 그들은 줄곧 세인의 웃음거리였고, 도학이라는 두 글자는 사람을 욕하는 대명사가 되었다. 일반 백성은 말할 나위 없었다. 그들은 하늘의 이치나 사람의 욕망에 대해 전혀 관심을 갖지 않았다. 다만 풍습과 습관에 따라 살아 갈 뿐이었다.[5]

　　회색적 성격이 진화하면, 십중팔구 기회주의적 성격으로 나타나기 마련이다. 일관된 입장을 견지하지 못하고 그때그때의 정세에 따라 이로운 쪽으로 행동하는 사람을 두고 기회주의자라고 할 수 있는데, 이 같은 행동은 언제든지 자신의 색깔을 감추고 있다가, 필요할 때 또는 유리할 때 자신의 성향을 드러내는 회색적 인간의 모습과 일치하기 때문에, 회색적 성격은 기회주의 성격과 실제적으로 같다고 보아도 틀리지 않다. 흔히들 중국을 대국(大國)이라 하고, 중국인들 대국인(大國人)이라고 하지만, 정작 중국인들의 실제 모습은 대국인이라는 이미지 또는 기대와는 180도 다르게 소인배들이 드러내는 기회주의적 습성을 강하게 표출하고 있다. 대범하고 일관되며, 직선적이고 용감한 성격의 대국인의 이미지와는 크게 다른 자신의 이익을 위해서라면 소신과 지조도 내버리고, 때로는 과감하게 거짓말도 하며, 강자에게 한 없이 약한 척, 약자에게 한 없이 강한 척하는 것이 회색적 다수 중국인들의 공통적 특성이라고 할 수 있다. 중국인들의 회색적이며 기회주의적 습성은 노신(魯迅)이 쓴「아큐정전(阿Q正傳)」이라는 작품에서 너무 여실하게 드러나고 있다.

　　소설 「아큐정전(阿Q正傳)」은 1923년에 완성된 작품인데, 약 100여 년 전에 만들어졌음에도 불구하고 오늘날 중국인의 기회주의적이고 회색적인 성격을 설명하는데 부족함이 없다. 「아Q정전(阿Q正傳)」은 아Q(阿Q)라는 사람의 일대기

---

5) 장홍제(張宏杰) 지음, 황효순 편역,『알다가도 모를 중국, 중국인(中國人性格歷程)』, 베이직북스, 2013, 112~113쪽.

| **소설 아Q정전과 아Q의 모습** | 노신의 중편소설 아Q정전의 주인공 아Q의 모습을 스케치한 그림이다. 아Q는 동시대 중국인들의 전형적인 모습으로, 이 작품을 읽은 당시 중국의 많은 사람들은 자신이 작품의 모델이 되지 않았나 하는 의심까지 했다고 한다.

를 그린 작품으로 아Q(阿Q)라는 사람이 어떤 생각을 가지고, 어떻게 행동하며 살았는가에 대한 이야기가 이 작품에서 작가가 말하고자 했던 주제였다. 작품에서 아Q는 여러 가지 성격을 드러내고 있어, 그 성격을 한마디로 표현하거나 규명하기가 쉽지 않다. 아Q는 현명하며 지혜로운 사람은 절대 아니었지만, 그렇다고 무지몽매했던 바보 또한 절대 아니었다. 일면 매우 나약하면서도 우매한 사람처럼 보이기도 했으나, 자신의 이익을 챙기기 위해 나름대로 머리를 쓰고 계산적인 행동을 하며, 필요에 따라서는 도둑질도 마다하지 않을 정도로 과감하게 행동하는 모습을 보이기도 했다. 뿐만 아니라, 아Q는 때로는 허위의식의 표출과 함께, 표리부동하게 행동하는 기회주의자로서의 성향을 드러내는 등, 한마디로 말해 회색주의자로 보는 것이 가장 적절하다고 할 수 있는 그런 사람이었다. 이 작품이 연재될 때, 작품을 읽었던 동시대의 많은 중국인들이 아큐가 자신을 모델로 한 것이 아니었나 의심했을 정도라고 하니, 이 작품이

중국인들의 성격과 행동을 얼마나 잘 사실적(寫實的)으로 포착(捕捉)하고 묘사해 냈는가를 알 수 있다.

주인공 아Q는 집도 없고, 제대로 된 직업도 없이 날품팔이를 하며 생계를 유지하는 최하층 가난뱅이였으면서도 자신보다 나은 더 잘사는 사람들을 향해 자신도 옛날에 잘살았다고 하면서 의식적으로 그들을 무시하곤 했다. 그리고 남의 집안의 자식들이 마을 사람들로부터 부러움을 받을 때에는 "내 아들이었다면 더 훌륭했을 거야!"라고 하는 등, 터무니없는 말과 행동으로써 다른 사람들을 무시하였고, 한편으로는 그렇게 함으로써 자기 자신을 위안(慰安)하곤 하였다. 아Q는 자신보다 잘난 사람을 비난하고 욕함으로써 그들을 깎아내리며 자신의 처지를 합리화하려고 했던 사람이었다. 아Q는 자신이 보기에 상대방이 말을 서툴게 하면 욕설을 퍼붓고, 약해 보이면 덤벼들었다. 그러다 보니, 사람들과 자주 싸우게 되었지만, 싸우게 되면 항상 얻어맞으며 패하는 쪽은 아Q였다. 이처럼 얻어맞고 지게 되면 아Q는 자신만의 해결법을 가지고 해결하고자 하였다. 아Q는 스스로 말했듯이, 정신승리법(精神勝利法)이라는 자신만의 독특한 처세방법을 가지고 문제를 해결했고, 또 그 방법을 통해 그럭저럭 무난하게 살아왔다. 아Q는 싸워서 얻어맞게 되면, "나는 또 아들놈에게 맞았네. 요즘 세상은 정말 돼먹지 못했어"라고 터무니없는 자기변명을 늘어놓으며 마치 아무렇지도 않고, 또 자신이 승리한 것처럼 득의양양해 했다. 자신이 볼 때, 자신보다 강한 사람이거나, 강한 사람으로 증명될 때에는 그들에게 한 없이 약한 사람이 되고, 자신보다 약하거나 약하게 보이면 그들 앞에서는 한 없이 강한 사람처럼 보이려고 하는 행동하는 것이 아Q의 일종의 행동전략이자 처세방식이었다. 아Q 특유의 처세술, 정신승리법은 자신의 힘으로는 안 되는 불가항력적 현실에 대해 자신과 타협하며 자신을 위안하는 것이기도 하지만, 한편으로는 철저히 자신을 기만하는 것이기도 하다. 비현실적이고 터무니없는 관념적 방법으로써 철저하게 자기를 망각하거나 기만함으로써 자신을 합리화하는 황당한 자기방어의 논리가 바로 정신승리법인 것이다. 정신승리법은 자기기만적 처세술에 불과한 것이었지만, 회색적 사고의 전형적인 예라고 할 수 있는데, 하지만 아Q의 정신승리법은 아Q만의 논리가 아닌 동시대

거의 모든 중국인들의 보편적이고도 공통된 논리였다.

阿Q의 삶의 방식은 이 같은 정신승리법만으로 이루어져 있는 것은 아니다. 정신승리법이 잘 통하지 않는 경우가 발생하기 때문이다. 이에 아Q는 정신승리법으로도 해결되지 않은 굴욕을 자신과 아무 관계는 없지만, 분명 자기보다 약해 보이는 비구니에게 모욕을 가함으로써 해결하였다. 가장 약해 보이기 때문에 만만한 비구니를 희롱함으로써 굴욕에 대해 조금이나마 보상받았다고 아Q는 생각했다. 아둔한 것 같기만 한 아Q는 이 같이 교활하고 비열한 짓거리도 벌이는 데 있어 서슴지 않았다. 사실 이 같은 행태는 정신승리법과 일맥상통하는 것으로 볼 수 있다. 자기보다 약한 사람에게 분풀이함으로써 위안과 쾌락을 얻으려는 심리는 일견 인지상정으로 볼 수 있으나, 이 같은 심리가 아Q에게서 유달리 강하게 나타났다.

아Q는 정신승리법으로 무장되어 있을 뿐만 아니라, 필요하다면 도둑질도 할 수 있을 정도로 대담해졌고, 이익을 얻기 위해서라면 주변 사람들의 심리까지도 이용할 줄 아는 어느 정도의 지략을 갖춘 모습을 보여주기도 했다. 신해혁명이 발생하자, 자신이 혁명당원인 양 설쳐대면 주위 사람들이 자신을 두려워하고, 또한 평소 자신을 무시했던 사람들에 대해 보복할 수 있을 것이라는 기대감을 가지고 혁명 팔이를 하고 다닌다. 그러나 상황은 아Q가 원하는 대로 흐르지 않았다. 아Q가 싫어하는 사람들이 먼저 혁명 놀음을 한 것이다. 이렇게 되자 아Q는 혁명은 고사하고 강도 사건에 연루된 도둑으로 몰려 총살형을 당하게 된다. 회색인간 기회주의자 아Q는 이익과 명예를 도모하기 위해 갖은 술수를 부렸으나 아무것도 얻지 못하고 비참한 최후를 맞이했다.

아Q의 성격과 행동은 다음 몇 가지로 정리될 수 있다. 첫째, 강자 앞에서는 한없이 약해지고 약자 앞에서는 한없이 강한 것처럼 보이려 했고, 둘째, 과거에 대해 무의미한 집착내지 자부심을 갖게 되어, 정신승리법까지 만들어 냈다는 것이며, 셋째, 자신의 이익과 명예를 위해서라면 무슨 짓도 마다하지 않는다는 것이다. 이 작품은 아Q를 희화화(戲畵化)하여 표현하였지만, 전형적인 기회주의자의 성격을 가진 회색인간 아Q의 모습은 동시대 대다수 중국인들의 실제적 모습이었다. 아Q의 여러 가지 행동거지 가운데에서 특히 정신승리법은 무능하면서도 이를 적절히 감추며 유능한 것처럼 보이고 싶어하는 중국인들의 성격과 행동을 정확하게 집약한 것이라고 할 수 있다.

이 작품은 연재소설의 형태로 세상에 등장했는데, 이 작품이 연재될 동안 작품을 읽은 많은 중국인들은 아Q와 원치 않는 일체감(一體感)을 느꼈다고 한다. 그렇지만 그들 중국인들은 아Q의 회색적 행동에 대해 특별한 거부감이나 자괴감, 혐오감 등을 느끼지 않았을 것 같다. 왜냐하면 초록은 동색이듯이 그들 대부분이 아Q였기 때문이다. 아Q는 과거 100년 전에 나타났다 사라진 사람이 아니다. 아Q는 과거에만 존재했던 사람이 아니다. 현재에도 존재하고 있을 뿐만 아니라, 미래에도 수 없이 나타날 회색적 중국인 다수의 표상(表象)이다. 중국인을 성격과 행동을 탐색하고 관찰할 때, 아Q를 우선적으로 만나야 하는 이유가 바로 여기에 있다.

사진, 그림 출처

1장

중국 국경지도
http://blog.naver.com/PostView.nhn?blogId=kimsngher&logNo=150169652877&parentCategoryNo=&categoryNo=&viewDate=&isShowPopularPosts=true&from=search

중국 소수민족 분포도
http://m.blog.daum.net/missoro/9070?categoryId=20

중국행정지도
https://sites.google.com/site/manmandichinese/china/map

중국의 영토 확장
http://m.pub.chosun.com/mobile/news/view.asp?cate=C03&mcate=M1004&nNewsNumb=20160720871&nIdx=20872

신실크로드 사업으로서의 일대일로
http://zgjinrong.tistory.com/10

중국 전제정치의 상징
http://aocs.inu.ac.kr/webzine/app/view.php?wp=261

중국 전제정치의 일면
http://www.ajunews.com/view/20170925110629446

청나라 어전회의
https://historymaniacmegan.com/2014/03/24/

2장

은 · 주나라지도
https://blog.naver.com/hansaramu/220846767057

진나라지도
https://cafe.naver.com/storyishall/133

한나라지도
https://cafe.naver.com/storyishall/133

수나라 지도
https://blog.naver.com/dss9999/220307912408

당나라 지도
https://blog.naver.com/dss9999/220307910486

송나라 지도
https://blog.naver.com/datanpr/221372053721

명나라 지도
http://m.hotge.co.kr/b/v/ilbe/307336/1

청나라 지도
https://blog.naver.com/kwwoolim/220811664507

중국의 한족 분포도
http://www.dragon5.com/news/news2004090813.htm

세계의 이슬람 국가
https://blog.naver.com/se7971/70157687633

3장

한무제

https://terms.naver.com/entry.nhn?docId＝1832978&cid＝62059&categoryId＝62059

동중서

http://friendlyshandong.co.kr/friendlyshandong/2017/06/13/dongjawon/

맹자

http://powermental.tistory.com/129

주공

http://old.dongabiz.com/PersonalCapacity/Leadership/article_content.php?atno＝130
6014501&chap_no＝1

공자

https://m.blog.naver.com/PostView.nhn?blogId＝jamesmbh&logNo＝220778153876&
proxyReferer＝http%3A%2F%2Fwww.google.co.kr%2Furl%3Fsa%3Di%26rct%3Dj%26
q%3D%26esrc%3Ds%26source%3Dimages%26cd%3D%26ved%3D2ahUKEwjYtJjTlLrdA
hUzKX0KHTr1DwIQjhx6BAgBEAM%26url%3Dhttp%253A%252F%252Fm.blog.naver.c
om%252Fjamesmbh%252F220778153876%26psig%3DAOvVaw1iRek84cyTVCe5unJh7f
TU%26ust%3D1537003016945931

5장

화이사상

https://ko.wikipedia.org/wiki/%EC%A4%91%ED%99%94%EC%82%AC%EC%83%81

중화사상

http://seebangart.com/archives/3837

종법제도

http://hanaloum.blogspot.com/2013/12/2_1.html

중화의 팽창

https://terms.naver.com/entry.nhn?docId＝960161&cid＝47307&categoryId＝47307

6장

용의 구성
https://blog.naver.com/daehyunceo8/80205252522

중국의 3대 석굴
http://www.engdaily.com/news/articleView.html?idxno=2274

7장

중국의 제일도련선 제이도련선
https://www.chogabje.com/board/view.asp?C_IDX=38765&C_CC=BJ

중국이 주장하는 구단선
http://www.newdaily.co.kr/site/data/html/2016/07/28/2016072800089.html

중국의 영향권 확대
http://news.zum.com/articles/17943606

중국전통의 골목거리와 중국의 배타성
https://blog.naver.com/wlgmldhk/40165796992

주한 중국대사관의 정문과 주중 한국대사관의 정문
http://m.sportsworldi.com/newsView/20160803003103
http://m.yna.co.kr/kr/contents/?cid=AKR20120820058200043&site=0100000000

8장

토루와 토루 내부
https://blog.naver.com/chen28218/70148150310
https://blog.naver.com/hbchinese-gchope/220712456011

문화혁명과 홍위병
http://shindonga.donga.com/Print?cid=968208
http://rigvedawiki.net/w/%EB%AC%B8%ED%99%94%EB%8C%80%E

중국의 무림지도
https://blog.naver.com/ysy124578/50112346917

수호전
https://blog.naver.com/chinasisa/20189415591

9장

중국 뤄양성 평면도
http://edu.sina.com.cn/l/3884.html

중국 핑야오성 평면도
http://info.hanatour.com/getabout/content/?contentID＝1000051501101

중국의 전통가옥
https://blog.naver.com/travelplace/90039220081

자금성 전경
http://chkiuply.pixnet.net/blog/post/384241940－%E7%B4%AB%E7%A6%81%E5%9
F%8E%E9%A2%A8%E8%B2%8C－

중국 서안성 평면도
https://blog.daum.net/_blog/BlogTypeView.do?blogid＝0D9wG&articleno＝1832230
9&categoryld＝0&regdt＝20120118223131

북경 사합원 공간 이용도
http://ata.hannam.ac.kr/china/chi－term/c－term7.htm

오행상생도
http://klfi.co.kr/?c＝6/15&iframe＝Y&uid＝221

10장

핑야오성의 항공사진과 바둑판의 모습
https://www.mdig.com.br/index.php?itemid＝38523
http://service.tygem.com/pub/baduk/baduk_rule1_linkfile.html

중국의 만리장성
https://www.klook.com/activity/7603－badaaling－great－wall－half－day－charteri
ng－beijing/

중국의 옛 골목거리
https://blog.naver.com/anjr615/130146612938

소설 아Q정전과 아Q의 모습
https://blog.naver.com/jeonms7/221191742716
https://blog.naver.com/junie883/120006398459

찾아보기

▌박재범

　충청북도 괴산 출생으로 성균관대학교 중문학과를 졸업하였다. 이후 고려대학교 대학원 중문학과 박사과정에 진학하면서 공부의 방향을 중국현대문학으로 바꿔 중국현대소설을 전공하며 문학박사 학위를 받았다. 박사과정 수료 후, 중국 북경사범대학에서 연구학자 과정을 거쳤고, 2000년부터 2018년까지 한중대학교(구 동해대학교) 중어중문학과, 외국어학부 등에서 교수로 재직하였다. 현재는 중국의 역사와 문화에 관심을 갖고 그 분야에 대한 연구를 하고 있다.

　저서로는『중국현대소설의 전개(보고사)』,『중국현대소설사(보고사)』등이 있고 譯書로는『墨子(홍익출판사)』,『중국당대문학사(공역/ 고려원)』등이 있으며,「魯迅의 抒情小說 試論」,「郁達夫의「沈淪」, 모방문학으로서의 양상과 의미 – 佐藤春夫의「田園の憂鬱」과의 對比를 중심으로」,「張愛玲의『傳奇』모더니즘 소설로서의 서사적 성격」등 다수의 논문이 있다.

중국의 얼굴, 중국인의 생각

초판 발행   2019년 6월 25일

지은이   박재범
펴낸이   안종만 · 안상준

편 집   우석진
기획/마케팅 송병민
표지디자인   조아라
제 작   우인도 · 고철민

펴낸곳   (주) **박영사**
           서울특별시 종로구 새문안로3길 36, 1601
           등록 1959. 3. 11. 제300-1959-1호(倫)
전 화   02)733-6771
f a x   02)736-4818
e-mail   pys@pybook.co.kr
homepage   www.pybook.co.kr
ISBN   979-11-303-0790-9   93910

정 가   15,000원